# GTB
## Gütersloher Taschenbücher
### 539

Phyllis Trible

# GOTT UND SEXUALITÄT IM ALTEN TESTAMENT

Mit einer Einführung
von Silvia Schroer

*Aus dem Amerikanischen übersetzt
von Marianne Reppekus*

Gütersloher Verlagshaus
Gerd Mohn

Deutsche Erstausgabe

Die Deutsche Bibliothek — CIP-Einheitsaufnahme

*Trible, Phyllis:*
Gott und Sexualität im Alten Testament / Phyllis Trible. Mit
einer Einf. von Silvia Schroer. Aus dem Amerikan. übers. von
Marianne Reppekus. — Dt. Erstausg. — Gütersloh : Gütersloher
Verl.-Haus Mohn, 1993
  (Gütersloher Taschenbücher; 539)
  Einheitssacht.: God and the rhetoric of sexuality <dt.>
  ISBN 3-579-00539-1
NE: GT

ISBN 3-579-00539-1
© der deutschsprachigen Ausgabe:
Gütersloher Verlagshaus Gerd Mohn, Gütersloh 1993

Titel der amerikanischen Originalausgabe:
God and the Rhetoric of Sexuality
© 1978 by Fortress Press, Philadelphia/USA

Umschlaggestaltung: Dieter Rehder, Aachen, unter Verwendung von »Lucas
Cranach d. Ä., ›Das Paradies‹« im Ausschnitt, Archiv für Kunst und Geschichte,
Berlin.
Satz: ICS Communikations-Service GmbH, Bergisch Gladbach
Druck und Bindung: Clausen & Bosse, Leck

Gedruckt auf chlorfrei gebleichtem Werktdruckpapier.

Printed in Germany

In Erinnerung
an

*JAMES MUILENBURG*

# Inhalt

# Abkürzungen

| | |
|---|---|
| AB | The Anchor Bible |
| CBQ | Catholic Biblical Quarterly |
| Int. | Interpretation |
| JAAR | Journal of the American Academy of Religion |
| JB | The Jerusalem Bible |
| JBL | Journal of Biblical Literature |
| KJV | King James Version |
| NAB | New American Bible |
| NEB | New English Bible |
| RSV | Revised Standard Version |
| VT | Vetus Testamentum |
| | |
| A. O. | Amerikanisches Original |
| P. T. | Phyllis Trible |
| | |
| REB | Revidierte Elberfelder Bibelübersetzung $^2$1989 |

Anm. d. Übers.: Die Bibelzitate sind im Deutschen nach der Elberfelder Bibelübersetzung wiedergegeben worden. Wo leichte Abweichungen vorgenommen wurden, ist ein Sternchen beigefügt, REB*

## Einführung

Vor fünf Jahren erschien das erste ins Deutsche übersetzte Buch von Phyllis Trible (Mein Gott, warum hast du mich vergessen!, GTB Siebenstern 491). Die »texts of terror«, Geschichten von Frauenschicksalen im Alten Testament, fanden besonders bei biblisch interessierten Frauen viel Aufmerksamkeit und haben gewiß dazu beigetragen, daß der Name der am Union Theological Seminary in New York dozierenden Baldwin-Professorin auch im deutschsprachigen Raum noch bekannter wurde. Es ist sehr zu begrüßen, daß nun ein weiteres Buch der Autorin in der Übersetzung von Marianne Reppekus vorliegt. Die amerikanische Originalausgabe »God and the Rhetoric of Sexuality« wurde bereits 1978 publiziert, und sie wird seit Jahren von Theologinnen und Exegetinnen als grundlegende Arbeit immer wieder beigezogen und zitiert.

Phyllis Trible ist eine meisterhafte Kennerin der hebräischen Sprache und der biblischen Literatur, eine Schriftgelehrte im besten Sinn des Wortes. Sie versteht es, die hebräischen Texte durch genaue und geduldige Erklärung einzelner Begriffe und Zusammenhänge auch exegetisch nicht vorgebildeten LeserInnen nahezubringen, ihnen einen Blick in das Innere der Geschichten, des biblischen Denkens, zu vermitteln. Immer wieder gelingt es ihr, die Texte als literarische Kunstwerke zu entdecken und bei dieser Entdeckungsreise theologische Tiefendimensionen auszuloten, die eine oberflächliche Lektüre oder das Lesen der Bibelübersetzung allein niemals erahnen ließe. Die Autorin ist in den Texten vollkommen »zuhause«. Mit Präzision, aber auch Leichtigkeit, vermag sie Verbindungen zwischen Motiven quer durch die hebräische Bibel zu erfassen. So entstehen, über die Beobachtungen an kleineren Texteinheiten hinaus, größere Zusammenhänge und Bögen, die für feministisch-theologische Fragestellungen außerordentlich interessant sind.

In einem ersten Bogen geht es zunächst um den zentralen Vers der priesterschriftlichen Schöpfungserzählung, der die Gottebenbildlichkeit des Menschen begründet (Gen 1,27): »Und-schuf Gott den

Menschen nach-seinem-Bild/nach-dem-Bild Gottes schuf-er ihn/ als-Mann und-Frau schuf-er sie.« Phyllis Trible fragt jedoch, entgegen der traditionellen Theologie, weniger danach, was dieser Satz über den Menschen und seine/ihre Würde aussagt, sondern was er über Gott aussagt. Sie nimmt die Gesetzmäßigkeiten der Metapher ernst, wenn sie zum Schluß kommt, daß das Geschaffensein der beiden Geschlechter über sich hinausweist auf das Bild Gottes und damit auf die göttliche Wirklichkeit. Als Gegenprobe untersucht sie dann einen großen Bereich der weiblichen Metaphorik, die im Alten Testament auf Gott bezogen wird, nämlich das Wortfeld *rḥm* »Erbarmen haben«, von dem sich sowohl *reḥem* »Mutterschoß« wie auch *raḥamîm* »Mitleid, Erbarmen« ableiten. Gerade dieser Teil besticht durch die Sorgfalt, mit der eine Fülle von Texten einbezogen wird, die ein weibliches Gottesbild der Bibel dokumentieren, aber leider immer noch viel zu wenig Beachtung finden.

Ein zweiter Bogen beginnt mit einer inspirierenden Lektüre von Gen 2–3, einer Erzählung, die Phyllis Trible als »unglückliche Liebesgeschichte« liest. Im Rückblick auf die inzwischen mehr als zehn Jahre älter gewordene und ergiebige feministische Diskussion um Gen 2–3 ist zu notieren, daß die Autorin mit dem vorliegenden Beitrag für die nachfolgende Forschung entscheidende Impulse gegeben hat. Wenn sie im weiteren die Mann-Frau-Beziehung im Hohenlied und im Rut-Büchlein unter das Vorzeichen von Gen 2–3 stellt und den Verbindungen zwischen diesen größeren Textkomplexen nachgeht, öffnet sie wiederum Perspektiven, die der feministischen Theologie nur durch profunde Schriftkenntnis zugänglich werden.

Phyllis Tribles feministische Option verbindet sich mit einer literar- und stilkritischen Methode, die von mehreren Exegetinnen mit Erfolg angewandt wird, aber natürlich nicht die einzige Methode einer feministischen Bibellektüre ist. Die Stärke dieser Methode ist, den Texten ihre patriarchatskritischen Implikationen oder sogar Explikationen zu entlocken, einen in den Texten enthaltenen (feministischen) Sinn zu befreien, der nur durch den veränderten Kontext, in diesem Fall den Kampf um Frauenbefreiung und größere Gerechtigkeit in den Beziehungen zwischen den Geschlechtern, »hervorgerufen« werden kann. Natürlich kann diese Stärke auch zur

Schwäche werden, wenn solche Bibelinterpretation dazu mißbraucht wird, die Bibel vor der notwendigen feministischen Kritik zu retten. Die Auseinandersetzung mit Gen 2—3 (vgl. Helen Schüngel-Straumann, Die Frau am Anfang. Eva und die Folgen, Freiburg 1989) hat in den letzten Jahren beispielhaft deutlich gezeigt, daß eine Aufarbeitung der androzentrischen Wirkungsgeschichte von Texten für feministische Bibelexegese unverzichtbar ist und daß wir um die sozialgeschichtlichen und historischen Rekonstruktionen von Frauengeschichte im alten Israel oder in der frühen Kirche nicht herumkommen, wenn wir wissen wollen, ob bestimmte biblische Texte der Unterdrückung oder Befreiung, der Ohnmacht oder Macht von Frauen dien(t)en. Eine Grundfrage, die sich in der feministischen Exegese stellt und die tatsächlich noch offen ist, ist die hermeneutische Frage, etwas einfach formuliert: Treten wir in die (patriarchale) Textwelt ein oder bleiben wir auf Distanz? Ist es sinnvoll, bestimmten Texten eine Art Kredit zu gewähren, oder müssen alle Texte mit der skeptisch-feministischen Brille gelesen werden? Phyllis Trible gehört zu jenen, die die biblischen Geschichten durch einen Vertrauensvorschuß zu neuem Sprechen bringen und auf diese Weise genauso ernstmachen mit der Verbindlichkeit jüdisch-christlicher Tradition und Gemeinschaft wie andere durch hartnäckige, analytische Kritik an dieser Tradition. Daß es ein Verlust wäre, auf den Pluralismus der Methode feministischer Exegese zu verzichten, beweist dieses Buch. Gerade für Frauen im deutschsprachigen Raum scheint es mir eine Herausforderung, ja Ermutigung, sich von ihm verlocken zu lassen zu sorgfältigem Hören auf die biblischen Geschichten, zur Vertiefung von bibeltheologischem Wissen und zum freien Umgang mit der Schrift. Es geht tatsächlich auch darum, die verlorene Drachme zu suchen und ein Fest zu feiern, wenn wir sie finden. Es ist eine Vision der Frauen, daß wir dem patriarchalen Charakter der Bibel, den Trible keineswegs bestreitet (vgl. ihr Nachwort), besonders aber der patriarchalen Auslegungsgeschichte, in den nächsten Jahren und Jahrzehnten eine feministische Auslegungstradition entgegenstellen werden, die uns nicht nur Kopfzerbrechen, Mühe und Entfremdung bereitet, sondern auch Befreiung, Entdeckung unserer Macht in der Schriftauslegung und Lust an der Aneignung jüdisch-christlicher Tradition. Dazu gehört maßgeblich die Aneignung der biblischen Vielfalt von Gottesbildern und die Erforschung der hebräischen Sprache, die als solche den patriarchalen Denkweisen und Weltbildern der abendländisch-christlichen Kultur ein anderes, oft dem Leben gerechter werdendes Wahrnehmen und Denken entgegenzusetzen hat. In diesem Sinn wünsche ich dem vorliegenden Buch eine anhaltende Wirkung auf seine Leserinnen und Leser.

*Silvia Schroer*

# Vorwort

Nach Aussage von Brevard S. Childs war 1963 ein entscheidendes Jahr für die Bibelforschung. Mit der Veröffentlichung von *J. A. T. Robinsons* »Honest to God« fand die Biblical Theology Movement als treibende Kraft der amerikanischen Theologie ein Ende. Seitdem haben sich Wissenschaftler/Innen, unter ihnen auch Childs selbst, darum bemüht, die Disziplin zu verändern. (*Brevard S. Childs*, Biblical Theology in Crisis, Philadelphia 1960). Die Bände in dieser Reihe der Fortress Press verfolgen das gleiche Ziel.

Wenn 1963 ein wichtiges Datum für die Bibelforscher/Innen war, so war es das für die Gesellschaft im ganzen erst recht. Einige Ereignisse dieser Zeit gehen mir heute noch quälend nach: die Ermordung John F. Kennedys, das Bombenattentat auf eine Kirche der Schwarzen am »Birmingham Sunday«, bei dem vier kleine Mädchen ums Leben kamen, die Veröffentlichungen von *Betty Friedans* »The Feminine Mystique« in Amerika und von *Sylvia Plaths* »The Bell Jar« in England, sowie Sylvia Plaths anschließender Selbstmord. Zweifellos war 1963 ein Jahr großer Umwälzungen, nicht nur im Bereich der Theologie, sondern auch in der weiteren menschlichen Gemeinschaft, die unter den Schreien von Leiden und Ungerechtigkeit litt und an den Gewalttaten, die eine Herrschaft des Chaos anzukündigen drohten.

Währenddessen gingen in demselben Jahr auch in meiner eigenen Welt entscheidende Veränderungen vor sich. James Muilenburg ging als Davenport Professor of Hebrew and Cognate Languages am Union Theological Seminary in den Ruhestand, und ich schloß meine Promotion dort ab und begann, an der Wake Forest University zu lehren. Sehr bald merkte ich, daß die Theologie, die mein Leben erfüllte, sich nicht dafür eignete, die Anliegen der Studierenden anzusprechen; und auch mir genügte sie nicht mehr ganz. Ironischerweise erwiesen sich die gewaltigen Taten Gottes in der Geschichte als inadäquat, und die folgenden Jahre haben diesen Eindruck der Mangelhaftigkeit noch vertieft.

In einer Weise, die ich selbst nicht ganz verstehe, hat das Zusammentreffen der Krisen von 1963 zu dieser Arbeit über Gott und die Darstellung von Sexualität im Alten Testament geführt. Sicher habe ich nicht die ganze Zeit an diesem Buch gearbeitet, das Buch aber an mir. Die erste Gelegenheit zu gründlicherem Nachdenken ergab sich 1974–75. Ein Forschungsstipendium der Nationalen Stiftung für Geisteswissenschaften ermöglichte mir Forschungsarbeiten in Jerusalem; das Albright Institute for Archeological Research nahm mich dort für das Studienjahr auf. Danach reiste ich nach Japan, ein Land, das mir schon einmal vorher Anregungen gegeben hatte. Die Seinan Gakuin Universität in Fukuoka war gerade der rechte Ort zum Schreiben. Als ich mich später in der alten Hauptstadt Nippons aufhielt, dachte ich darüber nach, was Kyoto mit Jerusalem zu tun hat und was diese Städte etwa mit Boston verbindet, wo die Frage von Feminismus und biblischem Glauben ständig präsent ist. Vielleicht genügt es zu sagen, daß diese weit entfernten Orte meine Überlegungen anregten und zu den ersten Entwürfen eines Manuskripts führten. Günstigerweise erlaubten mir zwei Freisemester von der Andover Newton Theological School im Frühjahr 1977 dann den Abschluß der Untersuchung in Boston.

Kurz skizziert, ist dies die Geschichte der Entstehung dieses Buches. Indem ich mich auf Texte aus der Hebräischen Bibel konzentrierte, habe ich nach einer theologischen Vision für neue Situationen gesucht. Damit will ich nicht sagen, daß ich ein umfassendes Programm für eine biblische Theologie unterbreite. Auch behaupte ich nicht, daß die hier vorgelegten Perspektiven in der Bibel dominierend seien. Ich habe aber Themen und Gegentexte herausgestellt, die, meine ich, bisher vernachlässigt worden sind. Indem ich von der feministischen Hermeneutik Gebrauch machte, habe ich versucht, alte Schätze wiederzugewinnen und neue im Haushalt des Glaubens zu entdecken. Wenn auch einige dieser Schätze klein sind, so sind sie doch wertvoll in einer Tradition, die oft genug gezwungen ist, von dem übrigen zu leben. Diese Auffassung hat meine Vision bestimmt, seit die Verkündigung der gewaltigen Taten Gottes in der Geschichte die Antwort auf die Ereignisse schuldig blieb, die im Jahre 1963 symbolisch zum Ausdruck kamen. Deshalb wage ich es nicht, »den Tag der kleinen Dinge« zu verachten (s. Sach 4,10).

Zu den Segnungen dieses Tages gehört mein wachsendes Interesse an interdisziplinärer Forschung. Dieses Interesse kommt in dem Manuskript in verschiedener Weise zum Ausdruck: der Text ist von Anfang bis Ende von Literaturkritik durchzogen, in einem Abschnitt kommt psychoanalytische Terminologie vor, und hier und da treten Existentialismus, philosophische Hermeneutik, Strukturalismus und Zen Buddhismus auf. Obwohl deren Ausdrucksweise nicht die Sprache Zions ist, sind mir doch ihre Beiträge zum Verständnis willkommen, ebenso wie ich die Gegenwart von Rut, der Moabiterin, im Glauben Israels als wohltuend empfinde.

Außerdem denke ich immer mehr über die Sprache Zions selbst nach. Dabei sind mir zwei hermeneutische Überlegungen besonders wichtig. Erstens möchte ich zeigen, in welcher Weise stilistische und rhetorische Eigenarten der Sprache ein Licht auf die Interpretation werfen. Deshalb war mir oft mehr daran gelegen, die hebräische Syntax beizubehalten als eine besonders geglückte Übersetzung vorzulegen. Zweitens möchte ich beim Übersetzen, soweit möglich, eine inklusive statt einer sexistischen Sprache benutzen. Diese Aufgabe hat sich als heikel und schwierig erwiesen, mit Auswirkungen, die über die Grenzen dieser Studie hinausgehen. Infolgedessen sind meine Bemühungen unsicher und tastend gewesen, obwohl mein Engagement für die Sache gleichbleibend und entschieden ist. Diese und andere Überlegungen haben dazu geführt, daß ich verschiedene Übersetzungen benutzt habe. Ich bin oft der Revised Standard Version of the Bible gefolgt, aber häufiger noch habe ich deren Text verändert. Abschnitte, die abgewandelt wurden, sind hinter der Abkürzung RSV mit einem Sternchen gekennzeichnet (RSV*). Andere veröffentlichte Übersetzungen, wie z. B. die New American Bible und die Anchor Bible werden unter den üblichen Abkürzungen zitiert. Private Übersetzungen anderer werden in den Anmerkungen erwähnt, während meine eigenen nicht besonders gekennzeichnet sind.

Im Laufe der Jahre haben viele Menschen an dieser Geschichte hermeneutischen Umherschweifens teilgenommen. Vier Namen mögen hier für viele anderen stehen: Kay Coughlin stand für Bürodienste zur Verfügung, Gail Hamilton hat das Manuskript in zahllosen Entwürfen in die Schreibmaschine getippt, Emily King hat lesend und mutmachend das Schreiben dieses Buches begleitet, und Dr. Mary Ann Tolbert hat sich an dem ganzen Projekt, von der Konzeption bis zur Vollendung, wohlwollend beteiligt, indem sie Ideen, kritische Urteile und Ratschläge beisteuerte. Ihre Hilfe ist besonders umfangreich und stetig gewesen. Jede dieser Frauen weiß, wieviel ich ihr schulde. Außer ihnen sage ich all denen Dank, besonders den Studierenden, deren Interesse meine Arbeit über die Jahre hin unterstützt hat.

Und schließlich spricht das Schweigen, das die Widmung umgibt, das aus, was Worte nicht sagen können.

*Phyllis Trible*

# Kapitel I: Hinweise zur Textinterpretation

Die Bibel macht eine Pilgerfahrt durch die Geschichte, um Vergangenes und Gegenwärtiges miteinander zu verschmelzen. Zusammengefügt aus verschiedenen Traditionen, die Jahrhunderte umspannen, enthält sie Aussagen und Gegenaussagen als Zeugnis für die Komplexität und Ambivalenz des Daseins. Auch zieht sie Auseinandersetzungen und Verwirrungen von außen mit hinein, um sie im Laufe der Jahrhunderte immer wieder anders zu verwenden. Diese privaten oder öffentlichen Wanderungen der Schrift geben uns drei Hinweise für unsere Untersuchung über Gott und Sexualität im Alten Testament: einen hermeneutischen, einen methodischen und einen thematischen. Indem wir diesen Hinweisen forschend nachgehen, schließen wir uns der Wanderschaft eines Textes von uralten bis zu gegenwärtigen Umfeldern an.

## 1. Der hermeneutische Zugang

### a) Ein Hinweis, der sich aus den Wandlungen innerhalb eines Textes ergibt

Um zu zeigen, wie die Hermeneutik innerhalb der Schrift funktioniert, habe ich die Wanderfahrt eines uralten Bildes von Gott ausgewählt.[1] Früh am Morgen stieg Mose, einem göttlichen Befehl gehorchend, auf den Berg Sinai, um vor Gott zu treten. Bei der Begegnung wurden diese Worte verkündigt:[2]

*Jahwe, Jahwe, ein Gott barmherzig und gnädig, langsam zum Zorn und reich an Gnade und Treue, der Loyalität bewahrt an Tausen-*

den, der Schuld, Vergehen und Sünde vergibt, aber keineswegs
ungestraft läßt, (sondern) die Schuld der Väter heimsucht an den
Kindern und Kindeskindern, an der dritten und vierten (Generation). (Ex 34,6–7, REB*)* **

Diese Beschreibung enthielt die Spannung zwischen dem liebenden
und dem strafenden Gott.[3] Der gnädige Gott, der die Sünde vergab,
strafte auch die Schuld der Väter an den Kindern über mehrere
Generationen. Eine solche Bestrafung setzte das korporative Wesen
eines Haushalts voraus, das alle Mitglieder in der Solidarität der
Übertretung verband.

Eine andere Geschichte über die Zeit in der Wüste schildert, wie
Moses diese Beschreibung von Gott im Gebet wiederholte; allerdings ließ er einige Redewendungen aus (Num 14,18). Jahrhunderte
später zitierte Jeremias eine stark komprimierte Version davon, auch
in einem Gebet zu Jahwe (Jer 32,18). Anwendbar auf verschiedene
Verhältnisse wurde dieselbe Verkündigung durch Verdichtung verändert. Von der frühesten Zeit bis zum Vorabend des Exils aber hat
ein besonderer Text, der in gleichem Maße den liebenden und den
strafenden Gott hervorhob, sich im Gedächtnis Israels erhalten.

Indessen erschienen andere Formulierungen des Abschnitts mit
verschiedenen Akzenten. Indem der deuteronomische Dekalog die
Anordnung der hervorgehobenen Teile umkehrte, verwendete er
ihn dafür, zwischen denen zu unterscheiden, die Gott hassen und
denen, die ihn lieben (Dtn 5,9–10, auch Ex 20,5–6). Die ersteren
erhielten Strafe, die letzteren Gnade. Obwohl diese Version die
Solidarität in der Sünde bestätigte, wurde diese Lehre in einem
Kontext abgemildert, der den Bund mit Gott jeder Generation neu

---

 * A. O.: Yahwe, Yahweh, a God merciful and gracious, slow to anger, and
   abounding in loyalty and faithfulness, keeping loyalty for thou-
   sands, forgiving iniquity and transgression and sin, but who will
   by no means clear the guilty, visiting the iniquity of the
   ancestors upon the children and the children's children, to the
   third and the fourth generation (Ex 34,6–7, RSV*).
** Anm. d. Übs.: die Bibelzitate sind nach der Revidierten Elberfelder
   Bibelübersetzung wiedergegeben (REB) und bei Abweichungen mit
   einem Sternchen gekennzeichnet.

anbot: »Nicht mit unsern Vätern hat Jahwe diesen Bund geschlossen, sondern mit uns, die wir heute hier alle am Leben sind« (Dtn 5,3). Außerdem verschob sich in einer anderen deuteronomischen Aussage der Hinweis auf die Solidarität der Generationen von der Schuld auf die Treue: »Jahwe, der treue Gott, der den Bund und die Güte bis auf tausend Generationen denen bewahrt, die ihn lieben und seine Gebote halten, der denen, die ihn hassen, ins Angesicht vergilt, um sie umkommen zu lassen ...« (Dtn 7,9–10).

Dieser interpretative Prozeß setzte sich fort, als der Text in andere Umgebungen und Dienste gestellt wurde. Um seine poetische Schmähung Ninives einzuleiten, benutzte z. B. der Prophet Nahum eine stark verkürzte Form des Abschnitts, die einen Hinweis auf die Gnade Jahwes ganz und gar ausließ: Die Redewendung »langsam zum Zorn«, die an anderen Orten das Gegenstück zur Fülle der göttlichen Liebe darstellte, bekam hier die entgegengesetzte Bedeutung von Gericht und Zerstörung:

*Ein eifersüchtiger und rächender Gott ist er.*

. . . . . . . . . .

*Jahwe ist langsam zum Zorn und groß an Kraft.*
*Doch keinesfalls läßt Jahwe ungestraft ...* (Nah 1,2–3, REB\*)

In der Weissagung Joels wurde die Dynamik dieses Bildes dann wiederum umgekehrt. Alle Hinweise auf den Zorn Jahwes verschwanden, und eine andere Redewendung, »das Unheil gereuen«, wurde in die Liste der gnadenvollen Attribute aufgenommen. Somit wurde in einer poetischen Aufforderung zur Umkehr allein der vergebende Gott hervorgehoben:

*Kehrt um zu Jahwe, eurem Gott!*
*denn er[5] ist gnädig und barmherzig,*
*langsam zum Zorn und groß an Gnade*
*und läßt sich das Unheil gereuen.* (Joel 2,13, REB\*)

Die prophetische Erzählung von Jona gab diesen Worten Joels eine ironische Wendung. In einem Gebet, dessen Motiv Ärger gegen Jahwe war, klagte Jona Gott an, daß er »ein gnädiger und barmherziger Gott (ist), langsam zum Zorn und groß an Güte, und einer, der sich das Unheil gereuen läßt« (Jon 4,2 b). Obwohl diese Beschreibung im Vokabular genau zu Joels Zitat paßte, entsprach seine Funktion der Version des Nahum. Da Jona selbst die Zerstörung Ninives wollte, bedeutete der gnädige Gott für ihn nicht Rettung, sondern Zorn. Indem er Worte der Liebe zitierte, verurteilte Jona Gott. In den beiden Passagen von Joel und Jona hat ein einzelner Text, in dem kein Wort verändert wurde, völlig verschiedene Bedeutungen. Gleichzeitig führten zwei sehr unterschiedliche Beschreibungen Gottes, bei Nahum und Jona, zu derselben Aussage.[6] Der Kontext veränderte den Text.

Unsere Verkündigung wanderte auch bei den Psalmisten umher, die sie in Lobgesängen (Ps 111,4; 112,4; 145,8), Dankesliedern (Ps 103,8) und der Klage eines einzelnen (Ps 86,5,15) wiederholten und paraphrasierten. Vom selbstlosen Lob Gottes bis zur Bitte um Erlösung von Feinden paßten die Dichtenden den Text jeweils der Situation an. Jede Verwendung war eine Interpretation, die zu den besonderen Gelegenheiten und Erfahrungen paßte.

Im nach-exilischen Israel befaßte der Abschnitt sich mit dem Kummer und der Verzweiflung eines besiegten Volkes. Verständlicherweise wurde er dort zu einer Botschaft des Trostes, ohne Anspielungen auf den strafenden Gott. Weinend, trauernd und fastend bekannte Nehemia die Sünden seines Volkes und suchte ihre Erlösung, als er zu Jahwe betete, »der den Bund und die Gnade denen bewahrt, die ihn lieben und seine Gebote bewahren« (Neh 1,5). In einer Schilderung der Geschichte Israels erinnerte Ezra an den Ungehorsam seiner Vorfahren während der Wüstenwanderung. Aber er behauptete, daß, selbst als sie ein gegossenes Kalb machten, Jahwe sie nicht verließ, denn »du aber bist ein Gott der Vergebung, gnädig und barmherzig, langsam zum Zorn und groß an Gnade« (Neh 9,17 b). Nach Ezra war der Gott der Wanderungen nur voller Erbarmen, und er versorgte das Volk, auch wenn es Lästerungen verübte (s. auch Neh 9,19,27,28,31).

Mit einer radikal veränderten Perspektive sind diese Worte Ezras zu der Umgebung zurückgekehrt, in der dieses Bild zuerst entstand. Bei der Begegnung zwischen Moses und Gott auf dem Berge Sinai hielt die Beschreibung des gnädigen Gottes dem strafenden die Waage, »der keineswegs ungestraft läßt, (sondern) die Schuld der Väter heimsucht an den Kindern und Kindeskindern, an der dritten und vierten (Generation)« (Ex 34,6–7). Jahrhunderte später, als Ezra sich dieses Ereignisses aus alter Zeit in seiner eigenen Situation erinnerte, veränderte er die Tradition, um jegliche Drohung eines zornigen Gottes wegzulassen. Die Vergangenheit drang in die Gegenwart ein, um zu interpretieren und interpretiert zu werden. Diese beiden biblischen Auffassungen von Gott, eine im 2. Buch Mose und die andere bei Nehemia, sind in derselben Periode von Israels Erinnerung angesiedelt, in der Zeit der Wanderungen. Sie verwenden denselben Text, »den gnädigen Gott, langsam zum Zorn und reich an Gnade und Treue«, aber in verschiedenen Versionen. Nebeneinandergestellt, verdeutlichen sie die Hermeneutik, die innerhalb der Bibel am Werk ist. Auch die anderen Wanderungen, die dieses Bild gemacht hat, verstärken diese These. Ein einzelner Text erscheint in verschiedenen Versionen mit verschiedenen Funktionen in verschiedenen Kontexten. Durch seine Verwendung bekennt er, fordert er heraus, tröstet und verurteilt er. Was er bei der einen Gelegenheit sagt, leugnet er in einer anderen. Somit liefert die Schrift selbst vielfache Interpretationen ihrer selbst.[7]

Außerdem wendet diese Hermeneutik nicht einen bestimmten Satz von Prinzipien an, um Bedeutungen herauszuholen. Als unsere Verkündigung durch die Jahrhunderte wanderte, legte sie keinen Plan von ihren Pilgerfahrten vor. Selten offenbarte sie genau, wie sie von einer Zeit zu der anderen gelangte, von einer Umgebung zur anderen oder von einer Bedeutung zur anderen. Aber sie ließ kleine Einblicke in ihre zahlreichen Methoden zu, wie z. B. Verdichtung, Verlagerung, Zusätze, Auslassungen und Ironie. Die Interpretation also entzieht sich der Systematisierung. Sie lädt zur Teilnahme an den Bewegungen des Textes ein und fordert Risikobereitschaft auf dem Weg zu dessen verschiedenen Verwendungen.[8] Obwohl er stumm ist, spricht ein Text aufmerksame HörerInnen in einem besonderen Kontext an. Diese HörerInnen wiederum prägen den Text in verschiedener Weise, seien sie nun ein rachsüchtiger Nahum, ein zorniger Jona, eine reuige Gemeinde, ein(e) selbstlose(r) AnbeterIn oder ein gehorsamer Moses, der ein ungehorsames Volk führt. Indem sie die gesamten Interpretationsmöglichkeiten mit einbezieht, ist diese innere Hermeneutik der Schrift ein Hinweis auf die Pilgerschaft der Bibel in der Welt. Und dieser Hinweis ist bereits ein Teil des Verstehensprozesses, er erlaubt keine präskriptive Methode. Wir nutzen ihn und wenden uns der Gegenwart zu.[9]

## b) Ein Hinweis, der sich aus dem Verhältnis zwischen Text und Welt ergibt

In zunehmendem Maße wandern die gegenwärtigen Diskussionen über die Bibel aus ihrer traditionellen Umgebung in der Glaubensgemeinschaft aus, »um die Welt als ihre Provinz zu belegen«. Die InterpretInnen mögen BibelkennerInnen sein oder nicht, sie können dem Text mit Sympathie, Gleichgültigkeit oder sogar Feindschaft gegenüberstehen, sie mögen in einem religiösen Kontext stehen oder nicht, jedenfalls verstehen diese LeserInnen in verschiedener Weise, mit unterschiedlichen Wertvorstellungen und ungleichen Ergebnissen die Schrift von der Perspektive ihrer gegenwärtigen Fragen aus; oder sie sehen, umgekehrt, gegenwärtige Interessen im Licht der Bibel. Um diese Hermeneutik zu illustrieren, werde ich ein paar Beispiele anführen, von denen sich die meisten allerdings überschneiden. Meine Absicht ist dabei nicht, diese Interpretationen zu untersuchen, sondern sie einfach als Bestandteile einer Pilgerfahrt des Verstehens anzuerkennen, die sich in der Verwendung der Texte auswirkt – und damit zu dem besonderen Thema dieser Studie hinzuführen.[10].

Für einige KommentatorInnen ist die Interaktion zwischen der Bibel und der Erfahrung der Schwarzen von vorrangigem Interesse. Das Motiv von Sklaverei und Befreiung, wie es in der Überlieferung des Exodus exemplarisch zum Ausdruck kommt, legt ein überzeugendes Bekenntnis für die Menschenrechte ab.[11] Das Thema verbindet sich mit anderen und schließt alle Proteste gegen Unterdrückung mit ein. In seiner Schilderung von Herren und Sklaven bewegt sich das Alte Testament auf eine Revolution zu, in der Klassenkämpfe überwunden werden.[12] In ähnlicher Weise unterhöhlen die Lehren Jesu über Gerechtigkeit und Wiedergutmachung alle Ansprüche auf Eigentum durch Zwang und Gewalt. Wenn die Bibel in einen Kontext von Armen und Machtlosen gestellt wird, kritisiert sie jegliches System der

Ungerechtigkeit, um die gute Nachricht der Befreiung zu verkündigen.[13]

Auf diesen Pilgerfahrten gegen die Unterdrückung verbindet sich die Schrift mit verschiedenen Ideologien. Aus Marxscher Sicht bietet Jeremia 28 unserer Zeit einen Weg an, um Ideologie von Wahrheit zu unterscheiden, *Logos* von *Praxis*.[14] Außerdem öffnet eine marxistische Auffassung von Jesus das Evangelium sowohl für ChristInnen als auch für AtheistInnen und vermittelt somit jeder Gruppe neue Einsichten über sich selbst und die anderen.[15] Eine solche Art und Weise, die Bibel zu lesen, ist ein verantwortungsvoller und segensreicher Beitrag zu globalen Fragen. Dialoge zwischen der Bibel und der amerikanischen Ideologie sind ebenfalls erhellend. Wie festgestellt wurde, klingen wiedersprüchliche Themen der Bibel in gegensätzlichen Traditionen der amerikanischen Politik wieder an.[16] Der »eifrige Nationalismus« Daniels, der Makkabäer und der Offenbarung wetteifern mit dem »prophetischen Realismus« Hoseas, Jesajas, Jeremias und Jesu. In säkularisierten Versionen hat die Betonung der ersteren das Konzept der politischen Manifest-Destiny-Bewegungen, wie z. B. des Ku Klux Klan und der Neuen Linken, Gestalten in unseren Comics, wie Captain America, und die nationalen Krisen wegen Vietnam und Watergate beeinflußt. Andererseits hat der »prophetische Realismus« die Vision Abraham Lincolns, die politischen Schriften Reinhold Niebuhrs und den gewaltlosen Standpunkt Martin Luther Kings bestimmt. Daher erkennt diese Analyse eine Mannigfaltigkeit innerhalb der Bibel, die auf die Spannungen und Dichotomien in der amerikanischen Ideologie einwirken.[17]

Die psychologischen Idiome unserer Zeit beteiligen sich an diesem hermeneutischen Unternehmen. Als sie ihre Orientierungen ausführlich darlegten, zog Freud Moses heran und Jung Hiob.[18] Und erst kürzlich hat ein jüdischer Philosoph Paulus durch die Linse der Freudschen Gedanken betrachtet.[19] Ein christlicher Gelehrter geht die Evangeliengeschichten psychoanalytisch an mit dem Ziel, Veränderungen im Menschen hervorzurufen.[20] Andere haben die Gleichnisse aus Freudscher und Jungscher Sicht gelesen.[21] Und ein Psychiater hat über unzählige biblische Aussprüche meditiert bei seiner existentiellen Suche nach Ganzheit und Erleuchtung.[22] So hat also schon innerhalb dieses einen Gebietes die interpretative Reise verschiedene Pfade eingeschlagen.

Die Ökologie ist ein weiteres Thema. Die alten Propheten z. B. verurteilten die Zerstörung der Umwelt durch menschliche Nachlässigkeit und Willkür. In einem Weisheitsspruch, der das Gericht ankündigte, sah Hosea das Sterben des Landes als eine Konsequenz des Ungehorsams an (Hosea 4,1–3).[23] Mit kleinen Abweichungen wiederholte Jeremia diese Auffassung (Jer 2,7). Während diese und ähnliche Prophezeiungen (z. B. Am 8,8, Joel 1,10–12) in der Umweltverschmutzung ein Resultat der Sünde sehen, sind andere Abschnitte ambivalent. Ganz besonders ist die Herrschaft über die Erde, die der Menschheit in Gen 1,28 und Psalm 8,6–8 zugesprochen wird, ein umstrittener Text geworden. Erlaubt er die Ausbeutung der Natur durch die Technik und ist somit schuld an der gegenwärtigen Krise?[24] Oder bedeuten diese Worte Verantwortlichkeit, die Ordnung und Güte der Schöpfung zu bewahren, so daß Zerstörung verhindert wird?[25] Wie auch immer die Antworten ausfallen mögen – die Fragen weisen auf die Wechselwirkung zwischen der Bibel und gegenwärtigen Problemen hin.[26]

Verschiedene Abschnitte der Schrift beschäftigen sich auch mit dem weiten Thema der menschlichen Sexualität.[27] Das neuerwachte Interesse an diesem Dialog hat Diskussionen über die Sexualität Jesu und die historische Grundlage der Jungfrauengeburt hervorgerufen.[28] In ähnlicher Weise hat die Sorge um die Institution der Familie[29] sowie den Status Alleinstehender zu entsprechenden Rückbesinnungen auf biblische Ansichten geführt. Die Schwulen-Bewegung hat die Debatte um die wenigen Abschnitte angefacht, die sich mit Homosexualität beschäftigen.[30] Und schließlich verlangen Fragen, wie der Mißbrauch von Kindern und die Behandlung der Alten in der Gesellschaft, nach Untersuchungen über Jugend und Alter in der Schrift.

Der Feminismus ist mein abschließendes Beispiel von der Verbundenheit zwischen der Welt und der Bibel. Mit Feminismus meine ich keine einseitige Konzentration auf Frauen, sondern eine Kritik an der Kultur im Hinblick auf ihre Frauenfeindlichkeit. Diese Kritik hat auch etwas mit den Fragen von Rassen – und Klassenunterschieden, Psychologie, Ökologie und menschlicher Sexualität zu tun.[31] Für manche Menschen unterstützt die Bibel weibliche Sklaverei und männliche Vorherrschaft in der Kultur[32], während sie für andere Freiheit vom Sexismus darstellt.[33] Von zentraler Bedeutung sind für diese Diskussionen Abschnitte, wie z. B. der Schöpfungsbericht in der Genesis, gewisse Gesetze im Leviticus, das Hohelied, die Weisheitsliteratur, verschiedene Evangelienberichte über Jesus und die Machtlosen und die besonderen Ermahnungen von Paulus und seinen Nachfolgern. Aus diesen Materialien läßt sich eine biblische Hermeneutik des Feminismus ableiten.

All die gegenwärtigen Wechselwirkungen zwischen Bibel und Welt spiegeln die innere Dynamik der Schrift selbst wider. Der interpretative Hinweis innerhalb des Textes ist auch der Schlüssel zum Verstehen zwischen Text und Dasein. Daher vermitteln die privaten und öffentlichen Wanderungen der Pilgerin mit Namen »Schrift« einen Eindruck von ihrer Integrität. So wie die Bibel sich selbst interpretiert, um zu ergänzen oder zu widersprechen, zu bestätigen oder in Frage zu stellen, so prägen auch wir die Traditionen für unsere Zeit und erkennen dabei die Verwandtschaft zwischen damals und heute.[34] Mit anderen Worten, die Hermeneutik umfaßt Erklären, Verstehen und Anwendung von der Vergangenheit bis zur Gegenwart. Da dieser Prozeß von den Erfahrungen der LeserInnen abhängig ist, hat er immer etwas Zwingendes und kommt nie zu einem Ende. Neue Ereignisse stellen uns vor neue Aufgaben. Wenn ich mich ihnen nun zuwende, so bin ich dabei besonders am Feminismus als einer Kulturkritik interessiert. Ich habe vor, ausgewählte biblische Texte aus dieser Perspektive zu betrachten. Aber eine solche Interpretation erfordert zuerst einmal eine Einführung in die Methode, da sie stets ein wichtiges Kriterium für die Einschätzung der Legitimität einer Interpretation ist.


## 2. Der methodologische Zugang

Wie der gesamte Prozeß des Verstehens bedient sich auch die Hermeneutik vieler akzeptabler Methoden, wenn auch InterpretInnen die eine oder andere vorziehen mögen. Meine Wahl fällt auf die *rhetorische Kritik*,[35] eine Disziplin, die ich unter die allgemeine Rubrik der Literaturkritik einordne.[36] Gemäß diesem Wissenszweig ist der Hauptzugang zur Interpretation der Text selbst. Infolgedessen betrachte ich den Text als eine literarische Schöpfung mit einer komplizierten Struktur von Wörtern und Motiven.[37] Eine richtige Analyse der Form führt zu einer richtigen Artikulation der Bedeutung.

Die Bibel als Literatur zu untersuchen, heißt anzuerkennen, nicht zu beweisen, daß sie in der Tat Literatur ist.[38] Ich streite nicht um ihren literarischen Status, ebensowenig wie ich es bei der Ilias, Odyssee, der Bhagavadgita, der Göttlichen Komödie oder Shakespeares Stükken tun würde. Statt dessen erforsche ich die Literatur, um ihre Vitalität zu entdecken. Dieses künstlerische Anliegen ist weder isoliert vom religiösen Interesse noch ihm entgegengesetzt, ist weder über- noch untergeordnet. Obwohl die ästhetische und die religiöse Erlebnisweise sicher »auf ihren sichtbareren Ebenen« unterschieden werden können, »entdecken sie in ihren Tiefen doch unerwartete Resonanzen und Übereinstimmungen, aus denen die gemeinsame Musik gemacht werden kann«.[39] In der Gesamtheit der Interpretation verschmelzen sie. Somit ist die Bibel als Literatur auch die Bibel als Hl. Schrift, ungeachtet der Einstellung, die man zu ihr als Autorität hat. Und umgekehrt ist die Bibel als Hl. Schrift auch die Bibel als Literatur, ungeachtet der Einschätzung, die man ihrer Qualität gibt.[40]

Ein literarischer Zugang zur Hermeneutik konzentriert sich vor allem auf den Text und weniger auf äußerliche Faktoren, wie z. B. den historischen Hintergrund, archäologische Daten, Entstehungsgeschichte, Intentionen der AutorInnen, soziologische Bedingungen oder theologische Motivationen und Resultate. Sicherlich ergänzen diese externen Interessen das Verständnis, so daß KritikerInnen sich nie ganz von ihnen loslösen können,[41] aber gleichzeitig liegt das Schwergewicht auf dem Interpretieren der Literatur mit Begriffen ihrer selbst. »Der Text ist wie eine Partitur und die LeserInnen wie DirigentInnen, die den Anweisungen der Notenschrift gehorchen.«[42] Die Konzentration auf ein intrinsisches Lesen ist also ein untrügliches Kennzeichen der *rhetorisch-kritischen* Methode.[43]

Die organische Einheit eines Textes liegt in seiner in Beziehungen stehenden Eindringlichkeit. Form und Inhalt sind untrennbar.[44] Einerseits ist der Text kein Gefäß, aus dem Gedanken oder das Wesentliche abstrahiert werden könnte, um ein unabhängiges Leben zu führen. Andererseits ist der Text kein Gegenstand, von dem die stilistische und strukturelle Verpackung entfernt werden könnte, um autonom zu existieren. Wie der Text spricht und was er sagt, das gehört zusammen, wenn man entdecken will, was er ist. Inhalt zu vermitteln, heißt, Form zu benutzen; Form zu vermitteln, heißt, Inhalt in Anspruch zu nehmen. Wenn auch diese beiden Phänomene für analytische Zwecke unterschieden werden können, so lebt die Literatur doch gerade von ihrer Untrennbarkeit.

Die Erforschung einer organischen Einheit berührt verschiedene analytische Ebenen. Zunächst kann ein Text in unterschiedlicher Weise definiert werden: z. B. die ganze Bibel, ein wichtiger Teil, wie z. B. der Pentateuch oder die paulinischen Schriften; ein einzelnes Buch, wie z. B. Josua oder Johannes; ein Teil eines Buches, wie die Heiligkeitsgesetze im Leviticus oder die Bergpredigt bei Matthäus; ein kleinerer Abschnitt, wie z. B. Psalm 100, das Gleichnis vom Verlorenen Sohn, oder auch ein einzelnes Rätsel, ein Spruch oder ein Lobpreis; und schließlich eine Episode innerhalb einer Geschichte.[45] Grundlegend für all diese Definitionen ist die Vorstellung von einer literarischen Einheit, sei sie nun groß oder klein. Der/die KritikerIn legt diese Einheit fest, indem er/sie das Kriterium von Form und Inhalt anwendet. Zweitens kann ein Text aus verschiedenen Perspektiven betrachtet werden. Der/die KritikerIn kann den allgemeinen Entwurf und die Entwicklung der Handlung[46] aufspüren oder eine Exegese ausgewählter Teile daraus vornehmen.[47] Er oder sie kann der Entfaltung eines einzelnen Motivs folgen, eines Schlüsselbegriffs oder einer besonderen stilistischen Figur.[48] Und wiederum mag der Interpret das Ganze sorgfältig lesen und dann die Details in ihren Verknüpfungen miteinander untersuchen.[49] Auf welcher Ebene auch immer die Analyse stattfindet, Form und Inhalt geben den entscheidenden Hinweis zum Verstehen, der wesentlich ist für die Interpretation.

Texte sind immer sowohl typisch als auch einzigartig, sowohl dem Herkommen verpflichtet als auch erneuernd. Sie sind konventionell, sofern sie einem Genre zugeordnet werden können, denn jeder Text ist ein Beispiel für eine bestimmte literarische Gattung, deren Verteter etwas miteinander gemeinsam haben. Das Genre der Märchen z. B. umfaßt bestimmte Arten von Erzählungen.[50] Eingeleitet mit der Redewendung »Es war einmal«, leben diese Geschichten von der Phantasie und Einbildungskraft. Ironischerweise spielt die Zeit in ihnen aber gar keine wesentliche Rolle, denn was in der Vergangenheit geschah, wiederholt sich immer wieder in einer Welt, die unzerstörbar ist und niemals altert. Obwohl die Geschichten nur kurz sind, sind sie allumfassend. Die natürliche und die übernatürliche Welt greifen mit einer solchen Leichtigkeit ineinander, daß Wunder selbstverständlich sind. Die Gestalten, die eher Typen als Individuen darstellen, sind uns durch das, was sie tun, bekannt. Stilistisch gesehen, sind diese Geschichten mit einer Genauigkeit auf Wiederholung aufgebaut, die keinen Raum für Mehrdeutigkeit läßt. Die Handlung vollzieht sich zwischen Gefahr und Erlösung, um oft mit den bekannten Worten zu enden »und so lebten sie glücklich bis an ihr Ende«. Insofern kann man an Hand einer Reihe von gebräuchlichen Elementen, die Form und Inhalt betreffen, viele Geschichten als Märchen einordnen. Indem man das tut, hat man schon mit der Interpretation begonnen. Im allgemeinen gibt das Wissen, zu welchem literarischen Typ ein Text gehört, einem schon einen Hinweis darauf, wie man ihn verstehen soll.

Gleichzeitig verstärkt das Typische das Einmalige. Wenn auch alle Märchen gemeinsame Merkmale haben, so hat doch jede Geschichte auch ihre unverwechselbare Individualität. Das, wovon sie lebt, ist nicht austauschbar, so ähnlich sie anderen Geschichten auch sein mag. Deshalb gehört auch die besondere böse Stiefmutter von »Hänsel und Gretel« in dieses Märchen und nicht in »Aschenputtel«. Die Schönheit von Schneewittchen ist anders als die von Dornröschen. Auch erlöst der Prinz sie auf verschiedene Weise, und keine dieser beiden Rettungen stimmt genau mit dem vergleichbaren Motiv in »Aschenputtel« überein. Jede Geschichte ist einzigartig, wie auch ihre Varianten beweisen. Die Brüder Grimm gaben »Dornröschen« nicht ganz genau so wieder, wie sie es gehört hatten, und andere, die das Märchen erzählten, taten es auch nicht. Die Geschichte erscheint in mehreren Versionen, von denen jede eine besondere Schöpfung ist. Somit ist ein einzelner Text ein »unauflösliches Ganzes, eine künstlerische Einheit, eine einmalige Formulierung«.[51] Die Einzigartigkeit seiner Form und seines Inhalts zu benennen, heißt, einem Hinweis für die Interpretation nachzugehen.

Der Hinweis, den der Text selbst gibt, erfaßt sowohl das Typische wie das Einzigartige. Innerhalb der Bibelforschung dient die Formkritik der Erkenntnis des Typischen.[52] Abgesehen von anderen Schwerpunkten spürt sie Traditionen auf, die sie unter narrativen Rubriken als Legenden, Heldengeschichten, Volkssagen, Briefe oder Beispielgeschichten identifiziert oder unter poetischen Bezeichnungen wie Orakel, Hymne, Spruch, Klage oder Liebeslied einordnet. Gemäß dieser Fachrichtung hat jedes Genre sein eigenes Umfeld, seinen eigenen Inhalt und seine eigenen Funktionen, sowie eine charakteristische Struktur. Der Hymnus ist ein Lobgesang, der z. B. gewöhnlich aus einem Aufruf, in das Lob einzustimmen, besteht, einer Schilderung der Taten oder Eigenschaften Gottes und einem abschließenden Lobpreis, Segen oder einer Bitte.[53] Gelegentlich wird diese typische Struktur abgewandelt, so daß es viele Arten von Lobgesängen gibt: z. B. das Siegeslied, um Erfolg in der Schlacht zu feiern, Pilgerlieder, um die Fahrt zu heiligen Stätten zu begleiten, und Königspsalmen zur Erinnerung an die Inthronisation eines Königs. Insgesamt werden die gemeinsamen Elemente der Hymne zu einem Schlüssel für das Verstehen einer einzelnen Dichtung. Die Formkritik also identifiziert literarische Gattungen in ihrer Verbindung zu typischen menschlichen Situationen.[54] Diese Betonung des Genres setzt sie in Beziehung zur Literaturkritik, die, wie wir gesehen haben, ebenfalls das Typische als wichtigsten Schlüssel für die Interpretation eines einzelnen Textes erforscht.[55]

Jedoch ist der Hinweis, den der Text selbst gibt, auch wiederum einzigartig. Innerhalb der Bibelforschung konzentriert sich die *rhetorische Kritik* auf diesen Aspekt. Ursprünglich als Ergänzung zur Formkritik konzipiert, untersucht die *rhetorische Kritik* die individuellen Charakteristika einer literarischen Einheit.[56] Es trifft zwar zu, daß z. B. alle Hymnen gemeinsame Elemente aufweisen, aber jeder einzelne Lobgesang unterscheidet sich doch wieder von allen anderen. Die Wörter, die gebraucht werden, und die Art, wie sie zusammengestellt werden, machen jede Einheit zu einer neuen

Schöpfung.[57] Die Sprache spielt in großer Vielfalt mit Bildern, Lauten, Stil und Standpunkten, um besondere Unterscheidungen, Feinheiten und Nuancen zum Ausdruck zu bringen. Eine Analyse solcher literarischen und stilistischen Eigenarten ist bei der Untersuchung von Form und Inhalt ein Schlüssel zum Verstehen der Bedeutung. Im allgemeinen stellt die Praxis der *rhetorischen Kritik* in ihrem Verhältnis zur Literaturkritik das Einmalige als wichtigsten Zugang zur Interpretation eines Textes heraus.[58]

Obwohl sich dieser methodische Zugang wissenschaftlicher Verfahren, Prinzipien und Kontrollen bedient, ist er eigentlich im Reich der Künste angesiedelt.[59] Er verwendet kritisches Werkzeug, wird aber nicht von ihm bestimmt. Vielmehr ist er offen für Intuition, Vermutungen und Überraschungen.[60] Da alle Methoden den leitenden Interessen der einzelnen BenutzerInnen unterworfen sind, kann die Anwendung jeder einzelnen zu manigfaltigen Interpretationen eines bestimmten Abschnitts führen. Speziell die *rhetorisch-kritischen* Untersuchungen kommen nicht alle zu dem gleichen Ergebnis. Verschiedene Arten, einen Text zu deuten, schließen einander nicht aus; durch sie sind aber auch nicht alle Interpretationen gleich.[61] Der Text als Form und Inhalt setzt der Erklärung selbst Grenzen und legt möglicherweise Zeugnis gegen alle Deutungen ab.[62] Der interpretative Auftrag ist jedoch zwingend und unumgänglich, und die *rhetorische Kritik* ist eine Methode in diesem gesamten Prozeß. Indem ich mich ihrer bediene, nehme ich an einer hermeneutischen Reise teil, bei der der Schlüssel zum Verstehen der Text selbst ist. Und umgekehrt dient mir ein besonderer Text als Schlüssel zu meinem Thema.

## 3. Der thematische Zugang

Genesis 1,27 ist der Text. Er gibt den ersten biblischen Hinweis auf das Thema von Gott und der Darstellung von Sexualität im Alten Testament.

*Und Gott schuf den Menschen nach seinem Bild,*
*nach dem Bild Gottes schuf er ihn;*
*männlich und weiblich schuf er sie.* (REB*)*


## a) Der Kontext

Dieses Gedicht gehört zu einer Liturgie der Schöpfung, die in
ruhiger Ordnung vom Chaos zum Kosmos führt (Gen 1,1−2,4 a).[63]
Die Redewendung »die Himmel und die Erde« schließt *rhetorisch*
die gesamte Liturgie ein und umreißt sie inhaltlich.[64] Als Teil eines
adverbialen Nebensatzes leitet sie die Passage ein: »Als Gott begann,
die Himmel und die Erde zu schaffen ...« (1,1). Und als Bestandteil
einer zusammenfassenden Erklärung schließt sie die Komposition
ab: »Dies ist die Entstehungsgeschichte der Himmel und der Erde,
als sie geschaffen wurden« (2,4 a).** Zwischen diesem Anfang und
Ende vollzieht sich die Schöpfung an sieben Tagen, von denen der
letzte, der Tag der Ruhe (2,2−3), sich von allen anderen unterscheidet.[65]
Die Besonderheit des siebten Tages lenkt durch den Gegensatz unser
Augenmerk auf die Ähnlichkeit der vorhergehenden sechs (1,3−31).
Jede dieser Episoden wird mit den Worten eröffnet: »Und Gott
sprach«. Jede schließt mit einem ähnlichen Refrain, der den besonderen Tag abgrenzt, z. B.: »Und es wurde Abend und es wurde
Morgen, ein dritter Tag« (1,13). Außerdem teilt eine durchgehend
symmetrische Anordnung diese Einheiten in zwei Teile. An den

---

* A. O. And God created humankind in his image; in the image of God
  created he him; male and female created he them. (1,27)
  Anm. d. Übs.: *zakār un^e qēba* = (engl./amer.) male and female = männlich u. weiblich können im Hebräischen und im Engl./Amer. sowohl
  adjektivisch als auch nominal verwendet werden *P. T. bevorzugt die
  adjektivische Form.* Wo die Wörter als Nomen auftreten, wurden sie im
  Deutschen als »das männliche und das weibliche Geschöpf« oder »Mann
  und Frau« übersetzt.
** These are the generations of the heavens and the earth, when they were
   created. (2,4 a RSV)

ersten drei Tagen schafft Gott den Rahmen für das Universum und füllt ihn dementsprechend an den letzten drei Tagen aus.[66]

*Der erste Tag:*
*Das Licht wird von der Finster-*
*nis geschieden.*
*(1,3—5)*

*Der vierte Tag:*
*Das größere und das kleinere*
*Licht trennen Tag und Nacht.*
*(1,14—19)*

*Der zweite Tag:*
*Das Firmament*
*scheidet die Wasser.*
*(1,6—8)*

*Der fünfte Tag:*
*Tiere im Wasser und in der*
*Luft treten in Erscheinung.*
*(1,20—23)*

*Der dritte Tag:*
*Die Erde wird sichtbar und*
*bringt Vegetation hervor.*
*(1,9—13)*

*Der sechste Tag:*
*Tiere der Erde und Menschen*
*werden geschaffen.*
*(1,24—30) (REB)*

Im Laufe dieser Liturgie treten bestimmte Wörter, Redewendungen und Themen immer wieder auf, um den ganzen Kosmos in Harmonie zu vereinen.[67] Zum Beispiel charakterisieren Trennung, Unterscheidung und Verantwortlichkeit alle Ebenen der Schöpfung. Segen und Fruchtbarkeit gibt es in Fülle in diesem Schema, in dem das Wort »gut« siebenmal gebraucht wird (1,4,10,12,18,21,25,31), ja, am siebten Tag heißt es sogar »sehr gut«. Innerhalb dieses Abschnitts werden die einzelnen Schöpfungsakte Gottes sehr unterschiedlich geschildert. Auch ist, selbst innerhalb dieser Vielfalt, das letzte Ereignis, die Erschaffung der Menschen einzigartig. Auf sie bezieht sich unser Text.

Am sechsten Tag erschafft Gott die Tiere der Erde und die Menschen (1,24—31). Entsprechend der Arbeit des dritten Tages, sollen diese Kreaturen die Erde füllen und sich ihre Vegetation teilen. Die Beschreibung der Erschaffung der Landtiere (1,24—25) folgt einem literarischen Muster, das auch sonst in der Liturgie vorkommt (1,11—12). Der Bericht von der Erschaffung der Menschen greift dieses Muster teilweise wieder auf, bietet aber sonst ein ganz anderes Bild. Er zerfällt in drei Hauptabschnitte, die von direkter Rede (1,26) zu Bericht (1,27) und wieder direkter Rede (1,28—30) fortschreiten. Gott ist in jedem Abschnitt das Subjekt, der Mensch

das Objekt. Während Gott zunächst im Plural von seinen Erwägungen spricht, schlägt Gott vor, Menschen zu machen. Dieser Vorschlag
enthält Schlüsselwörter, Redewendungen und Motive, die in dem
Bericht später entfaltet werden.

*»Laßt uns Menschen machen in unserem Bild,*
*uns ähnlich! Sie sollen herrschen*
*über die Fische des Meeres*
*und über die Vögel des Himmels*
*und über das Vieh*
*und über die ganze Erde*
*und über alle kriechenden Tiere, die auf der Erde kriechen.«* (1,26
REB)*

In dem dann folgenden Bericht ist die erste Zeile des Vorschlags
erfüllt:

*Und Gott schuf den Menschen nach seinem Bild,*
*nach dem Bild Gottes schuf er ihn,*
*männlich und weiblich schuf er sie.* (1,27 REB*)

Später werden wir zu diesem Text zurückkehren, um ihn noch einmal
genauer zu interpretieren, einstweilen wollen wir aber fortfahren, ihn
in seinen Kontext zu stellen.
Nachdem Gott zuerst die Erschaffung der Menschen vorschlägt und
sie dann auch männlich und weiblich gemacht hat, spricht Gott sie an
und segnet sie. In seiner direkten Rede wiederholt Gott Wörter und
Motive (vgl. 1,26) und greift somit die Themen der Fruchtbarkeit und
Herrschaft wieder auf, um sie weiter zu entwickeln (vgl. 1,22):

* A. O.  And God said:
        »Let us make humankind in our image, after our likeness;
        and let them have dominion
        over the fish of the sea,
        over the birds of the heavens,
        over the domestic animals,
        over all the earth,
        and over every creeping thing that creeps upon the earth.« (1,26)

*Und Gott segnete sie,*
*und Gott sprach zu ihnen:*
*»Seid fruchtbar und vermehrt euch,*
*und füllt die Erde,*
*und macht sie ⟨euch⟩ untertan; und herrscht*
*über die Fische des Meeres,*
*und über die Vögel des Himmels*
*und über alle Tiere, die sich auf der Erde regen!*(1,28 REB)\**

Diese Anrede an die geschaffenen Menschen geht weiter, als Gott in der ersten Person Singular spricht. Zur Fruchtbarkeit und Herrschaft fügt Gott noch die Segensgabe der Nahrung hinzu:

*Und Gott sagte:*
*»Siehe, ich habe euch*
*alles samentragende Kraut gegeben, das auf der Fläche der ganzen Erde ist,*
*und jeden Baum, an dem samentragende Baumfrucht ist:*
*es soll euch zur Nahrung dienen;*
*aber allen Tieren der Erde*
*und allen Vögeln des Himmels*
*und allem, was sich auf der Erde regt,*
*in dem eine lebende Seele ist,*

---

\* And God blessed them,
  and God said to them:
  »Be fruitful and multiply,
  and fill the earth;
  subdue it and have dominion
  over the fish of the sea,
  over the birds of the heavens,
  and over every living thing that moves upon the earth.« (1,28, RSV\*)

⟨*habe ich*⟩ *alles grüne Kraut zur Speise* ⟨*gegeben*⟩.
*Und es geschah so.* (1,29−30, REB)*

Während diese Rede an die Menschen die Aktivitäten des sechsten
Tages abschließt, greift sie noch einmal zurück, um auch die Tiere mit
einzubeziehen (vgl. 1,24−25). Gemeinsam mit den erschaffenen
Menschen teilen sie Zeit und Tisch. Sie werden an demselben Tag
geschaffen, und sie essen die gleiche Nahrung. Auch spielen diese
Schlußworte auf den entsprechenden Schöpfungsakt am dritten Tage
an, als sowohl die Erde als auch die Pflanzen geschaffen wurden (1,9−
12). Dadurch vervollständigt sich die Symmetrie des Gesamtentwurfs.
Obwohl dieser Bericht von der Erschaffung der Menschen Vokabular und Themen mit dem Rest der Schöpfung teilt, sind seine
einzigartigen Merkmale höchst auffällig. Zunächst (1) einmal ist der
Bericht länger (1,26−30) als irgendein anderer vergleichbarer
Abschnitt der Liturgie. Zweitens (2) weicht die Überlegung Gottes
»Laßt uns Menschen machen in unserm Bild« (1,26) von dem
literarischen Muster ab, mit dem die anderen Schöpfungsakte eingeleitet werden (vgl. 1,3,6,9,14,20,24). (3) Nur allein sie, die Menschen, werden nach dem Bilde Gottes gemacht (1,27), und sie
werden (4) geschaffen ohne Hinweis auf irgendeinen natürlichen
Kontext oder eine Materie. Im Gegensatz dazu sind es die Wasser,
die von Fischen und großen Seeungeheuern wimmeln (1,20−21),
und die Erde, die das Vieh, kriechende Tiere und ⟨wilde⟩ Tiere
hervorbringt (1,24). Während (5) die Tiere des Wassers, der Luft
und der Erde in verschiedene Gattungen aufgeteilt werden, jede

* A. O.:  And God said,
         Behold, I have given to you
         every plant yielding seed which is upon the face of all
         the earth and every tree with seed in its fruit.
         To you they shall be for food.
         And to every beast of the earth
         and to every bird of the heavens
         and to everything that creeps upon the earth,
         which has the breath of life,
         (I have given) every green plant for food.«
         And it was so. (1,29−30, RSV*)

35

»nach ihrer Art«, wird auf keine vergleichbare Unterteilung bei den Menschen hingewiesen. Jedoch wird (6) nur für sie, nicht für irgendeins der Tiere, die Geschlechtszugehörigkeit als männlich und weiblich bezeichnet (1,27). Außerdem steht dieser besondere Hinweis nicht in Verbindung mit der Fortpflanzung, sondern mit dem Bild Gottes. Die Vermehrung teilt der Mensch mit der Tierwelt (1,22,28), die Sexualität aber nicht. Daher hat die Redewendung »männlich und weiblich« eine spezifische Bedeutung. (7) Nur dem Menschen gewährt Gott die Herrschaft über die ganze Erde (1,26,28), und (8) nur zu den Menschen spricht Gott direkt in der ersten Peron (1,29-30). Es wird deutlich, daß dieser Bericht von der Erschaffung des Mannes und der Frau in Form, Gehalt und Kontext einzigartig ist. Von direkter Rede zu Bericht und wiederum direkter Rede fortschreitend, bildet die ganze Darstellung den Höhepunkt der sechs Schöpfungstage Gottes. Von vorrangigem Interesse ist für uns die Einzigartigkeit des eingeschobenen Berichts. Dieser Text gibt uns den ersten Anhaltspunkt in der Schrift für unsere Studie über Gott und die Darstellung von Sexualität im Alten Testament.

## b) Der Text im Kontext

Grundlegend für eine Interpretation von Gen 1,27 ist eine Sensibilität für poetische Sprache. Denn eine solche Sprache ist offen für Nuancen, Gedankenverbindungen, Andeutungen und Vermutungen. Anstatt ein Thema einzugrenzen, strebt sie nach Fülle durch konnotative, nicht denotative, Eindringlichkeit. Wie die Metapher eines Zen Sutra sagt, ist Dichtung »wie ein Finger, der zum Mond weist«.[68] Sie ist eine Art und Weise, das Licht zu sehen, das in der Finsternis scheint, eine Möglichkeit, an der transzendenten Wahrheit teilzuhaben und die Wirklichkeit zu erfassen. Den Finger mit dem Mond gleichzusetzen oder den Finger zu erkennen, aber den Mond nicht wahrzunehmen, hieße, das Wesentliche zu verfehlen. Dichtung lädt zur Einsicht ein, zwingt aber nicht dazu. In genau dieser Weise legt der Text Gen 1,27 Zeugnis von seinem Thema ab.

Dieser Vers hat einen Wortschatz von nur sieben Wörtern. Durch Wiederholung wird das Vokabular ausgeweitet, so daß ein Gedicht von drei Zeilen mit je vier Wörtern entsteht:

*Und-schuf Gott den Menschen nach-seinem-Bild*
*nach-dem-Bild Gottes schuf-er ihn*
*männlich und weiblich schuf-er sie.*

Eine so kleine Einheit zeigt schon eine hochentwickelte Struktur mit einer entsprechenden Bedeutung. Formal sind zwei Arten von Parallelismen durch die mittlere Zeile verbunden. Ein invertierter Parallelismus charakterisiert Zeile eins und zwei, ein direkter Parallelismus Zeile zwei und drei. Was der erstere hervorhebt, führt der letztere weiter aus.

In Zeile eins und zwei konzentriert sich ein Chiasmus von wiederholten Wörtern auf die Redewendung »nach seinem/dem Bild«:

*a          b                          c*
*Und schuf Gott den Menschen nach seinem Bild*
*c'          b'              a'*
*nach dem Bild Gottes schuf er ihn.*

Im Zentrum der Inversion steht die Redewendung »nach seinem/dem Bild«, eingeschlossen durch das kreative Handeln Gottes. Der Chiasmus akzentuiert diese Redewendung, während er gleichzeitig seine Bedeutung unzugänglich macht. Der Sinn des Gedichts bleibt aber nicht verborgen, weil seine dritte Zeile eine neue Wortverbindung einführt, die »dem Bild Gottes« parallel läuft. Somit verstärkt der strenge Parallelismus von Zeile zwei und drei die Eindringlichkeit des invertierten Parallelismus von Zeile eins und zwei:

*nach dem Bild Gottes schuf er ihn*
*männlich und weiblich schuf er sie.*

Es ist deutlich, daß »männlich und weiblich« strukturell »nach dem Bild Gottes« entspricht und dieser formale Parallelismus weist auf eine semantische Entsprechung hin. In ähnlicher Weise liefert der Übergang von »ihn«, dem singularischen Pronomen, zu »sie«, dem Pronomen im Plural am Ende dieser beiden parallel laufenden Zeilen einen Schlüssel für die Interpretation des »Menschen« *(hā'ādām)* in der ersten Zeile. Die Pluralform verstärkt die Unterscheidung der Geschlechtszugehörigkeit innerhalb der Einheit »des Menschen«. Insgesamt öffnet die dritte Zeile, in strengem Parallelismus zur zweiten, Bedeutungen, die durch den invertierten Parallelismus von Zeile eins und zwei beleuchtet und zugleich verborgen werden. Wir wollen uns einer Erforschung dieser Bedeutungen zuwenden.

Die Metapher kennzeichnet die poetische Aussageweise von Gen 1,27 am besten. Sie nimmt — ebenso wie die Sprache bei der semantischen Veränderung —, eine Übertragung vom Bekannten zum bisher Unbekannten vor, vom Konkreten zum Abstrakten, vom Normalen zum Bildhaften.[69] Durch Vergleich weitet die Metapher die Bedeutung der Wörter aus und bringt Ähnlichkeit beim Unterschied zum Ausdruck. Dieser semantische Prozeß entsteht durch das Zusammenwirken von zwei Elementen, einem »Bildempfänger« und einem »Bildspender«* Die wörtliche Bedeutung, der Bildempfänger, ist die Grundlage der Metapher, das bekannte Element, während der sie überwölbende Inhalt, der Bildspender, das bisher unbekannte Element ist. Der Sinn der Metapher ergibt sich aus der Wechselwirkung zwischen wörtlicher und bildlicher Bedeutung, einer Interaktion, die bei verschiedenen Metaphern variiert. Zum Beispiel können beide Bedeutungen die Aufmerksamkeit gleichermaßen aufeinander lenken, oder eins kann das andere besonders hervorheben. Trotzdem sind beide wichtig für die Übertragung; keines von beiden ist nur Beiwerk. Zusammen bringen sie neue Bedeutungen hervor, die es durch die einzelnen Elemente nicht gäbe. Obwohl sie deutlich voneinander zu unterscheiden sind, konstituieren wörtliche und bildliche Bedeutung die Einheit, die dann eine Metapher ist. In Gen 1,27 weist der formale Parallelismus zwischen den Wortverbindungen »nach dem Bild Gottes« und »männlich und weiblich« auf eine semantische Entsprechung zwischen dem bisher unbekannten und dem bekannten Element hin. Mit anderen Worten, dieser Parallelismus bringt eine Metapher hervor. »Männlich und weiblich« ist der Bildempfänger, »das Bild Gottes« der Bildspender.

Die wörtliche Bedeutung dieser Metapher gehört in diesem Gedicht zu dem Vokabular des Menschen. Dieses Vokabular enthält drei

* Anm. d. Übs.: siehe Anm. 80

Nomen und zwei Pronomen. Die Nomen sind »der Mensch« *(hā-'ādām)* und »ein männliches und ein weibliches Geschöpf« *(zākār ûn<sup>e</sup> qēbâ)*. Ihre entsprechenden Pronomen sind »ihn« *('ōtô)* und »sie« *('otām)*. Alle fünf Wörter sind Objekte des Verbs »schaffen«, mit Gott als dazugehörigem Subjekt. Unter der Voraussetzung des parallelen Gebrauchs dieses Vokabulars erhellt die Wechselwirkung zwischen den fünf Wörtern ihre gemeinsame und ihre besondere Bedeutung. Erstens, der Übergang vom Pronomen im Singular zum Plural zeigt deutlich, daß *hā'ādām* nicht ein einzelnes Geschöpf ist, das sowohl männlich als auch weiblich ist, sondern vielmehr zwei Geschöpfe, ein männliches und ein weibliches. Dies wird noch hervorgehoben durch den Vorschlag Gottes, der Vers 27 unmittelbar vorausgeht. Dort bezieht sich die Pluralform des Verbs »sie sollen herrschen« auf das Wort *'ādām*, das im Singular steht: »Und Gott sprach: Laßt uns *(den) Menschen ('ādām)* machen in unserem Bild, uns ähnlich! *Sie* sollen herrschen ...« (Gen 1,26)* Dieser Wechsel zwischen Singular und Plural erlaubt eine androgyne Interpretation von *hā-'ādām* nicht. Von Anfang an existiert der Mensch als zwei Geschöpfe, nicht als eins mit doppeltem Geschlecht. Gen 5,1 b−2 liefert einen weiteren Beleg zu dieser Frage:

*An dem Tag, als Gott den Menschen ('ādām) schuf,*
*machte er ihn Gott ähnlich.*
*männlich und weiblich schuf er sie*
*und er segnete sie und gab ihnen den Namen Mensch ('ādām),*
*an dem Tag, als sie geschaffen wurden.* (REB*)**

Zweitens, das Wort *hā-'ādām* im Singular mit seinem Pronomen *'ōtô* im Singular zeigt, daß das männliche und das weibliche nicht entgegengesetzte, sondern vielmehr aufeinander abgestimmte Geschlechter sind. *Hā-'ādām* ist keine ursprüngliche Einheit, die

---

\* A. O.: Let us make *humankind ('ādām)* in our image, after our likeness; and let *them* have dominion ... (Gen 1,26, RSV*).
\*\* A. O.: When God created humankind *('ādām)*, in the likeness of God made he him; male and female created he them and blessed them and called their name humankind *('ādām)*, when they were created. (Gen 5,1 b−2)

39

später durch geschlechtliche Trennung gespalten wird.[70] Sondern es bedeutet die ursprüngliche Einheit, die gleichzeitig die ursprüngliche Unterscheidung ist. Von Anfang an ist das Wort »der Mensch« synonym mit der Redewendung »männlich und weiblich«, obwohl die Komponenten dieser Ausdrücke nicht miteinander synonym sind. Die Einheit enthält die geschlechtliche Unterscheidung, sie bedeutet nicht geschlechtliche Identität. Infolgedessen erlaubt das Vokabular, das dem Menschen in dem Gedicht zugeordnet ist, die Interpretation nicht, daß sie entweder antonym (einander entgegengesetzt) oder synonym (gleich) seien. Es erkennt den Unterschied innerhalb der Harmonie an.

Drittens, der Parallelismus zwischen *hā-'ādām* und »männlich und weiblich« zeigt außerdem, daß die geschlechtliche Unterscheidung nicht Hierarchie, sondern Gleichstellung bedeutet. Gleichzeitig geschaffen, sind das männliche und das weibliche Geschöpf einander weder über-noch untergeordnet. Keiner hat Macht über den anderen, sondern beiden ist gleiche Macht gegeben. Dieser letztere Punkt wird innerhalb des Gedichts zwar nur durch den Parallelismus deutlich, er wird aber durch den weiteren Kontext erhärtet. Wie wir in dem unmittelbar vorhergehenden Vers gesehen haben, schlägt Gott — indem er eine pluralistische Verbform benutzt — vor, daß *'ādām* die Herrschaft über die ganze Erde gegeben werden soll: »Sie sollen herrschen ...« (1,26). Gott segnet Mann und Frau in dem Vers, der unserem Gedicht folgt, indem er den Plural »sie« benutzt. Außerdem spricht Gott durchgehend »zu ihnen« mit Verbformen im Plural (1,28-29). Besonders bestätigt Gott noch einmal die Macht, die beide über die Erde haben: »Und Gott sprach zu *ihnen* ... macht sie 〈*euch*〉 untertan«. In diesem Abschnitt werden das männliche und das weibliche Geschöpf also durchgehend gleich behandelt. In den Pluralformen der Pronomen und Verben sind beide präsent und haben beide gleiche Macht über die Erde. Und zugleich wird keinem von beiden die Herrschaft über den anderen gegeben.[71]

Viertens, durch das, was nicht gesagt wird, geben uns diese Hinweise auf den Menschen in Gen 1,27 Freiheit in der Interpretation von »männlich und weiblich«. Die Erschaffung des Menschen, die in diesem Vers dichterisch gestaltet wird, schildert keine geschlechtsspezifischen Beziehungen, Rollen, Eigenschaften, Haltungen oder

Emotionen. Sicher, der Kontext selbst legt zwei Verpflichtungen für den Menschen fest, Fortpflanzung (1,28 a) und Herrschaft über die Erde (1,26,28 b), aber er unterscheidet bei der Zuweisung dieser Aufgaben nicht zwischen den Geschlechtern. Da der erste dieser Verantwortungsbereiche, die Fortpflanzung, dem göttlichen Befehl an die Fische im Wasser und an die Vögel unter dem Himmel gleicht, die nicht ausdrücklich als männlich und weiblich bezeichnet werden (1,22), bedeutet der Gebrauch der Wortverbindung »als ein männliches und ein weibliches Geschöpf« in 1,27 nicht eigentlich das Potential für menschliche Fruchtbarkeit, sondern weist u. a. auf die Einzigartigkeit des Menschen in der Schöpfung hin. Somit steht, in bezug auf den Kontext, diese Redewendung in der Liturgie nicht, um die spezifischen sexuellen Funktionen von Mann und Frau bei der Fortpflanzung zu definieren. Hingegen besteht eine deutliche Verbindung zwischen der Redewendung »als ein männliches und ein weibliches Geschöpf« und der Verpflichtung, über die Erde zu herrschen, da diese beiden Aussagen die Einzigartigkeit des Menschen manifestieren. Diese Verknüpfung fügt der Freiheit, die uns der Text für die Interpretation von »männlich und weiblich« läßt, noch eine andere Dimension hinzu. Die Freiheit erwächst uns nämlich einmal durch das, was der Text über die Herrschaft des Menschen über die ganze Erde sagt, und zum anderen durch das, was er über sexuelle Stereotypen nicht sagt. Mit Schweigen zu argumentieren, ist nie ganz schlüssig und oft gefährlich, aber in diesem besonderen Fall mag es uns davor bewahren, den Wörtern »Mann« und »Frau« in diesem Gedicht[72] »maskuline« und »feminine« Attribute zuzuschreiben. Offen für unterschiedliche Bedeutungen, enthalten diese Wörter keine geschlechtsspezifischen Klischees.

Als grundlegendste Art und Weise, zu verstehen, was der Mensch in seiner ganzen Fülle ist, wird der Ausdruck »männlich und weiblich« zu einer Metapher, deren Inhalt »das Bild Gottes« ist. Dieser Ausdruck vermittelt nun die Vorstellung von der Integrität, dem Pluralismus, der Herrschaft und der Freiheit des »Bildes Gottes«. Auf dieser Ebene stellt die Metapher durch Vergleich Ähnlichkeit heraus, denn während sie den Bildempfänger beschreibt, können wir Gleiches im Bildspender wahrnehmen. Aber der Bildspender wird selbst nicht geschildert. Schließlich beinhaltet die semantische Übertragung von der menschlichen zur göttlichen Welt die Ungleichheit von zwei ganz verschiedenen Bereichen.[73] Außerdem verleiht gerade dieser Unterschied der Metapher auch eine Aura der Ungleichheit. Die Redewendung »das Bild Gottes« drückt Geheimnis und Anderssein aus und hüllt es in eine Aura, die von den Wörtern »männlich und weiblich« nicht ausgeht. Und im Unterschied zu dem Bildempfänger ist der Bildspender in dieser Metapher nicht von einem Vokabular umgeben, das für die Exegese hilfreich wäre. Nichtsdestoweniger bestätigt »das männliche und das weibliche Geschöpf« durch Gegenüberstellung nicht nur die Gleichheit, sondern auch das Anderssein des Bildes Gottes. Insofern kontrolliert der Bildempfänger die Art und Weise, wie der Bildspender ihn formt, und weist dadurch den Weg zur Interpretation. Diese beiden Komponenten sind wesentlich für die Metapher, obwohl ihre Wechselwirkung nicht immer gleich ist. Der Bildempfänger steuert eine klare Bedeutung bei, während der Bildspender nur durch Andeutungen und Vermutungen existiert. Mit anderen Worten, »männlich und weiblich« ist der Finger, der auf das »Bild Gottes« hinweist.

Jedoch weist auch der Bildspender selbst, das »Bild Gottes« auf etwas hin:

*Und Gott schuf den Menschen nach seinem Bild,*
*nach dem Bild Gottes schuf er ihn.*

Durch die Unterscheidung zwischen »Gott« und dem »Bild Gottes« stellt das Gedicht noch einen Vergleich auf, in dem »das Bild Gottes« das bekannte Element, der Bildempfänger, und »Gott« das unbekannte Element, der Bildspender, ist. Dieser Bildspender ist in dem ganzen Gedicht präsent: er (oder sein Pronomen) kommt in allen drei Zeilen als Subjekt des Verbs »schaffen« vor. Obwohl keine Beschreibung Gottes und kein Hinweis darauf gegeben wird, *wie* Gott sein Schöpfungswerk vollbringt, wird doch ein gewisser Anhalt gewährt durch die Redewendung »das Bild Gottes«. Die Identität der Wörter »Gott« und »das Bild Gottes« stellt eine Gleichheit der Bedeutung her, während gleichzeitig das Wort »Bild-von« den Unterschied zwischen dem Schöpfer und dem Geschöpf hervorhebt. Außerdem legt das Ausbleiben irgendwelcher formalen Parallelismen zwischen diesen beiden Elementen des Gedichts die Vorstellung von ihrer semantischen Ungleichheit weiterhin nahe. Dieser Unterschied zwischen »Gott« und dem »Bild Gottes« legt Zeugnis ab von der Transzendenz und Freiheit Gottes. Wenn »männlich und weiblich« der Schlüssel zum Verstehen bei der Interpretation von dem »Bild Gottes« ist, so weist uns die Redewendung »Bild Gottes« den Weg, um »Gott« zu verstehen. In beiden Fällen wird der Bildspender durch den Bildempfänger aber nicht definiert. Er ist der Mond, der gesehen, aber nicht in Besitz genommen werden kann.

Der Kontext von Gen 1,27 stellt die Bedeutung dieser zweiten Metapher, die eine Übertragung vom »Bild Gottes« auf »Gott« vornimmt, noch deutlicher heraus. Als Gott vorschlägt, den Menschen zu erschaffen, benutzt Gott, wenn er von sich spricht, Pronomen im Plural: »Und Gott sprach: »Laßt *uns* Menschen machen in *unserm* Bild, *uns* ähnlich« (1,26).[74] Und nachdem der Schöpfungsakt erzählt ist (1,27), spricht Gott den Menschen an, benutzt aber diesmal die erste Person Singular, um von sich zu sprechen: »Und Gott sprach: Siehe, *ich* habe euch alles ... gegeben« (1,29). Der Übergang von pluralischen auf singularische Pronomen deutet Vielfalt, Freiheit und Fülle in Gott an. Außerdem ruft er den vergleichbaren Wechsel von Pronomen im Singular zum Plural bei der Beschreibung des Menschen als männliches und weibliches Geschöpf in Erinnerung. Die Einheit enthält Pluralität sowohl im Reich der Menschen als auch im Reich Gottes.

Aber die geschlechtliche Unterscheidung der Menschen ist dadurch noch keine Beschreibung Gottes. Sondern die metaphorische Sprache von Gen 1,27 bewahrt gerade mit äußerster Sorgfalt das Anderssein Gottes. Wenn sie schon Mann und Frau in ihrer Freiheit und Einzigartigkeit schildert, wieviel mehr hält sie die Transzendenz Gottes aufrecht. Gott ist weder männlich noch weiblich und auch keine Kombination von beidem. Und doch ist es nötig, daß wir beim Aufspüren der Transzendenz Gottes in der menschlichen Wirklichkeit menschliche Schlüssel zum Verstehen haben. Einzigartig bei ihnen ist, nach unserem Gedicht, die Geschlechtlichkeit. Gott schafft nach dem Bild Gottes das männliche und das weibliche Geschöpf. Sie zu beschreiben, heißt also, das Bild Gottes wahrzunehmen; das Bild Gottes wahrzunehmen, heißt, einen flüchtigen Blick auf die Transzendenz Gottes zu werfen.

## c) Ein Hinweis, den der Text selbst gibt

Es ist die erste dieser zwei Metaphern, das Bild Gottes als männlich und weiblich, die den thematischen Hinweis für unsere Studie über Gott und die Darstellung von Sexualität im Alten Testament gibt. In dieser Metapher hat der Bildempfänger eine klare Bedeutung, während der Bildspender nur durch Andeutungen und Vermutungen existiert. Der Bildempfänger zeigt den Menschen in seiner ganzen Fülle, die sowohl seine Ähnlichkeit als auch Unähnlichkeit mit Gott bekräftigt. Dementsprechend werde ich mich zunächst auf den Bildempfänger konzentrieren, der auf verschiedene Weise eine Vorstellung von dem Bildspender vermittelt, aber nicht denotativ bezeichnet. Indem dem »männlichen und dem weiblichen Geschöpf« Aufmerksamkeit zuteil wird, lenken sie das Augenmerk auf das »Bild Gottes«.

Als Hinweis zum Verstehen und Interpretieren der Schrift kann uns diese Metapher auf zweierlei Weise helfen.[75] Erstens kann sie die Aufmerksamkeit auf Teile der Metapher »männlich und weiblich« lenken, indem sie sie in einen bestimmten Zusammenhang stellt.[76] So sind z. B Metaphern, die Gott als Vater (Ps 103,13), Gatte (Hos 2,16), König (Ps 98,6) oder Krieger (Ex 15,3) beschreiben, verschiedene und partielle Ausdrucksweisen des Bildes von Gott als männlich. Mit demselben Unterscheidungsmerkmal gibt es verschiedene Ausdrucksformen für Gott als weiblich: Gott als Schwangere (Jes 42,14), Mutter (Jes 66,13), Hebamme (Ps 22,10) und Gebieterin (Ps 123,2). All diese Teilmetaphern enthalten die Vorstellung von sozialen Rollen und Beziehungen, die die zugrundeliegende Metapher hervorruft, ohne sie notwendigerweise zu fördern.[77] Tatsächlich steht die Ausgangsmetapher im Gegensatz zu der Unausgewogenheit dieser Teilmetaphern. Sie stellt ein Gleichgewicht zwischen männlich und weiblich im Bild Gottes dar, obwohl die Bibel in überwältigender Weise männliche Metaphern für Gott bevorzugt.[78] Im Gegensatz zu dem vorherrschenden Sprachgebrauch in der Schrift liefert diese gleichgewichtige Betonung von männlich und weiblich im Bild Gottes einen hermeneutischen Impetus, weibliche Metaphern für Gott zu erforschen — eine Aufgabe, der wir in den nächsten zwei Kapiteln nachkommen werden.

Zweitens kann uns unsere Metapher helfen, indem sie die Aufmerksamkeit auf Traditionen im Alten Testament lenkt, die Mann und
Frau in einen vergleichbaren Kontext einfügen. Dieser Kontext ist
die Güte der Schöpfung, die das Chaos vertreibt, die Güte, die
schließlich zu ihrer Erfüllung kommt und das Leben erhöht. Siebenmal berichtet der Erzähler in Gen 1,1–2,4 a, daß die Schöpfung
»gut« ist. Ja, am Ende des sechsten Tages, an dem Gott das männliche und das weibliche Geschöpf in seinem Bild schuf, heißt es: »Und
Gott sah alles, was er gemacht hatte, und siehe, es war sehr gut«
(Gen 1,31). Infolgedessen kann unsere Metapher verschiedene Traditionen im Alten Testament über Mann und Frau freilegen, die, in
welcher Weise auch immer, Erfüllung im Leben widerspiegeln.
Durch Amplifikation der Bedeutung vom »Bild Gottes« findet man
hier eine Darstellung der Geschlechtlichkeit, die z. B. das männliche
und das weibliche Geschöpf bei ihrer Erschaffung und ihrem Ungehorsam (Gen 2–3), in den Freuden der Erotik (Hoheslied) und in
der Krise irdischer Existenz (das Buch Rut) zeigt. Diese drei Portraits
werden wir in der zweiten Hälfte dieses Buches untersuchen.[79]
Innerhalb der Hl. Schrift ist mein thematischer Zugang: das Bild
Gottes als männlich und weiblich. Um dieses Thema zu interpretieren, ist mein methodischer Weg die *rhetorische Kritik*. Außerhalb
der Schrift ist mein hermeneutischer Zugang ein bestimmtes Problem: der Feminismus als Kulturkritik. Diese verschiedenen
Zugänge treffen jetzt zusammen, da die Bibel wieder durch die
Geschichte wandert, um Vergangenes und Gegenwärtiges zu ver-
schmelzen. Wenn wir von ihnen Gebrauch machen, so wollen wir
zuerst die Wanderung einer einzelnen Metapher in den Traditionen
Israels aufspüren, eine Metapher, die die weibliche Bildersprache für
Gott besonders beleuchtet.[80]

# Kapitel II: Wanderungen einer Metapher

## 1. Über eine Geschichte

Einst standen zwei Frauen vor einem König und behaupteten beide, daß ihnen dasselbe Kind gehöre. Sie waren Huren, eine Bezeichnung (keine Bewertung), die ihre ungewöhnliche Situation erklärt. Nachdem der Erzähler sie eingeführt hat, leitet er eigentlich nur noch ihre Reden ein. Im übrigen erzählen sie ihre Geschichte selbst und wenden sich dabei direkt an den König, ohne weitere Übergänge (1 Kön 3,16–28).

Die beiden Huren lebten in demselben Haus. Innerhalb von drei Tagen gebar jede einen Sohn. Es gab bei diesen Geburten keine Zeugen. Es waren keine Hebammen da, um ihnen zu helfen, und es traten keine Männer auf, um Vaterschaft geltend zu machen. Es waren also nur die beiden Frauen und die beiden Kinder in dem Haus. In der Nacht starb eines der Babies, und in derselben Nacht beging eine der Frauen einen Betrug. Die Täterin war in beiden Fällen die Frau, die sich im Schlaf auf ihren eigenen Sohn gelegt hatte und ihn später gegen das lebende Kind der anderen Hure austauschte, während diese schlief. Der Tag enthüllte die Taten der Nacht. Als die eine Frau aufstand, um ihr Kind zu stillen, entdeckte sie den Tod in ihrem Bett. Das Morgenlicht zeigte ihr außerdem, daß das Kind nicht ihr eigenes war.

Als die Frau, der Unrecht geschehen ist, diese schwere Ungerechtigkeit dem König vorträgt, wird sie in einen Machtkampf um ihr Kind verwickelt. Anspruch und Gegenanspruch gehen der Entscheidung des Königs voraus: »Mein Kind ist das lebende, und dein Kind ist das tote«, sagt die eine Frau. »Nein, sondern dein Kind ist das tote, und mein Kind ist das lebende«, sagt die andere (V. 22 REB*)*: Die

***

\* A. O.: »No, the living child is mine, and the dead child ist yours« says one women. »No, the dead child ist yours, and the living child ist mine«, says the other. (V. 22 RSV)

chiastische Struktur dieses Wortwechsels zeigt die sich überkreuzenden Ziele, für die diese Huren kämpfen. Durch die Inversion der Wörter (lebendes Kind, totes Kind; totes Kind, lebendes Kind) verstricken sich die Frauen selbst so, daß sie sich im Kreis drehen. Es gibt keinen Ausweg aus diesem Dilemma und keine Möglichkeit einer Lösung dieses Konflikts.

Der König spricht kein Urteil zwischen den beiden Frauen. Er ergreift keine Partei in ihrem Kampf um den jeweiligen Besitzanspruch. Statt dessen weist er auf ihre ausweglose Situation hin, um ihnen zu zeigen, daß auf dieser Ebene eine Lösung nicht möglich ist.

*Da sagte der König: »Diese sagt: ›Das ⟨hier⟩ ist mein Kind, das lebende, dein Kind ist das tote‹. Und jene sagt: ›Nein, sondern dein Kind ist das tote und mein Kind das lebende‹« (V. 23, REB\*)*

Danach versucht der König, dieses egoistische und dualistische Denken — meins/deins — aufzubrechen, indem er auf dessen völlige Absurdität hinweist:

*Und der König sprach: »Zerschneidet das lebende Kind in zwei Teile und gebt der einen die ⟨eine⟩ Hälfte und der anderen die ⟨andere⟩ Hälfte« (V. 25, REB)*

Dieser Befehl macht es möglich, daß die Wahrheit unabhängig von den gegenseitigen Ansprüchen und Gegenansprüchen offenbar wird. Als sie auf die Anordnung antworten, sprechen die Frauen das Urteil selbst über sich:

*Da sagte die Frau, deren Kind das lebende war, zum König ...: »Bitte, mein Herr, gebt ihr das lebende Kind, aber tötet es ja nicht!« Jene aber sagte: »Weder mir noch dir soll es gehören, zerschneidet ⟨es⟩!« (V. 26, REB\*)*

Nachdem der König zugelassen hat, daß die Frauen offenbaren, wer sie sind, und somit über ihren eigenen Streitfall entscheiden, braucht er nur noch das Urteil daraus abzuleiten:[1]

*Da antwortete der König und sprach: »Gebt der ersten das lebende Kindchen und tötet es ja nicht! Sie ist seine Mutter« (V. 27, REB)*

Wie wir schon beobachtet haben, ist diese Geschichte auf den

Worten ihrer Protagonisten aufgebaut. Mit einer Ausnahme zeigt der Erzähler große Zurückhaltung und beschränkt seine Beiträge auf kurze einführende oder überleitende Aussagen. Die Ausnahme ist von einzigartiger Bedeutung, denn sie gibt die Begründung der Frau an, die bereit ist, ihr Kind herzugeben, damit es am Leben bleibt. Sie bietet ihren Verzicht an, »denn ihr Innerstes *(raḥᵃmîm* = Mitleid, Erbarmen) wurde erregt wegen ihres Sohnes« (V. 26, REB).* Getrieben von Mitgefühl und Erbarmen *(raḥᵃmîm)*, ist diese Frau um des Lebens willen sogar bereit, auf Gerechtigkeit zu verzichten. Als der König die Absurdität und Unlösbarkeit des Machtkampfes zwischen den beiden Frauen aufdeckt, löst er in der einen von ihnen eine über sich selbst hinausgehende Liebe aus, die Wahrheit und Leben mit sich bringt. Und erst nach dieser Entwicklung kommt das Wort »Mutter« in dieser Geschichte vor.[2] Während der ganzen Erzählung sind die beiden Frauen als »Huren«, »Frauen«, oder als »die eine« und »die andere« bezeichnet worden. Erst am Ende, als ihre eigenen Worte sie identifizieren, kann der König die eine »Mutter« nennen (V. 27). In dieser Geschichte zeigt das Aufsteigen einer Liebe, die die Forderungen des *ego*, des Besitzanspruchs und selbst der Gerechtigkeit nicht kennt, was Muttersein ist.

Für uns wird diese alte Geschichte zum Paradigma für das Verständnis einer besonderen biblischen Metapher. Der begründende Nebensatz »denn ihr *raḥᵃmîm* (Mitleid, Mitgefühl) wurde erregt wegen ihres Sohnes« (V. 26) liefert uns das Schlüsselwort. Das hebräische Nomen *raḥᵃmîm* bedeutet gleichzeitig einen Modus des Seins und den Ort dieses Modus. Im Singular heißt das Nomen *reḥem* »Schoß« oder »Uterus«. Im Plural, *raḥᵃmîm*, wird diese konkrete Bedeutung ins Abstrakte ausgeweitet und meint dann Mitgefühl, Mitleiden, Erbarmen und Liebe. Auch kommen diese Abstraktionen in einem Verb, *rḥm* »Erbarmen haben«, und in einem Adjektiv, *raḥûm* »barmherzig«, vor.[3] Entsprechend bewegt sich unsere Metapher in der semantischen Übertragung von einem physischen Organ des weiblichen Körpers zu einer psychischen Daseinsweise.[4] Sie wandert vom Konkreten zum Abstrakten. »Mutterleib« ist die

---

* A. O.: »... because her *raḥᵃmîm* (compassion) grew warm, grew tender, or yearned *(kmr)* for her son«. (V. 26, RSV)

wörtliche Bedeutung, »Mitleid« die bildliche. Diese Metapher erweckt die Vorstellung von Liebe als einer selbstlosen Teilnahme am Leben. Der Mutterleib schützt und nährt, besitzt und beherrscht aber nicht. Er gibt seinen Schatz her, damit Ganzheit und Wohlbefinden sich einstellen können.[5] Dies ist wahrlich die Art, wie Mitgefühl sich auswirkt.

Obwohl die wörtliche Bedeutung von »Mutterleib« ein Organ ist, das nur Frauen haben, nehmen auch Männer an der Wanderung dieser biblischen Metapher teil. So sieht z. B. Joseph in einer emotionsgeladenen Szene »seinen Bruder Benjamin, den Sohn seiner Mutter« zum ersten Mal. Überwältigt sucht er einen Ort, zu weinen, »denn sein *raḥᵃmîm* wurde erregt *(kmr)* über seinen Bruder« (Gen 43,30, REB). Diese Redewendung ist eine genaue Parallele zu der Gemütsbewegung der Hure; hier allerdings geht es um eine Beziehung zwischen Brüdern. Eine kleine Einzelheit in der Erzählung verdient noch einen weiteren Kommentar. Benjamin wird nicht bloß als Josephs Bruder bezeichnet, sondern als »der Sohn seiner Mutter«, eine glückliche Bezeichnung angesichts der Metapher *raḥᵃmîm*. In Psalm 103,13 wird die Metapher auf einen Vater ausgeweitet, um väterliche und göttliche Liebe zu vergleichen.

*Wie sich ein Vater über Kinder erbarmt* (kᵉrahēm),
*so erbarmt sich* (riham) *Jahwe über die, die ihn fürchten.* (REB*)*

Das Auftauchen von göttlichem Erbarmen und Mitgefühl signalisiert noch eine andere semantische Übertragung unserer Metapher: die Wanderung von dem Mutterleib der Frau zum Erbarmen und Mitgefühl Gottes. Als nächstes wollen wir den Vorgang dieser Übertragung näher betrachten.

---

* A. O.: As a father shows compassion (kᵉrahēm) upon his children, so Yahwe shows compassion (riham) upon those who fear him.

## 2. Vom Mutterleib der Frauen

### a) In Erzählungen

In der Hebräischen Schrift gehört der Schoß der Frauen Gott. Das kommt in drei Geschichten vor. Gen 20,1–8 (E) erzählt, wie der Patriarch Abraham seine Frau Sara verrät. Um sein eigenes Leben zu retten, gibt er sie als seine Schwester aus und erlaubt dem König, sie in seinen Harem zu nehmen. Sofort aber greift Gott ein und rettet Sara vom Mißbrauch durch den König, indem Gott ihm sagt, wer Sara ist, und ihn bedroht. Da Abimelech ein integrer Mann ist, gibt er Sara an Abraham zurück. Saras Ehre ist wiederhergestellt, Abraham betet, und Fruchtbarkeit kehrt zu dem Hause Abimelechs zurück. Die letzte Zeile erklärt die Bedeutung dieses glücklichen Endes: »Denn Jahwe hatte jeden Mutterleib *(kol-reḥem)* dem Haus Abimelech vollständig verschlossen um Saras willen, der Frau Abrahams (REB).« Aber nun kommt mit Saras Befreiung der göttliche Segen auch zu den anderen Frauen zurück. Jahwe, der die Schöße um der Sünde willen verschlossen hatte, öffnet sie nun wieder der Fruchtbarkeit.

Noch eine andere Erzählung zeigt, wie Gott um einer mißhandelten Frau willen interveniert. Nachdem Lea von ihrem Vater Laban dazu benutzt worden ist, Jakob hereinzulegen, wird sie von Jakob, ihrem Gatten, gehaßt (Gen 29,31–35 (J)). »Und als Jahwe sah, daß Lea zurückgesetzt war, da öffnete er ihren Mutterleib *(raḥmah)* (REB*)«. Sie gebiert vier Kinder und lobt Jahwe, den Gott, der Erbarmen mit ihr gehabt hat. Es ist wichtig, daß in der Perikope das Wohlwollen Gottes für Lea nicht einer Ablehnung Rahels gegenübergestellt wird. Es wird nur gesagt: »Rahel aber war unfruchtbar«, nicht daß Jahwe ihren Schoß verschlossen hatte. Mit anderen Worten, Jahwe straft Rahel nicht, er segnet aber Lea, die abgelehnte Ehefrau. Später heißt es dann: »Und Gott dachte an Rahel, und Gott hörte auf sie und öffnete ihren Mutterleib *(raḥmah)*« (Gen 30,22 (E) REB).[6] Indem Gott Leas und Rahels Schoß öffnet, segnet Gott zuerst die gehaßte Frau und dann die Frau, die von ihrem gemeinsamen Ehemann Jakob geliebt wird.

Die dem Öffnen des Mutterleibs vorhergehenden Worte »Gott dachte an …« kommen auch in der dritten Geschichte vor (1 Sam 1,1−20 REB). Im Unterschied zu Lea wird Hanna von ihrem Mann geliebt. Aber sie ist dennoch traurig, »weil Jahwe ihren Mutterleib (raḥmah) verschlossen hatte« (V.5 und 6 REB*). In der Geschichte von Sara ist der verschlossene Leib eine Strafe für Sünde, hier aber wird kein Grund für Gottes Handeln angegeben. Die Freiheit und das Geheimnis Gottes bleiben intakt. Aber Hanna leidet, da ihre Widersacherin, die Kinder hat, sie reizt. Nicht einmal die Beteuerungen ihres Gatten Elkana können sie über die Unfruchtbarkeit ihres Leibes und die Traurigkeit ihres Herzens hinwegtrösten. Im Tempel betet sie direkt zu Gott und bittet Gott darum, ihre Not von ihr zu nehmen, und sie gewinnt die Unterstützung des Priesters Eli. Nach einiger Zeit heißt es: »Und Elkana erkannte Hanna, seine Frau, und Jahwe dachte an sie« (V.19 cd REB*); sie wurde schwanger und gebar einen Sohn. Durch das Gedenken Gottes öffnete sich der Schoß Hannas.[7]

In diesen drei Geschichten ist das Nomen Mutterleib (reḥem) ein körperlicher Gegenstand, an dem Gott handelt. Weder Frau noch Mann, weder Fötus noch Gesellschaft haben Kontrolle darüber. Nur Gott schließt und öffnet den Schoß von Frauen, strafend, segnend oder sich in ein Geheimnis hüllend.

## b) In Gedichten

Assoziationen von Gott mit dem Uterus werden in der poetischen Literatur Israels ausgeweitet. Jahwe kontrolliert nicht nur die Fruchtbarkeit, indem er den Schoß einer Frau verschließt oder öffnet, sondern Gott greift auch in das Organ selbst ein, um das einzelne Leben zu formen. Bei Jeremia bezieht sich dieses Handeln Gottes sowohl auf das Bilden (yṣr) des Körpers[8], als auch auf die Festlegung der Bestimmung. So sagt Jahwe:

*Ehe ich dich im Mutterschoß* (beṭen) *bildete, habe ich dich erkannt und ehe du aus dem Mutterleib* (reḥem) *hervorkamst, habe ich dich geheiligt.* (Jer 1,5, REB)

Als Ort für Gottes Kreativität bedeutet der Mutterschoß für Jeremia Ursprung und Schicksal (vgl. Ps. 139,13–16).[9]
Diese Auffassung teilt auch Hiob, aber er weitet sie aus, um noch andere Menschen mit einzubeziehen. Er argumentiert:

*Wenn ich mißachtet habe das Recht eines Knechtes und einer Magd
in ihrem Rechtsstreit mit mir,
was wollte ich dann tun, wenn Gott sich erhöbe;
und wenn er untersuchte, was ihm erwidern?
Hat nicht er, der mich im Mutterleib (beṭen) gemacht hat, auch ihn
gemacht,
und hat nicht einer im Mutterschoß uns bereitet?* (Hi 31,13–15,
REB)

Für Hiob ist es so, daß Gott alle Menschen im Mutterleib macht, nicht nur einige besondere. Dieses Organ ist der Ort menschlicher Gleichheit, einer Gleichheit, die sich auf das Schöpfungswerk eines Gottes gründet, der auch das Leben außerhalb des Mutterleibes regiert. Sozialer Status und unterschiedliche Geschlechtszugehörigkeit (Knecht und Magd) bedeuten nichts vom Standpunkt der Schöpfung aus gesehen, und diese Perspektive bestimmt die ethischen Normen und Verhaltensweisen. Bei der Entscheidung, wie er mit sich selbst und anderen Geschöpfen umgeht, muß Hiob sich vor dem Gott der Gleichheit im Mutterleib verantworten. Insofern wird das weibliche Organ zu einer moralischen und theologischen Instanz.
Diese beiden Dichter, Jeremia und Hiob, die sich der formenden Macht Gottes im Uterus so deutlich bewußt sind, wünschen sich glühend, daß aus dem Mutterleib ein Grab wird. Jeremia klagt:[10]

*Verflucht sei der Tag,
an dem ich geboren wurde;
der Tag, an dem meine Mutter mich gebar,
sei nicht gesegnet!
Verflucht sei der Mann,
der meinem Vater die frohe Botschaft brachte und sagte:
»Ein Sohn ist dir geboren«
⟨und⟩ der ihn ⟨damit⟩ hoch erfreute!
Dieser Mann werde den Städten gleich,*

*die Jahwe umgekehrt hat, ohne es zu bereuen!*
*Und er höre Geschrei am Morgen*
*und Kriegsgeschrei zur Mittagszeit,*
*weil er mich im Mutterleib* (mērāḥem) *nicht* ⟨schon⟩ *getötet hat,*
*so daß meine Mutter mir zu meinem Grab geworden*
*und im Leib* (wᵉraḥmah) *ewig schwanger geblieben wäre!*
*Wozu nur bin ich aus dem Mutterleib* (mēreḥem) *gekommen?*
*Um Mühsal und Kummer zu sehen?*
*Und daß meine Tage in Schande vergehen?* (Jer 20,14−18, REB*)

In einem Monolog spricht Hiob dasselbe Thema an und wiederholt
sogar einige Worte Jeremias:«[11]

*Danach öffnete Hiob seinen Mund und verfluchte seinen Tag.*
*Und Hiob begann und sagte:*
*»Vergehen soll der Tag, an dem ich geboren wurde,*
*und die Nacht, die sprach:*
*›Ein Junge wurde empfangen.‹*
. . . . . . . . . . . . . . . . . . . . . .
*Warum starb ich nicht von Mutterleib* (mēreḥem) *an,*
*verschied ich nicht, als ich aus dem Mutterleib* (mibbeṭen) *hervor-*
*kam?«* (Hi 3,1−3,11, REB)

Später wendet Hiob sich mit seinem Todeswunsch direkt an Gott:

*Warum hast du mich aus dem Mutterleib* (reḥem) *hervorgezogen?*
*Wäre ich doch umgekommen, so hätte mich kein Auge gesehen!*
*Als wenn ich nie gewesen, so wäre ich dann,*
*vom Mutterschoß* (beṭen) *wäre ich zu Grabe geleitet worden!*
(Hi 10,18−19, REB)

In diesen Klagen sagt weder Jeremia noch Hiob, daß Jahwe ihn im
Mutterleib hätte töten sollen. Jeremia hätte sich gewünscht, daß der
Bote, der seinem Vater die Nachricht von seiner Geburt brachte, das
Baby statt dessen vor der Geburt umgebracht hätte. Und Hiob
benennt überhaupt gar keinen Täter für seinen gewünschten Tod im
Mutterleib, obwohl er Gott dafür schilt, daß er ihm das Leben gegeben
hat. Solche Klagen voller Selbstmitleid zeigen Unsicherheit, denn
Jahwe allein entscheidet über die Bedeutung des Mutterleibes.[12]

Das Leben hinzugeben um des Lebens willen, ist der letzte Akt des Uterus. Gott handelt auch da. Gott bereitet das Organ für die Geburt vor, Gott läßt es gebären und nimmt das Kind aus dem Mutterschoß in Empfang. Trotz der inständigen Bitten von Jeremia und Hiob, daß sie doch lieber im Mutterleib oder gleich nach der Austreibung daraus hätten sterben wollen, gibt Jahwe ihnen das Leben.[13] Sie protestieren zwar, aber andererseits spricht ein Psalmist auch sehr liebevoll von diesem Handeln Gottes:[14]

*Ja, du bist es, der mich aus dem Mutterleib (beṭen) gezogen hat,*
*der mir Vertrauen einflößte an meiner Mutter Brüsten.*
*Auf dich bin ich geworfen vom Mutterschoß (reḥem) her,*
*von meiner Mutter Leib (beṭen) an bist du mein Gott.* (Ps. 22,10–11, REB)

In diesem Gedicht sind Göttliches und Mütterliches miteinander verflochten. Jahwe zieht das Baby aus dem Mutterleib und legt es der Mutter an die Brust. Danach wird die Ruhe der Brüste zu einem Symbol für die göttliche Fürsorge. Aus dem Mutterschoß auf Gott geworfen zu werden, schließt das Eingreifen Gottes in die Funktionen des Uterus ab.[15]
Und doch weitet der Zweite Jesaja diese Funktionen noch mehr aus, um das ganze Leben mit einzubeziehen. Jahwe spricht:

*Hört auf mich, Haus Jakob*
*und der ganze Überrest des Hauses Israel,*
*die ihr von Mutterleib (beṭen) an mir aufgeladen*
*von Mutterschoß (raḥam) an ⟨von mir⟩ getragen worden seid!*
*Auch bis in ⟨euer⟩ Greisenalter bin ich derselbe,*
*und bis zu ⟨eurem⟩ grauen Haar werde ich selbst ⟨euch⟩ tragen.*
*Ich, ich habe es getan, und ich selbst werde heben,*
*und ich selbst werde tragen und werde erretten.* (Jes 46,3–4, REB)

Die Metaphorik dieses Gedichts ist nahe daran zu sagen, daß Gott einen Mutterleib hat. Auf jeden Fall aber trägt Jahwe Israel von seiner Empfängnis bis ins hohe Alter.
Gott empfängt im Mutterleib, Gott bildet den Menschen im Mutterleib, Gott spricht das Urteil im Mutterleib, Gott legt das Schicksal fest im Mutterleib, Gott bringt hervor aus dem Mutterleib, Gott

nimmt in Empfang aus dem Mutterleib, und Gott wird den Menschen vom Mutterleib bis zu seinem grauen Haar tragen. Aus dieser Sicht formt Jahwe also vom Mutterleib an das Leben der einzelnen und des Volkes Israel. Dementsprechend wird also in der biblischen Überlieferung ein Organ, das nur Frauen haben, zum Bildempfänger, der auf das Erbarmen Gottes hinweist. Wir wollen seinem Hinweis folgen, wenn wir uns nun mit dem Bildspender der Metapher beschäftigen.

## 3. Zum Erbarmen Gottes

### a) Das Adjektiv *rahûm*

Wie wir schon gesehen haben[16], wird Gott in der Hebräischen Bibel wiederholt mit der Redewendung »Jahwe, barmherzig *(rahûm)* und gnädig« beschrieben. Die beiden Adjektive »barmherzig« und »gnädig« werden ausschließlich für den Schöpfer benutzt, niemals für die Geschöpfe.[17] Obwohl es eine feste Formel darstellt, ist dieses Bild keiner bestimmten Periode, literarischen Schicht oder religiösen Auffassung zuzuordnen. Tatsächlich kommt es in allen drei Abschnitten des Kanons innerhalb verschiedener Situationen, literarischen Formen und religiösen Ausdrucksweisen vor, die alle seine Bedeutung noch ausweiten und steigern. »Jahwe, barmherzig und gnädig« gehört zu den Schilderungen der rettenden Handlungen Gottes in der Geschichte, Handlungen, mit denen Gott freizügig einzelne und Gemeinschaften befreit (Ps 111,4; 145,8; Neh 9,17). Der Ausdruck kommt auch in Bitten einzelner um Errettung vor (Ps 86,16). Er ist die Begründung für die Reue des Volkes und Gottes (Joel 2,13; 2 Chr 30,9; Jon 4,2), sowie für die unverdiente Vergebung der Sünden, selbst bei Betrug, Abtrünnigkeit, Auflehnung oder Heuchelei (Ps 78,38; 103,8). Der barmherzige Gott richtet das Volk nach der Niederlage wieder auf (Dtn 4,31) und gibt dem Gerechten seinen Segen (Ps 112,4). In vielfacher und verschiedener Weise legt also die mütterliche Metapher *(rahûm)* Zeugnis von dem mitleidsvollen, barmherzigen und liebenden Gott ab.[18]

## b) Das Verb und das Nomen *rḥm*

Außer dem Adjektiv *raḥûm* zeigen viele Verb- und Substantivformen den Bildspender unserer Metapher. Um dieser Frage nachzugehen, wenden wir uns den Propheten zu. Die Prophetie des Hosea, die reich an familiären Metaphern ist, spricht oft von Israel als einem Kind und Jahwe als einem Elternteil. Zum Beispiel wird in Hosea 1 berichtet, daß die Frau Gomer zwei Jungen und ein Mädchen gebiert. Wie Jahwe es befohlen hat, gibt Hosea jedem dieser Kinder einen Namen, der Israel der Sünde bezichtigt. Von den drei Namen hat der zweite etwas mit unserer Untersuchung zu tun. Das Mädchen wird *lō' ruḥāmâ* »Nicht-geliebt« (oder »Nicht-Erbarmen«) genannt. Die Erklärung für diesen Namen folgt in dem begründenden Nebensatz »denn ich erbarme mich *(lō' ... 'ᵃraḥēm)* künftig über das Haus Israel nicht mehr, um ihnen überhaupt zu vergeben« (Hos 1,6, Übs. nach PT.)\*. Jahwe entzieht einem neugeborenen Mädchen die Liebe und verschließt den Schoß des Erbarmens. Dieses Bestrafungsmotiv setzt sich in dem folgenden Ausspruch Jahwes fort, wo all diese Kinder vom Erbarmen Gottes ausgeschlossen sind (Hos 2,4). Schließlich jedoch wird die Anklage durch ein Versprechen Gottes wieder aufgehoben, ihnen seine Liebe später zuzuwenden:

*Und es wird geschehen an jenem Tag,*
*da werde ich erhören, spricht Jahwe,*

. . . . . . . . . . . . . . . . . . . . . . . . . . . . . . . . .

*und will mich über die* Lo-Ruhama *erbarmen* (wᵉriḥamtî).
(Hos 2,23.25; vergl. 2,1, REB\*)

Obwohl sie dem Mutterleib einer Hure entstammt, wird das kleine Mädchen in den Schoß des Erbarmens zurückkehren. Das Mitleid Gottes siegt.

Was Hosea mit seinem Gebrauch des Wortstammes *rḥm* andeutet, wird bei Jeremia in einem Gedicht noch intensiviert, das voll von weiblicher Metaphorik ist. Um die Aussagekraft unserer Metapher

---

\* A. O.: »for I shall no more show compassion *(lō ...'ᵃraḥēm)* on the house of Israel to forgive them at all« (Hos 1,6)

hier zu würdigen, wollen wir die ganze Komposition im Detail untersuchen.[19] Jeremia 31,15—22 ist ein Drama von Stimmen.[20] Diese Stimmen ordnen die Struktur, füllen den Inhalt und drängen dazu, etwas ganz Neues im Lande zu erschaffen (vgl. V. 22 b), und dieses Neue ist das Gedicht selbst. Fünf Strophen bilden einen Chiasmus, in dessen Zentrum Ephraims Stimme zu hören ist (V. 18—19). Um diesen Mittelpunkt gruppieren sich die Stimmen Rahels (V. 15) und Jahwes (V. 16—17) auf der einen Seite und die Stimmen Jahwes (V. 20) und Jeremias (V. 21—22) auf der anderen. Dieses einkreisende Muster spiegelt die Beziehung zwischen Männlichem und Weiblichem in dem ganzen Gedicht und vermittelt uns eine Vorstellung sowohl von den Teilen als auch von dem Ganzen. Die erste Strophe (V. 15) spricht von dem Weinen der Urmutter Rahel. Vor langer Zeit, als Jahwe ihren Schoß zuerst öffnete, gebar sie einen Sohn, dessen Name Joseph ihren Wunsch nach einem weiteren Sohn ausdrückte (Gen 30,22—24). Aber bei der Geburt des zweiten Kindes schließt der Tod den Schoß dieser Frau für immer. Ben-oni war der Sohn ihrer Totenklage (Gen 35,16—20). Nun, Jahrhunderte später, klagt Rahel über den Tod ihrer Kinder:

Horch, in Rama hört man Totenklage[21]
bitteres Weinen,
Rahel beweint ihre Kinder.
Sie will sich nicht trösten lassen über ihre Kinder,
weil sie nicht mehr da sind.[22]* (REB*)

Diese Struktur zeigt eine Mutter, die ihre Kinder mit Tränen und Worten umfangen hält. Ihre Tränen fließen reichlich: Klage, bitteres Weinen; Rahel weint, sie will sich nicht trösten lassen. Im Gegensatz dazu sind ihre Worte spärlich: nur zwei (kî ênennû) Wörter äußert sie, bevor ihr Reden ins Schweigen der Verzweiflung

* A. O.: A voice on a height!
  Lamentation can be heard,
  weeping most bitter.
  Rachel ist weeping for her sons,
  refusing to be consoled for her sons:
  Oh, not one here!« (Jer 31,15)

versinkt. Aber dieses Verstummen gehört zu einer bleibenden Stimme. An niemanden ausdrücklich gerichtet und somit an alle, die es hören können, wandert die Stimme Rahels über das Land und durch die Zeitalter, um das Leben mit einem Leiden zu durchdringen, das nicht einmal der Tod lindern kann (vgl. Mt 2,18).

In unserem besonderen Fall geht es auch in Strophe 2 noch um Rahels Stimme (V. 16—17). Das zweite Wort, »Stimme« *(qôl)* wiederholt das erste Wort von Strophe 1; ebenso hört das Weinen *(mibbekî)* dieser Stimme nicht auf *(b^ekî; m^ebakkâ)*. Daher richtet Jahwe seine Antwort an Rahel, indem er die weibliche Singularform des Imperativs benutzt:

*Halte deine Stimme zurück vom Weinen*
*und deine Augen von Tränen.*[23] (REB*)*

Verheißung begründet und durchdringt diesen Imperativ Gottes. Von einer allgemeinen Zusage schreitet er fort zu einem spezifischen Versprechen, in das die Formel »Ausspruch Jahwes *(ne'um Yahweh)* eingefügt wird, um die Verheißung zu intensivieren:«[24]

*»Denn* (kî) *es gibt Lohn für deine Mühe«*
*spricht Jahwe,*
*»Sie werden aus dem Land des Feindes zurückkehren.* (REB*)

Die nächste Zeile wiederholt dieses Muster und diese Einstellung noch einmal:

*und Hoffnung ist da für deine Zukunft*
*spricht Jahwe,*
*»und ⟨deine⟩ Söhne werden in ihr Gebiet zurückkehren.«* (REB*)*

In beiden Fällen bezeichnete das Verb »zurückkehren« *(šûb)* Gottes Verheißung. Die Wiederholung unterstreicht seine Wichtigkeit. Wie der einleitende Imperativ andeutet, konzentriert sich Strophe 2

---

* A. O.  Keep your voice from weeping and your eyes from tears,
        for (kî) there is a reward for your work — oracle of Yahweh —
        they shall return from the land of the enemy,
        and there is a hope for your future — oracle of Yahweh —
        sons shall return to their borders. (Jer 31,16—17)

auf Rahel. Während Jahwe zu ihr spricht, um sie zu trösten, lenkt Jahwe die Aufmerksamkeit nie auf sich selbst. Es kommt kein Pronomen in der 1. Person vor. Im Gegenteil, mindestens einmal in jeder Zeile beziehen sich Possessivpronomen auf Rahel: deine Stimme, deine Augen, deine Mühe, deine Zukunft. Sicher, Rahels Trost soll aus der Rückkehr ihrer Söhne kommen, sie werden aber nur mit Zurückhaltung erwähnt. Jahwe spricht zuerst von den Kindern nur als »sie« (V. 16) und in der parallelen Zeile (V. 17), wo »sie« zu »Söhnen« werden, (dieses Wort stellt ein weiteres verbales Verbindungsstück zur ersten Strophe dar), nennt Gott weder die Namen dieser Kinder, noch bringt Gott sie mit Rahel in Verbindung. Trotz anderslautender Übersetzungen[25] sagt Jahwe nicht »deine Söhne«. Im ganzen hebt die Stimme Gottes in dieser Strophe weder Gott noch die Söhne hervor, sondern die Frau. Sie dominiert. Aber in der 3. Strophe verändert sich der Schwerpunkt (V. 18–19). Anteilnahme für die Mutter führt zum Nachdenken über ihre Kinder. Die Söhne werden mit Namen genannt und ihre Worte zitiert. Ephraim steht im Zentrum des Gedichts und auch im Mittelpunkt der Aufmerksamkeit. Mit Nachdruck[26] führt Jahwe ihn ein: »Deutlich habe ich Ephraim wehklagen hören«. Das Verb hören *(šāma')* stellt ein spezifisches Bindeglied zwischen Strophe 1 und 3 dar, allerdings mit einem Unterschied. Als drittes Wort in Strophe 1 steht es im Passiv, ohne daß gesagt würde, wer hört: Die Totenklage Rahels ist auf einer Anhöhe zu hören. Als erstes Wort in Strophe 3 steht es im Aktiv, mit dem »Ich« Jahwes als Subjekt und dem Sohn Ephraim als Objekt. Dieses Objekt spricht von seiner Reue. Obwohl Rahels Klage überall so sehr zu hören ist, daß sie keine spezielle Zuhörerschaft braucht, richten sich die Worte ihrer Kinder direkt an Gott.

*Du hast mich gezüchtigt, und ich wurde gezüchtigt*
*wie ein nicht ⟨ans Joch⟩ gewöhntes Kalb.*
*Laß mich umkehren, daß ich umkehre,*
*denn du, Jahwe, bist mein Gott.*
*Denn nach meiner Umkehr empfinde ich Reue,*
*und nachdem ich zur Erkenntnis gelangt bin,*
*schlage ich mir auf die Lenden.*[27]

*Ich schäme mich und bin auch zuschanden geworden,*
*denn ich trage die Schmach meiner Jugend. (REB\*)\**

Ephraim bittet und gesteht. Dreimal benutzt er das Verb »umkehren« *(šûb)* in dem doppelten Sinn von körperlicher Bewegung und
religiöser Wende. Der letztere Gebrauch ruft sein Exil und seine
Abtrünnigkeit in Erinnerung: »nach meiner Umkehr«. Die anderen
zwei Male wird es gebraucht, um Gott zu bitten, ihn in das Land und
zu seinem Gott zurückkehren zu lassen: »Laß mich umkehren, daß
ich umkehre«. Theologisch gesehen, ist die Reue des Ephraim ein
göttlicher Akt; geographisch gesehen, ist die Rückkehr Ephraims das
Werk Gottes. Diese zweimalige Verwendung des Verbs wiederholt
Jahwes Verheißung an Rahel in Strophe 2: »Sie werden aus dem
Land des Feindes zurückkehren ... deine Kinder werden in ihr
Gebiet zurückkehren«. Nun gibt Strophe 3 den Grund an für diese
Verheißung: Ephraim fleht zu Jahwe mit einer Rede voller Reue und
Geständnis.
Rahel weint, Jahwe tröstet, Ephraim bekennt. Somit hat das Gedicht
sein Zentrum erreicht. Die Worte einer Mutter und Worte zu einer
Mutter begegnen sich über ihrem Kind. Dieses Muster kommt, mit
Abweichungen in Anordnung und Inhalt, in den nächsten zwei
Strophen wieder vor, so daß weibliche Wortbedeutungen die
Stimme des Sohns umgeben. In Strophe 4, die unsere Metapher
enthält, hört man Jahwes Stimme (V. 20):

*Ist mir Ephraim ein treuer Sohn*
*oder ein Kind, an dem ich Freude habe?*
*Denn sooft ich auch gegen ihn geredet habe,*
*muß ich doch immer wieder an ihn denken.*
*Darum ist mein Innerstes um ihn erregt.*

---

\* A. O.:  You whipped me, and I took the whipping like an untrained calf;
bring me back that I may come back, for you are Yahweh my God.
For after I turned away, I repented; and after I came to my senses,
I slapped my thigh.
I was ashamed, and I was confounded, because I bore the disgrace
of my youth. (Jer 31,18–19)

*Ich muß mich über ihn erbarmen,*
*spricht Jahwe.* (REB\*)*

Wie in der vorhergehenden Strophe spricht Gott in der 1. Person
Singular und nennt Ephraim mit Namen, dem Namen, der an etwa
gleichlautenden Stellen auch vorkommt (V. 18 a,20). Verbale Verbin-
dungsglieder bestehen überall zwischen den angrenzenden Strophen.
Gleichzeitig aber entspricht Strophe 4 der 2. Strophe in Stellung und
Sprecher. Zusammen umgeben sie das Zentrum. Auf der einen Seite
tröstet Jahwe, auf der anderen Seite überlegt er. Aber diese Ähnlichkeiten enthalten auch Verschiedenheit. Zum Beispiel bestimmt die
1. Person Singular für Gott sowie die auf ihn bezogenen Possessivpronomen die 4. Strophe. Keine von beiden kam in Strophe 2 vor, wo es
nur um Rahel ging. Infolgedessen gehört die Aufmerksamkeit hier
Jahwe (nicht Rahel). Außerdem ist Ephraim der Gegenstand dieser
Aufmerksamkeit. Gott nennt ihn jetzt bei Namen, was er in Storphe 2
nicht getan hatte, und Gott erhebt Anspruch auf ihn – zum ersten Mal.
Eine dreifache Äußerung von Frage, Begründung und Schlußfolgerung untersucht die Beziehung, die Gott zu seinem Kind hat. Partikeln
leiten jeden dieser drei Abschnitte ein.
Eine interrogative Partikel führt zu einer rhetorischen Frage: »Ist
mir Ephraim ein treuer Sohn oder ein Kind, an dem ich Freude
habe?« Nachdem er Ephraim wehklagen gehört hat (V. 18), denkt
Jahwe nun an ihn. Aber in der Frage ist ein Moment des Zögerns,
das Distanz und Intimität miteinander verbindet. Wenn Ephraim
das Kind ist, an dem Jahwe Freude hat, so ist dies auch der Ephraim,
den Gott bestraft hat, und es ist auch der Ephraim, der Versöhnung
sucht. Wenn Jahwe über dieses Kind nachdenkt, spürt man in seiner
zögernden Frage eine Zärtlichkeit, die aber nicht ausdrücklich erklärt
wird. Vielleicht teilt Gott das Leiden der Mutter. Denn sind nicht die
Kinder, um die Rahel weint, auch die Kinder Jahwes?
Der begründende Satz, eingeleitet durch die Partikel *kî-middê*

---

* A. O.:  Is Ephraim my dear son? Is he my darling child?
            For as often as I speak against him, I do remember him still.
            Therefore my heart yearns for him; I will surely have mercy on
            him, says the Lord. (Jer 31,20, RSV)

(»sooft«), führt zu einem Entschluß, aber er verlockt auch zu gegensätzlichen Interpretationen.[28] Stellen seine beiden Redeeinheiten einen Kontrast zwischen der Strafe und dem Erbarmen Gottes dar?

*Sooft ich auch gegen ihn geredet habe,*
*muß ich doch immer wieder an ihn denken. REB**

Oder sind sie beide zusammen eine gänzlich negative Aussage?[29]

*Denn seit ich gegen ihn geredet habe,*
*denke ich immer wieder ernstlich an ihn. (Übs. nach KJV)***

Oder sind die beiden Teile eine volle Bestätigung der Liebe?

*Sooft ich seinen Namen erwähne,*
*denke ich immer wieder mit Sehnsucht an ihn. (Übs. nach AB)****

Es ist der Kontext, der über die Bedeutung dieses Textes entscheidet. Dieser Zeile vorausgehend, hat Jahwe Rahel schon versprochen, daß ihre Söhne in ihr Land zurückkehren werden, und Ephraim hat Reue gezeigt. Anschließend an diese Zeile spricht Jahwe von seinem Erbarmen für seine Kinder und drängt sie zur Heimkehr. Mit anderen Worten, die Strafe hat in diesem Gedicht keine Macht. Der begründende Satz verkündet Liebe: »Je mehr ich von ihm spreche, desto mehr denke ich an ihn«**** Von einem Kind zu sprechen, heißt, seiner liebevoll zu gedenken[30], so wie auch Rahel an ihn denkt. Gottes Gedenken bedeutet Hoffnung für Rahels Zukunft (vgl. V. 17).
Schließlich bestätigt eine auffallende Metaphorik in der Zeile, die den Höhepunkt in Strophe 4 darstellt, Gottes Liebe zu Ephraim. Hier wird alle Distanz überwunden. Als Einleitung zu dieser Zeile

---

\* A. O./P. T.: As often as I turn my back on him, I still remember him. (NEB; vgl. JB)
\*\* For since I speak against him, I do earnestly remember him still. (KJV; vgl. RSV)
\*\*\* A. O.: That as oft as I mention his name I so longingly think of him still? (AB)
\*\*\*\* For the more I speak of him, the more do I remember him.

weist die Partikel 'al-kēn (»darum«) nicht auf einen logischen Gedankengang, sondern auf die energiegeladene Macht der Sprache hin.[31] Ausgehend von anthropomorphischer Sprache in der rhetorischen Frage der 1. Zeile und anthropopathischen Äußerungen in dem begründenden Satz der zweiten, greift Jahwe am Ende der dritten auf die geheimsten Winkel menschlicher Existenz zurück, wo das Physische und das Psychische zusammenkommen, um die Tiefe der göttlichen Liebe zum Ausdruck zu bringen. Weibliche Metaphorik wird dabei reichlich benutzt. Erstens spricht Jahwe mit Worten, die die Frau im Hohenlied verwendet, um ein erotisches Spiel zu beschreiben:

*Mein Geliebter streckte seine Hand durch die Öffnung,*
*da wurden meine Gefühle für ihn erregt* (mē'ay hāmû). (Cant 5,4)
(REB)*

Jahwe vertauscht die Stellung der beiden Wörter[32] — und spricht hier von seinem Innersten, das sich für Ephraim, das Kind, erregt. In einigen anderen Abschnitten wird das Wort »Innerstes« mit »Mutterleib« gleichgesetzt (Gen 25,33; Ps 71,6; Jes 49,1; vgl. Ruth 1,11).[33] Daher kann der erste Redeabschnitt dieser abschließenden Zeile durchaus mit »deshalb ist mein Mutterleib um ihn erregt« übersetzt werden.[34] Diese Übersetzung wird durch den zweiten Redeabschnitt gestützt, wo der Wortstamm *rḥm* in zwei Verbformen vorkommt. Somit wird ein ausschließlich weibliches Bild auf eine Seinsweise Gottes ausgedehnt: »Ich will wahrlich mütterliches Mitgefühl für ihn haben«, sagt Jahwe. Außerdem sind diese zwei Verben denen der vorhergehenden Zeile vergleichbar. Zusammen betonen sie das zärtliche Gedenken und die aufrichtige Liebe Jahwes zu Ephraim: »Ich denke voller Liebe an ihn« (V. 20 b); »Ich will wahrhaft mütterliches Mitgefühl für ihn haben« (V. 20 c).[35]
Kurz zusammengefaßt, ist Strophe 4 die Stimme von Jahwe, der Mutter. Parallelen zwischen Rahel und Jahwe kommen in jedem ihrer drei Abschnitte vor. Die rhetorische Frage, in der Ephraim »ein Kind, an dem ich Freude habe«, genannt wird, gibt uns zu ver-

* A. O.: My lover put his hand to the latch, and my inner-parts trembled
  *(mē'ay hāmû)* within me. (SS 5,4)

stehen, daß Gott sich mit Rahels Sorge um ihre Kinder identifiziert. Der begründende Satz erinnert an Rahel, die voller Zärtlichkeit an ihre verlorenen Söhne denkt. Und der Abschluß macht die mütterliche Metapher für Gott vollends deutlich. So wie Rahel den Verlust ihrer Leibesfrucht beklagt, so trauert auch Jahwe vom göttlichen Schoß her um dasselbe Kind. Und doch ist da ein Unterschied. Die menschliche Mutter läßt sich nicht trösten, Gott als Mutter verwandelt Kummer in Gnade. Das Ergebnis ist, daß sich das Gedicht von der untröstlichen Klage Rahels zum rettenden Erbarmen Gottes hin entwickelt. Weibliche Metaphorik umgibt Ephraim; Worte einer Mutter umfangen ihren Sohn. Meine Übersetzung lautet folgendermaßen:

*Ist Ephraim mein lieber Sohn, mein geliebtes Kind?*
*Denn je mehr ich von ihm rede,*
*desto mehr denke ich an ihn.*
*Darum erregt sich mein Mutterleib um ihn.*
*Ich will wahrhaft mütterliches Mitgefühl für ihn haben.*
*Ausspruch Jahwes (REB\*)\**

Es geht aber noch weiter. Ephraim bekennt, Jahwe überlegt, und jetzt befiehlt Jeremia. Die Botschaft von Gottes mütterlichem Mitgefühl muß dem Kind überbracht werden, und diese Rolle fällt dem Propheten zu. Daher beinhaltet Strophe 5 die Stimme des Jeremia.[36] Als er zu dem Kind spricht, fehlt seiner Stimme die Zärtlichkeit Jahwes, obwohl er die Worte Gottes zur Versöhnung übermittelt. Die Stimmung, nicht die Botschaft, verändert sich. Diese Strophe nimmt Form, Inhalt und Gehalt aus dem ganzen Gedicht auf, gleichzeitig ist sie aber voller Überraschungen. Das Finale stellt sowohl eine Zusammenfassung als auch etwas ganz Neues dar. In der Gesamtstruktur entspricht sie Strophe 1, aber sie ist länger, ein Zeichen für Endbetonung.[37] Sie hat auch ein verbales Bindeglied zur

---

\* A. O.:  Is Ephraim my dear son? my darling child?
For the more I speak of him, the more I do remember him.
Therefore, my womb trembles for him;
I will truly show motherly-compassion upon him. Oracle of Yahweh. (Jer 31,20)

Eröffnungsstrophe, aber die Bedeutung ist unterschiedlich. Das Nomen *tamrûrîm* kommt am Ende der ersten Zeile in beiden Strophen vor. Im ersteren Falle bedeutet das Wort »Bitterkeit« und im letzteren »Wegzeichen«. Ein Gedicht, das mit dem bitteren Weinen über die verlorenen Kinder beginnt, schließt mit der Aufforderung des Propheten, Wegzeichen für ihre Heimkehr zu setzen. Verzweiflung hat sich in Hoffnung verwandelt. Außerdem hat sich auf dem Weg dahin an den Kindern etwas Neues ereignet: sie haben das Geschlecht gewechselt: zuerst männlich, dann weiblich. Ephraim, der Sohn, wird zu Israel, der Tochter. Jeremia spricht zu einer Frau. Dieser Wechsel der Metaphern ereignet sich im Zentrum des Gedichts, um das Männliche mit Weiblichem zu umgeben.

Jeremia spricht im Befehlston und mit Ungeduld. Schließlich sollte Israel, nachdem ihr die Versöhnung gewährt worden ist, sofort zurückkehren. Fünf Imperative im Singular Femininum drängen zur Eile. Ihre Form entspricht Jahwes Aufforderung an Rahel in Strophe 2: »Halte deine Stimme zurück vom Weinen« (V. 16). Ebenso erinnern Pronomen in der 2. Person Femininum noch an andere Stellen in dieser Strophe (V. 21).

*Richte die Wegweiser auf,*
*setze die Wegzeichen,*
*richte dein Herz auf die Straße,*
*auf den Weg, den du gegangen bist!*
*Kehre um, Jungfrau Israel,*
*kehre um in diese deine Städte.* (REB)

Von diesen fünf Imperativen greifen zwei auf das Verb *šûb* zurück. Zweimal kommt dieses Verb in Strophe 2 vor, wo Gott Rahel verspricht, daß ihre Kinder zurückkehren werden. Zweimal kommt das Verb in Strophe 3 vor in Ephraims Bitte, umkehren zu dürfen. Nun erscheint es wiederum zweimal in Strophe 5 in Jeremias Aufforderung an Israel, zurückzukehren. Was verheißen und was erbeten war, hat Gott möglich gemacht. Die Heimkehr ins Land ist Rückkehr zu Gott. Aber das Verb *šûb* hat in Strophe 3 noch eine andere Bedeutung, nämlich die des Exils und der Abtrünnigkeit. Ephraim sagt: »Denn nachdem ich mich abgekehrt hatte ...« (V. 19)

In einer rhetorischen Frage[38] in Strophe 5 kommt diese Bedeutung auch vor (V. 22 a):

*Wie lange willst du dich hin und her wenden,*
*du abtrünnige* (haššōbēbâ) *Tochter?*

Somit gibt es also Entsprechungen zwischen Strophe 3 und 5 bei drei Verben in ihrer Anordnung und Bedeutung. Jeremias drängende Frage führt zu der letzten Zeile des Gedichts, die den Höhepunkt darstellt (V. 22 b).

*Denn* (kî) *Jahwe hat ein Neues geschaffen auf der Erde:*
*Weibliches wird den Mann umgeben.* (REB*)\*

Wie auch das Ende von Strophe 5 nimmt diese Zeile den Gehalt des ganzen Gedichts auf und formuliert ihn. Die Wörter bewegen sich zwischen Wiederholung und etwas Neuem. Ganz am Anfang des Gedichts steht die prophetische Formel »so spricht Jahwe«, so daß selbst die Stimme Rahels unter diese Rubrik fällt.[39] Diese Formel kehrt am Beginn der 2. Strophe wieder, die dann wirklich Jahwes Rede ist. Außerdem wird durch die zweimal gebrauchte Redewendung »spricht Jahwe« (Ausspruch Jahwes) dieser Punkt noch betont. In Strophe 3 bekennt Ephraim seinen Glauben mit den Worten: »denn du bist Jahwe, mein Gott«. Strophe 4 schließt die Rede Gottes mit der Formel »spricht Jahwe«. Somit gehört das Tetragrammaton in Strophe 5 zu einem durchgehenden Muster. Der Unterschied besteht hier nur darin, daß Jahwe weder spricht noch angeredet wird, vielmehr wird über ihn gesprochen. Der Dichter hat es übernommen, Gottes neue Schöpfung anzukündigen, und dieses Neue erfordert ein neues Wort, *bārā'*, ein Verb, das im ganzen Alten Testament nur für das Schöpfungswerk Gottes gebraucht wird (vgl. Gen 1,27). Entsprechend passen Verb und Objekt dazu, um das Einzigartige zu verkünden. Jedoch diese neue Schöpfung ist »in dem Land«, ein Wort, das in Strophe 2 schon einmal vorkam, hier aber eine entgegengesetzte Bedeutung hat. Jahwe, der versprach, daß sie »aus dem Land *('eres)* des Feindes zurückkehren werden« (V. 16),

---

\* A. O.: For (kî) Yahwe has created a new thing in the land: female surrounds man.

schafft nun etwas Neues in dem Land *('eres)* ihrer Heimat. Insgesamt wechseln Form und Gehalt dieser Erklärung zwischen Neuem und schon Bestehendem.[40] Dieses Handeln spiegelt den Inhalt von Strophe 5 wider.

Die entgegensetzte Bedeutung des Wortes »Land« erinnert an andere Umkehrungen von Bedeutungen. Zum Beispiel wird die Bitterkeit Rahels zum Wegzeichen für die Heimkehr. Und wichtiger noch: der männliche Ephraim ist zur weiblichen Jungfrau Israel geworden. Dieser Wechsel in der geschlechtlichen Identifikation nimmt die abschließende Redeeinheit vorweg, wo die Sprache noch einmal aus der Ordnung gerät. Subjekt und Objekt stellen die Geschlechterordnung auf den Kopf: »Weibliches wird den Mann umgeben«. Dieser Satz bewegt sich zwischen Sinngebung und Geheimnis. All seine Wörter sind neu, keins von ihnen ist irgendwo schon einmal vorgekommen. Sie sind das, was sie sagen: etwas Neues im Lande. Aber dieses Neue gehört in das Gedicht, und aus dem Gedicht bezieht es auch seinen Sinn. Das Neue und das Dauerhafte treten in eine Wechselwirkung. Entsprechend gehören die beiden Nomen dieser Verkündigung − ein weibliches und ein männliches − in eine Serie von Metaphern, die im Verlauf des Gedichts entwickelt wurden. Spezifisch weibliche Bilder sind Rahel, die um Ephraim weint, Jahwe, der/die mütterliches Erbarmen hat, und Israel, die Ephraim ablöst. In der letzten Zeile des Gedichts steht das Wort Weibliches (oder »die Frau«, *neqēbâ*), das in all diesen Bildern anklang. Wie wir schon gesehen haben, kam dieses Wort in Gen 1,27 als ein generischer Terminus vor, um alle Frauen einzubeziehen. Außerdem wurde es dort poetisch in Parallele zu der Redewendung »Bild Gottes« gebraucht, ein Parallelismus, dem sich Jeremia in 31,22 b annähert. In diesen beiden Abschnitten ist dieses Nomen das Objekt zu dem Verb schaffen *(bārā)*, mit Gott (oder Jahwe) als Subjekt. Insofern ist der Text von Gen 1,27, der uns einen Hinweis zum Verstehen bei unserer ganzen Untersuchung gegeben hat, jetzt ein externer Beleg für die Art der internen Funktion des Nomens *neqebâ* hier bei Jeremia. Als inbegriffenes und abschließendes Bezugswort umfaßt *neqebâ* poetisch all die spezifisch weiblichen Bilder dieses Gedichts.

Aber zu umfassen, heißt, zu übersteigen. Das Verb »umgeben«

verleiht dem Subjekt »Weibliches« eine Macht, die über vergleichbare Metaphern in dem Gedicht hinausgehen. Obwohl diese Macht in den Konnotationen des Verbs selbst schon enthalten sind,[41] wird sie durch ein Wortspiel in den letzten zwei Zeilen besonders deutlich. Nachdem der Dichter Israel eine »abtrünnige (haššōbēda, V. 22 a) Tochter« genannt hat, stellt er die Beschreibung des Weiblichen, das den Mann umgibt (tᵉsōbēb, V. 22 b) direkt daneben. So werden zwei sehr verschiedene Portraits des Weiblichen durch Assonanz miteinander in Verbindung gebracht; aber diese Assoziation führt zu einer radikalen Veränderung, bei der in Jahwes neuer Schöpfung das positive Image das negative verdrängt. Daher geht die Zusicherung, daß Weibliches den Mann umgeben wird, über andere weibliche Metaphern hinaus, auch wenn sie sie mit einschließt.[42]

Die männlichen Bilder werden andererseits durch das letzte Wort des Gedichts, »Mann« (geber), auch verstärkt. In Strophe 1−4 enthält das Vokabular für den Mann Termini, die Jugend kennzeichnen: »Sohn« (bēn) in Strophe 1,2 und 4, »junger Mann« (naʿar) in Strophe 3, und »Kind« (yeled) in Strophe 4. Alle diese Wörter beziehen sich auf Ephraim. In parenthetischer Weise heben die weiblichen Bezeichnungen für Israel in Strophe 5 auch die Jugendlichkeit hervor: »Jungfrau« (betûla) und »Tochter« (bat). Insofern wird das Volk, Männer und Frauen, als durch und durch jung beschrieben. Gleichzeitig gibt Ephraim in Strophe 3 (der zentralen Strophe) zu verstehen, daß er ein erwachsener Mann ist, der die Schande seiner Jugend hinter sich hat (V. 19). Der Terminus geber kann all diese Bedeutungen in sich aufnehmen.[43] Zu den externen Belegstellen gehören Hi 3,3, wo geber ein (männliches) Baby bezeichnet, Prov 30,19, wo es einen jungen und Ex 12,37, wo es einen erwachsenen Mann meint. Im allgemeinen passen diese Bedeutungen zu Ephraim, so daß das Wort geber weitere Kontinuität in dem männlichen Vokabular des Gedichts entwickelt. Aber es ist auch ein neues Wort, das eine neue Bedeutung beisteuert: die Nuance der Manneskraft. Vielleicht zeigt die häufige Anwendung des Wortes geber auf Krieger oder Helden diese dauerhafte Konnotation am besten.[44] Die Nuance selbst, mehr noch als ihre Verwendung im militärischen Sinne, ist Teil des poetischen Kontextes, der die radikale Umkehrung unterstreicht, die das ganze Neue in diesem Gedicht ausmacht. Somit ist es der Mann in seiner Manneskraft, vom Kind bis zum Erwachsenen, der von Weiblichem umgeben wird. Sowohl in seiner Kontinuität als auch in seiner neuen Bedeutung vervollständigt der Terminus »Mann« *(geber)* die Wortverbindung »Weibliches umgibt ...«. Zusammen treten diese neuen Wörter in eine Wechsel-wirkung mit den Metaphern des ganzen Gedichts.

Da sie keinen speziellen Bezugspunkt haben, wandern diese drei Wörter der abschließenden Redeeinheit durch ein Werk der Kunst, um Bedeutungen zu geben und zu empfangen. Dementsprechend ist das Weibliche, das den Mann umgibt, Rahel, die Mutter, die ihre Söhne mit Worten und Tränen umfängt, Jahwe, die Rahel wegen Ephraim tröstet, Jahwe, die ein mütterliches Erbarmen mit Ephraim hat, die Tochter Israel, die den Sohn Ephraim ablöst. Und es ist mehr, als in diesen Bildern ausgesagt wird. Daß Weibliches den Mann umgibt, bewirkt, daß die Tränen Rahels trocknen, daß Jahwes Erbarmen heilend wirkt, daß die Abtrünnigkeit Israels überwunden wird. Und es ist noch etwas anderes als all diese Bilder, denn es ist Jahwes Schöpfung von etwas ganz Neuem in dem Land. Kurz, es ist das Gedicht selbst:

*Worte von einer* Frau: *Rahel weint (V. 15)*
*Worte zu einer* Frau: *Jahwe tröstet (V. 16—17)*
*Worte eines Mannes: Ephraim bekennt (V. 18,19)*
*Worte einer* Frau: *Jahwe überlegt (V. 20)*
*Worte zu einer* Frau: *Jeremia befiehlt (V. 21,22)* (REB)

Innerhalb dieser neuen Schöpfung gilt unser spezielles Interesse der 4. Strophe. Dort bezeichnet die Metapher des Mutterleibs, die von dem Wortstamm *rḥm* umgeben wird, das Bild von Gott als weiblich:

*Ist Ephraim mein lieber Sohn, mein geliebtes Kind?*
*Denn je mehr ich von ihm rede,*
*desto mehr denke ich an ihn.*
*Darum erregt sich mein Mutterleib um ihn.*
*Ich will wahrhaft mütterliches Mitgefühl* (raḥem 'ᵃraḥᵃmennû) *für ihn haben.* Ausspruch Jahwes

Wie wir schon gezeigt haben, gehört diese Strophe zu einer verschachtelten Rhetorik, die voll von weiblichen Wortbedeutungen ist. Noch genauer gesagt, verkörpern schon Form und Inhalt dieses Gedichts einen Mutterleib: Das Weibliche umgibt den Mann. Das weibliche Organ ernährt, erhält und errettet das männliche Kind Ephraim. Somit ist unsere Metapher umgeben von einer Fülle von Belegen.

Neben Hosea und Jeremia legt auch der Zweite Jesaja Zeugnis davon ab.[45] Innerhalb des Knechtsliedes von Kapitel 49 beschreibt er die Rückkehr aus dem Exil als einen neuen Exodus, bei dem Jahwe, der Hirte, das Volk führen wird (V. 9c−11) und dabei »Erbarmen mit ihnen hat« *(m^erah^amām).*[46] Das Wort »Erbarmen« wird in der überschwenglichen Hymne, die folgt, wiederholt. Himmel und Erde werden aufgefordert zu frohlocken,

*denn Jahwe* hat getröstet sein Volk,
und über seine Elenden erbarmt er sich (y^erahēm). (REB*)*
(Jes 49,13)

Ein Chiasmus (Verb-Objekt-Objekt-Verb) umgibt das leidende Volk mit göttlichem Trost und Erbarmen. Aber die vielen Zusagen von Gnade, die bis dahin gegeben wurden, einschließlich der zweimaligen Verwendung des Wortstammes rhm, bringen die Antithese hervor, die die zweite Hälfte des Gedichts einleitet (V. 14−26). Zion ist nicht überzeugt. Die prophetische Betonung der versöhnlichen Gnade Jahwes überzeugt nicht. Es kommt dazu, daß das Volk, als es spricht − auch in chiastischer Struktur − Gott mit menschlichem Elend und Verzweiflung umgibt:
Zion sagt:

»Verlassen hat mich Jahwe,
und Adonai hat mich vergessen.« (49,14, REB*)

Die menschliche Wirklichkeit wird der göttlichen Verheißung gegenübergestellt. Gottes Antwort kommt sofort, und dabei tritt der Wortstamm rhm zum dritten Mal auf. Aber dieses Mal unterscheidet sich seine Verwendung deutlich von den anderen beiden, um die

---

* A. O.: because (kî) Yahwe has comforted the people and upon the afflicted will show compassion (y^erahēm) (Isa 49,13)

Liebe Gottes in einer Weise zu zeigen, die über die menschliche Gegenüberstellung weit hinausgeht. Jahwe stellt eine Frage:

*Vergißt etwa eine Frau ihren Säugling,*
*daß sie kein Mitgefühl haben sollte* (mēraḥēm)
*für den Sohn ihres Leibes* (beṭen)?[47] (V. 15, REB*)*

Physische und psychische Bedeutung verbinden sich hier in einer sich gegenseitig erhellenden Weise. Als Ort der Geburt ist der Mutterleib eins der tiefsten Symbole menschlicher Liebe. Ganz sicher kann keine Frau dem Kind ihres eigenen Leibes diese ursprüngliche Liebe versagen.[48] Trotzdem, sollte das Unfaßbare sich doch ereignen, so wird doch Jahwe Zion nicht vergessen:

*Sollten selbst diese vergessen,*
*ich werde dich niemals vergessen.* (49,15 cd, REB)

In dieser Rede Gottes nimmt unsere Metapher eine andere Richtung. Bisher hat seine Wanderung die Ähnlichkeit zwischen dem Schoß der Frau und dem Erbarmen Gottes herausgestellt. Aber jetzt weist die Metapher auf die Grenzen dieses Vergleichs hin, um die unergründliche Tiefe und Integrität von Gottes Liebe zu zeigen:

*Vergißt etwa eine Frau ihren Säugling,*
*daß sie kein Mitgefühl haben sollte für den Sohn ihres Leibes?*
*Sollten selbst diese vergessen,*
*ich werde dich niemals vergessen.* (49,15, REB*)

Indem die Dichtung göttliches Erbarmen neben den höchsten Ausdruck menschlicher Liebe stellt, bewirkt sie eine neue Präsenz Jahwes unter den im Exil Lebenden.[49] Ihr Protest hört auf. Die Wendung, die die Metapher genommen hat, läßt keinen Raum mehr für Zweifel: Jahwe ist der gnädige Gott, der das Volk erretten wird. Weitere Belege für die Wanderungen dieser Metapher finden wir in einigen Abschnitten eines Gedichts im Dritten Jesaja, wo die Spannung zwischen Gott, dem Liebenden, und Gott, dem Feind, reflektiert wird (Jes 63,7−64,12).[50] In einem vermittelnden Gebet beginnt

* A. O.: Can a woman forget her sucking baby that she should have no
compassion (mēraḥēm) on the child of her womb (beṭen)? (RSV*)

71

der Dichter mit einem Lob Gottes, der Israel seine Güte erwiesen hat
»nach seinen Erbarmungen« *(kᵉraḥᵃmāyw)*, und mit einer Erinnerung an die Rebellion des Volkes, die die Feindschaft Gottes hervor-
rief (63,7–10). Als nächstes denkt Jahwe an seine Führungsrolle »in
den Tagen der Vorzeit« (63, 11–14), und kommt dabei wieder auf die
tragische Situation der Gegenwart im Exil zurück. Daraufhin bittet
der Prophet Gott inständig:

> *Blicke vom Himmel herab und sieh*
> *von der Wohnstätte deiner Heiligkeit und deiner Majestät.*
> *Wo sind dein Eifer und deine Machttaten?*
> *Die Regung deines Inneren und dein Mitgefühl*
> *halten sich zurück mir gegenüber.*
> *Denn du bist unser Vater.*
> *Denn Abraham weiß nichts von uns,*
> *und Israel kennt uns nicht.*
> *Du, Jahwe, bist unser Vater*
> *unser Erlöser von alters her, ⟨das ist⟩ dein Name.* (63,15–16, REB*)

Nach dieser Anrufung fährt das Gedicht fort mit der Bitte, daß Jahwe
sein Volk wieder dem Heiligtum zuführen möge, denn sie sind
inzwischen geworden wie die, »denen dein Name nicht ausgerufen
ist« (63,17–19).

Von besonderem Interesse sind für uns die Worte, die in der oben
angeführten Anrede zitiert werden »die Regung deines Inneren und
dein Mitgefühl«. Die Redewendung »die Regung deines Inneren«
*(hᵃmôn mē 'eyka)* ist eine Variante der Worte in Jer 31,20 c, die wir
mit »mein Mutterleib' erregt sich«* übersetzt haben. Außerdem
kommt hier noch eine substantivische Form unserer Metapher
*raḥᵃmeykā*, »dein Mitgefühl«, hinzu. Wiederum vergleichbar mit
Jer 31,20 c weist der Parallelismus dieser Wörter auf weibliche
Metaphorik für Jahwe hin. Die ganze Redewendung kann durchaus
auch als »die Erregung deines Mutterleibs und deines Mitgefühls«
gelesen werden. Mit anderen Worten, die beiden Nomen interpretieren einander und vervollständigen dadurch die Metapher: der Gott
des Mutterleibs hat Mitgefühl. Deshalb fleht der Dichter:[51]

---

* A. O.: »my womb trembles«

*Wo sind dein Eifer und deine Machttaten,*
*die Regung deines Innern und dein Mitgefühl?* (REB*)

Dann aber geht er unvermittelt von »mütterlicher« zu »väterlicher
Sprache« über, wobei das Wort »Vater« den ganzen Vers 16
umschließt:

*(Halte dich nicht zurück), denn du bist unser Vater.*
*Denn Abraham weiß nichts von uns*
*und Israel kennt uns nicht mehr.*
*Du, Jahwe, bist unser Vater,*
*unser Erlöser von alters her, ⟨das ist⟩ dein Name.* (REB*)

Dieser Wechsel innerhalb der »elterlichen Sprache« strebt eine
Ausgewogenheit an, die unsere ursprüngliche Metapher in Erinnerung ruft, das Bild Gottes als männlich und weiblich. Dementsprechend fleht der Dritte Jesaja den Gott des Mutterleibes an, ein
barmherziger Vater zu sein.[52] Die interrogative Form dieser Bitte
deutet allerdings die Möglichkeit an, daß Gott eventuell dieses
Mitgefühl nicht haben könnte. Andere Abschnitte führen diese
Spannung noch weiter aus.


## 4. Durch Verweigerung

Die Metapher von dem Gott des Mutterleibs wanderte durch die
Schrift auch, indem sie negativ besetzt wurde. Obwohl beide Huren
Mütter waren, verdiente nur eine diesen Namen. Für sie bedeutete
Muttersein selbstlose Liebe, denn »ihr *raḥ^amîm* wurde erregt wegen
ihres Sohnes«. Für die andere aber war Muttersein egoistischer
Besitzanspruch. Während Rahel auf einer Anhöhe um ihre Kinder
weinte, lehnte Gomer, die Hure, ihre Kinder ab. Die Tochter ihres
Leibes wurde »Nicht-geliebt« genannt. Auch geschah in jenen dunk-
len Tagen, die auf die Zerstörung Jerusalems durch die Babylonier
folgten, dieses:

*Die Hände weichherziger (raḥᵃmāniyyôt) Frauen*
*haben ihre Kinder gekocht;*
*sie dienten ihnen als Speise*
*beim Zusammenbruch der Tochter meines Volkes.* (Thr 4,10;
vgl. 2,20, REB)

Und wenn schon nicht alle Mütter Mitleid haben, so sind auch nicht
alle mitfühlenden Mütter immer mitfühlend.

Infolgedessen geschieht das Unfaßbare wirklich. Eine Mutter kann
ihr Kind vergessen und ohne Mitleid für die Frucht ihres Leibes sein.
Obwohl für den Zweiten Jesaja selbst diese Realität die Dauerhaftig-
keit und Stabilität der Liebe Gottes nicht in Frage stellte, waren sich
andere in Israel nicht so sicher. Ja, sie hatten das Erbarmen Gottes
bereits abgestritten. In einer Ankündigung drohenden Gerichts
tadelte der Jesaja aus Jerusalem Juda im 8. Jahrhundert sowohl
wegen seiner Rebellion gegen Gott als auch wegen seiner Weige-
rung, auf die Warnungen Gottes zu hören (Jes 9,8–10,4;
vgl. 5,24–30):[53] Jede Strophe seines Urteilsspruchs schloß mit dem
kompromißlosen Refrain:

*Bei all dem wendet sich sein Zorn nicht ab,*
*und noch ist seine Hand ausgestreckt.*

Unter anderem zeigte das schreckliche Ausmaß dieser Strafe unmiß-
verständlich die Verweigerung des göttlichen Erbarmens gegenüber
den Jungen, Schwachen und Hilflosen.

*Darum wird sich Jahwe über dessen junge Männer nicht freuen, und*
*über seine Waisen und Witwen wird er sich nicht erbarmen (lō'yᵉra-*
*hēm). (Jes 9,16, REB*)*

Der Zorn Gottes hat selbst die Möglichkeit eines Appells an seine
Liebe zunichte gemacht. Mehr als ein Jahrhundert später, am Vor-
abend des Exils, schloß Jeremia sein Gleichnis von den Weinkrügen
(Jer 13,12–14) mit ebenso harten Worten gegen Juda ab:

*Und ich werde sie zerschmettern, einen am anderen,*
*die Väter zusammen mit den Kindern, spricht Jahwe.*
*Ich werde kein Mitleid haben (lō'ᵃraḥēm) noch sie schonen,*
*noch mich erbarmen, daß ich sie nicht verderbe. (13,14, REB*)*

Eine noch verheerendere Anklage kam in den Reflexionen der Zeit nach dem Exil hoch. Trotz der intervenierenden Zusicherung des Zweiten Jesaja, daß das Erbarmen Gottes noch größer sei als die Liebe einer Mutter zu der Frucht ihres Leibes, wagte ein anderer Dichter zu sagen, daß Jahwe tatsächlich ableugnen könnte, daß der Sinn der Schöpfung Liebe sei. Diese Worte fanden auch einen Platz in der Schriftrolle des Jesaja. Sie beginnen mit einem begründenden Satz, der durch die Partikel kî (»denn«) angezeigt wird und die Grundlage für das kommende Urteil bildet. Das Urteil selbst fängt mit der Partikel 'al-kēn (»darum«) an, setzt sich in dem Satz fort und leitet zu einer chiastischen Einheit über.

Denn (kî) es ist kein verständiges Volk.
darum ('al-kēn) erbarmt sich über sie nicht (lō'yᵃraḥᵉmennû),
der es gemacht hat ('s.h),
und der es gebildet hat (yṣr),
erweist ihm keine Gnade (lō'yᵉḥunnennû). (Jes 27,11, REB)

Im Zentrum dieses Chiasmus verkündigen zwei Verben das schöpferische Handeln Gottes. An anderen Stellen waren diese Wörter ausdrücklich mit dem Mutterleib in Verbindung gebracht worden. Das Wort »machen« wurde z. B. von Hiob benutzt, als er den Mutterleib als einen Ort menschlicher Gleichheit bezeichnete, die von Gott gegeben war: »Hat nicht er, der mich im Mutterleib gemacht hat ('śh), auch ihn gemacht ('śh)?« (Hi 31,15). Und das Wort »bilden« war schon bei Jeremia gebraucht worden, als Gott den Ursprung der Propheten beschreibt: »Ehe ich dich im Mutterschoß bildete (yṣr), habe ich dich erkannt« (Jer 1,5). Diese zwei Verben der Schöpfung in dem Chiasmus werden nun von zwei zusätzlichen Verben umgeben, deren adjektivische Formen Jahwe schon in einzigartiger Weise in vielen Traditionen Israels beschrieben haben: »Gott barmherzig (raḥûm) und gnädig (ḥannûn)«. Wie wir gesehen haben, ist diese Schilderung von Gott als einem Liebenden oft ganz eng mit dem Motiv für die Schöpfung in Verbindung gebracht worden. Tatsächlich hält der Wortstamm rḥm diese beiden Themen zusammen: Der Ort der Geburt ist auch der Bildempfänger für das Mitgefühl. Erschaffen heißt lieben. Aber nun reißt in dieser schrecklichen Prophezeiung ein Dichter das Untrennbare auseinan-

75

der. Liebe und Schöpfung werden einander entgegengesetzt. Außerdem wird die Liebe selbst, symbolisiert durch das Wortpaar »Erbarmen« und »Gnade« gespalten und negiert. Gott wird — in der ersten Zeile der Einheit — nicht barmherzig sein, und — in der letzten Zeile — nicht gnädig. Diese beiden Leugnungen von Erbarmen und Gnade zu trennen, ist göttliches Walten. In der Struktur der Dichtung umgibt die Abwesenheit der Liebe die Schöpfung. Indirekt weist dieser Abschnitt auf die Freiheit Gottes hin; direkt bezeugt er das göttliche Urteil, das das Leben in Frage stellt. Israel kann sich nicht mehr an die mütterliche Liebe Gottes wenden. Wenn eine Mutter kein Mitgefühl mit ihrem eigenen Kind hat, wieviel mehr entzieht Gott der Schöpfung dann sein Erbarmen. Die Wirkung dieser Worte ist furchterregend. Und selbst, wenn solche Gefühle in den Erinnrungen Israels selten sind, so lassen sie uns doch nicht vergessen, daß unsere Metapher auch ihre negative Seite hat.

Mit Ausdauer und Kraft wandert der Wortstamm *rḥm* durch die Traditionen Israels und trägt zu einer der wichtigsten Metaphern für biblischen Glauben bei: eine semantische Übertragung vom Mutterleib der Frau zum Mitgefühl Gottes. Obwohl die Leser des Alten Testaments sich oft schwer damit getan haben, diese Ausdrucksweise zu verstehen, sind sie schon lange Empfänger ihres vielfachen Segens geworden. Für uns hat dieser Sprachgebrauch neue Dimensionen von Gott als männlich *und* weiblich eröffnet. Diese Entdekkung hat ihrerseits aber über sich selbst hinausgewiesen auf die Freiheit des Schöpfers/der Schöpferin, der/die ein(e) Liebende(r) ist. Somit hat eine Teilmetapher das grundlegende Bild verständlich gemacht, das den entscheidenden Hinweis für unsere Reise bildete. Wenn wir diesem Hinweis nun weiterhin nachgehen, wollen wir auch noch andere Abschnitte, die an unserem Wege liegen, erforschen.

# Kapitel III: Abschnitte, die an unserem Wege liegen

## 1. Ausgangspunkt

Das Wort Mutterleib *(reḥem)* gehört zu dem Wortschatz des Gebä-rens, das die Vorstellung von der Schöpfung nach dem Bild Gottes als weiblich und männlich weiterhin bereichert. Unter den Abschnitten, die wir schon genannt haben, ist es Ps. 22,10−11, in dem dieses Vokabular vorkommt:

*Ja*, du ('attâ) *bist es, der mich* aus dem Mutterleib *gezogen hat* (beṭen),
*der mir Vertrauen einflößte* an ('al) meiner Mutter Brüsten.
a             b
Auf dich ('āleykā) *bin ich geworfen* von Mutterschoß *her* (reḥem),
b'                 a'
von meiner Mutter Leib an (beṭen) *bist* du ('attâ) *mein Gott*. REB)*

Wie wir schon beobachtet haben, hat Jahwe etwas mit dem Mutter-leib zu tun, wenn das Leben hingegeben wird um des Lebens willen. Bei genauerem Hinsehen werden nun noch weitere Verbindungen zwischen Gott und dem Weiblichen deutlich. In seinem Gebet benutzt der Psalmist das Pronomen »du« für Gott am Anfang, in der Mitte und am Ende dieser zweizeiligen Einheit. Jedesmal, wenn es vorkommt, wird Gott mit psychophysischen Aspekten der Geburt in Verbindung gebracht. In der ersten Zeile empfängt das göttliche »Du« das Kind aus dem Mutterleib und gibt ihm Vertrauen an der Mutter Brust. Gott und die Mutter kommen jeweils am Anfang und Ende des Satzes vor. Ihre syntaktische Entfernung signalisiert einen

---

* A. O.: For you brought me forth from the womb, made me safe upon the breasts of my mother.
Upon you was I cast from the womb; from the womb of my mother, my God are you. (Ps. 22,10−11)

inhaltlichen Unterschied zwischen der göttlichen Hebamme und der menschlichen Mutter.[1] Aber im Mittelpunkt der Dichtung wird dieser Abstand geringer. Das Ende von Zeile 1 und der Anfang von Zeile 2 enthalten parallele präpositionale Ausdrücke, deren Bedeutungen aufeinander zustreben. »An meiner Mutter Brüsten *('al-šᵉdê)*« leitet direkt über zu »auf dich *('āleykā)*«. Das Subjekt ist zum Objekt, die göttliche Hebamme ist eine göttliche Mutter geworden. Vertrauensvoll an der Brust der Mutter zu liegen, heißt, vom Mutterleib an auf Gott geworfen zu sein.[2] Diese Identifikation findet ihren Höhepunkt im letzten Redeabschnitt, wo »meine Mutter« ganz nahe neben »mein Gott« steht: »von meiner Mutter Leib an bist du mein Gott«. Abstand und Unterschied haben der Nähe und Annäherung Platz gemacht. Obwohl das Gedicht Gott niemals ausdrücklich als Hebamme und Mutter bezeichnet, legen Form und Inhalt diese Metaphern nahe. Hinzukommt, daß die chiastische Anordnung der Wörter in der letzten Zeile, sowie das, was die ganze Einheit umfaßt, auf die Transzendenz Gottes hin deutet. Das göttliche »Du« umschließt Kind und Mutter. So weist also das Bild Gottes als Frau auf den/die SchöpferIn hin.

In Gen 49,25 kommen Brüste und Mutterleib wieder zusammen vor. Die Stämme Josephs erhalten den Segen

*von dem Gott deines Vaters — der helfe dir —*
*und von Gott, dem Allmächtigen* (ēl šadday) *— der segne dich mit*
*Segnungen des Himmels droben,*
*mit Segnungen der Tiefe, die unten liegt,*
*mit Segnungen der Brüste* (šādayim) *und des Mutterleibes* (rāḥam)
(REB)

Auf den ersten Blick scheint diese Dichtung Gott nur mit einem Vater in Verbindung zu bringen, der segnet (s. auch V. 26). Aber ein Wortspiel zwischen dem Epitheton *šadday* (»Berge«) und dem *šādayim* (»Brüste«) läßt einen weiblichen Aspekt bei Gott anklingen.[3] Dementsprechend betonen wir hier, obwohl der Vers zwei Teilmetaphern zusammenbringt — den ausdrücklich genannten Vater und die nicht ausdrücklich genannte Mutter — die weibliche Dimension des Gottes *šadday*, der auch die Segnungen der Brüste und des Mutterleibs gibt. Außerdem weitet dieser Abschnitt die

mütterlichen Wohltaten über den einzelnen hinaus auf das Volk
aus.
Jahrhunderte später kehrt Hosea die Bedeutung dieser Symbole
jedoch um. Was als Segen gegeben war, wird zum Gericht. Zuerst
erklärt Gott:

*Ephraim ist den Vögeln gleich, seine Herrlichkeit verfliegt.*
*Kein Gebären, keine Schwangerschaft, keine Empfängnis.*
*Selbst wenn sie ihre Söhne großziehen sollten,*
*mache ich sie doch kinderlos, so daß kein Mensch mehr bleibt.*
(Hos 9,11−12 a; vgl. V. 16, REB)

Zu diesen vernichtenden Worten Gottes fügt der Prophet noch seine
eigenen hinzu:[4]

*Gib ihnen, Jahwe −*
*Was wirst du geben?*
*Gib ihnen einen unfruchtbaren Mutterleib* (reḥem)
*und vertrocknete Brüste* (šādayim). (Hos 9,14, REB*)

Für Hosea sind die Zeichen weiblicher Unfruchtbarkeit Symbole für
die Sterilität der Gemeinschaft. Als Reaktion auf ihre Sünde treibt
der Gott des Mutterleibs und der Brüste Föten ab und läßt Milch
eintrocknen. Aber selbst im Gericht sind diese Symbole für uns ein
Ausgangspunkt für eine weitergehende Reise zur Erforschung des
Bildes Gottes als weiblich.

## 2. Am Wege

Neben den Wörtern »Mutterleib« und »Brüste« enthüllen andere
sprachliche Wendungen, was uns auf unserer Reise begegnet. Lassen Sie uns als erstes einen Abschnitt aus dem Lied Mose
(Dtn 32,1−43) untersuchen. Nach der Einleitung (V. 1−6) ist der
wichtigste Teil des Gedichts der Geschichte Israels gewidmet.[5] Diese
Geschichte wird aus zwei Perspektiven betrachtet: (1) Die Gnade, die
Gott dem Volk erweist (V. 7−14); (2) die Abtrünnigkeit des Volkes,
die zur Anklage führt (V. 15−18):

*Den Felsen, der dich gezeugt* (yᵉlādᵉkā), *täuschtest du*
*und vergaßest den Gott, der dich geboren* (mᵉḥōlᵉlekā). *(18)* (REB)*

Im Hebräischen gibt es in dieser Einheit einen Chiasmus von Objekt
und Subjekt. »Der Felsen, der dich gezeugt« und »der Gott, der dich
geboren« umgeben die Vergeßlichkeit des Volkes. In diesen Redewendungen stehen zwei Metaphern für Gott: Felsen und Gebären. Das
Wort »Fels«, das in dem Gedicht immer wieder vorkommt, weist auf
Gottes Integrität und Stabilität im Gegensatz zu Israels Korruption
und Unbeständigkeit hin.[6] In Vers 18 wird dieses Nomen durch eine
Verbform modifiziert, die die zweite Metapher einführt, die des
Zeugens: *yᵉlādᵉkā.* Der Wortstamm *yld* kann entweder das Zeugen
eines Vaters oder das Gebären einer Mutter beschreiben. Sprü-
che 23,22,25 zeigt beide Bedeutungen innerhalb einer Perikope:[7]

*Gehorche deinem Vater, der dich gezeugt hat* (yᵉlādekā)
*und verachte deine Mutter nicht, wenn sie alt geworden ist.*
. . . . . . . . . . . . . . . . . . . . . . . . . . . . . . . . .
*Es freue sich dein Vater und deine Mutter,*
*und es frohlocke, die dich geboren hat* (yôladtekā). (Vgl. Hi 38,28–
29, REB)

In Dtn 32,18 kann die Metapher für Gott, die durch das Wort
yᵉlādᵉkā gegeben ist, sich entweder auf eine Mutter oder auf einen
Vater beziehen: den Felsen, der dich geboren, oder den Felsen, der
dich gezeugt hat. Im Gegensatz dazu ist die entsprechende Metapher
am Ende des Verses »der Gott, der dich geboren hat« ausschließlich
mütterlich.[8] Das Wort *mᵉḥōlᵉlekā* bezeichnet nur eine Gebärende,
und dieses Tun wird in dem Gedicht Gott zugeschrieben.[9] Mit
schmerzhaften Wehen gebar Gott Israel.
Somit stellen die äußeren Enden dieses Chiasmus entweder einander
ergänzende oder identische »elterliche« Metaphern dar. Im ersten
Fall ist der Felsen der Vater, der zeugt, und Gott die Mutter, die
beim Gebären leidet.[10] Jes 45,10 belegt diese Interpretation der
beiden Verben als einander ergänzend:[11]

---

* A. O.: You were unmindful of the Rock that begot you and you forgot
the God who gave you birth. (Dtn 32,18)

*Weh dem, der zum Vater sagt: Warum zeugst du (tôlîd)?*
*und zur Frau: Warum hast du Wehen (t°ḥîlîn)? (REB)*

Im zweiten Fall haben beide Redewendungen mütterliche Bedeutung.[12] Der Felsen ist die Mutter, die gebiert, ja, Gott ist die Mutter, die die Schmerzen des Gebärens erfährt. Jes 66,7a belegt diese Interpretation der beiden Verben als identisch:[13]

*Ehe sie Wehen hatte (tāḥîl),*
*hat sie geboren (yālādâ).*

Wenn man diese letztere Interpretation in Hinblick auf den Anfang des Mosesliedes betrachtet, entdeckt man ein sich ergänzendes Gleichgewicht zwischen dem Schluß der Einführung (Dtn 32,6) und dem Schluß des ersten Hauptabschnitts (32,18). Beide klagen das Volk an, einer in Frageform, der andere als Aussage. Außerdem greifen sie auf das Vokabular der Schöpfung zurück und stellen Gott als den/die GeberIn des Lebens in den Mittelpunkt. Der erste Schluß nennt Gott Vater:

*Ist er nicht dein Vater, der dich geschaffen hat,*
*Er hat dich gemacht und dich bereitet. (Übs. nach RSV)\**

Der zweite beschreibt Gott als Mutter:

*Den Felsen, der dich gebar, vergaßest du*
*und vergaßest den Gott, der dich geboren. (V. 18, Übs. nach*
P. T.)\*\*

Diese Geburtsschmerzen Gottes tauchen beim Zweiten Jesaja wieder auf.[14] Zu einer Zeit, als große Reiche zusammenbrachen, als Niederlage und Zerstörung über die Völker kamen und als insbesondere das Volk Israel sein Land verloren hatte, rief Jahwe aus:[15]

*Wie eine Gebärende (kayyôlēdâ)*
*will ich nun stöhnen, schnauben*
*und nach Luft schnappen zugleich. (Jes 42,14b, REB)*

 \* A. O.: Is not he your father, who created you, who made you and established you? (V. 6 RSV)
\*\* A. O.: The Rock who gave you birth you forgot, and you lost remembrance of the God who writhed in labor pains with you. (V 18)

Das historische Chaos ist zu göttlichen Geburtsschmerzen geworden. Aus Gottes Wehen wird eine neue Schöpfung hervorgehen (42,5-13). Die Natur wird sich umkehren, die Geschichte wird sich verändern, die Gefangenen werden frei und die Blinden werden sehend werden, ja, das Lob Jahwes wird die Erde erfüllen. Obwohl sie sich lange zurückgehalten hat (V. 14 a), wird Gott nun schreien, keuchen und nach Luft schnappen, wenn sie diese neuen Dinge zur Welt bringen wird.[16]

Der Dritte Jesaja verfolgt ein ähnliches Thema in einem Gedicht über die Neugeburt Zions und das Feuer des Gerichts (66,1–16).[17] Von den sieben Zeilen in der vierten Strophe (V. 7–9) beziehen sich die ersten fünf auf Zion, die plötzlich und schnell gebiert, und doch wird ihre Identität erst in der fünften Zeile bekanntgegeben. Bis dahin verbirgt sich das mütterliche Subjekt in den femininen Pronomen der Verbformen. Zwei Verben sind vorherrschend: *yld* (»gebären«) und *hwl* (»Wehen haben«). Wie wir schon gesehen haben, treten sie in der ersten Zeile gemeinsam auf, um eine ungewöhnliche Geburt anzukündigen:

*Ehe sie Wehen hatte* (tāḥîl),
*hat sie geboren* (yālādâ). (REB)

Mit anderen Worten berichtet die zweite Zeile noch einmal von dieser überraschenden Entbindung:

*Ehe Geburtsschmerzen sie ankamen,*
*wurde sie von einem Kind entbunden.* (V. 7 b, REB*)

Diese schnelle und schmerzlose Geburt ruft in der dritten Zeile Erstaunen hervor:

*Wer hat so etwas ⟨je⟩ gehört,*
*wer hat dergleichen je gesehen?* (V. 8 a, REB)

Die vierte Zeile setzt diese erstaunten Fragen fort. Indem sie die zwei ersten Verben der Verkündigung wiederholt, stellt sie eine Identität zwischen Frau und Volk her:

*Wird ein Land an einem einzigen Tag zur Welt gebracht* (yûḥal)[18]
*oder eine Nation mit einem Mal geboren* (yiwwālēd)? (V. 8 bc, REB)

82

Die Verwunderung weicht schließlich der Bestätigung in der fünften
Zeile. Zion wird als Mutter und Volk mit Namen genannt

*Denn sowie Zion Wehen bekam* (ḥālâ),
*gebar sie* (yāleḍâ) *ihre Kinder.* (V. 8 d; Übs. nach RSV)*

Auffallend im Hebräischen ist, daß sowohl das Subjekt (Zion) als
auch das Objekt (ihre Kinder), die zu diesen letzten Verben gehören,
bis zum Ende der Zeile zurückgehalten werden. Im ersten Redeabschnitt treten beide Verben auf, im zweiten die beiden Nomen. Die
Verben werden durch das Adverb *gam* (»sobald, sowie«) getrennt,
die Nomen durch das Objektzeichen *'et*. Man kann diese Anordnung
und Struktur in der Übersetzung nicht beibehalten, aber durch sie
werden die Verben die in dem Gedicht dominieren (*yld* und *hwl*),
hervorgehoben und erhöhen das gespannte Warten auf die genaue
Identität des Subjekts.

Dreimal innerhalb von fünf Zeilen kommt dasselbe Paar von den
sich auf die Geburt beziehenden Verben vor. Mit ihnen hat Gott das
neue Zion ausgerufen, das ein neues Volk hervorbringt in einem
noch nie dagewesenen Wunder. Nun, im Finale dieser Strophe,
gebraucht Jahwe das erste dieser Verben wieder, aber diesmal geht
Gottes Rede über Zions Gebären auf die Verkündigung seiner
eigenen Identität bei dieser Geburt über.

*Sollte ich* ('ªnî) *zum Durchbruch bringen und dann nicht gebären*
('ôlîd) *lassen? spricht Jahwe.*
*Oder sollte ich* ('ªnî) *gebären lassen* (hammôlîd) *und dabei den*
*Schoß verschließen? spricht dein Gott.* (V. 9)

Mit diesen Fragen in den letzten Zeilen rundet sich das Strukturmuster dieser Strophe ab: die Wechselfolge von Aussagen (V. 7,8 d)
und Fragen (V. 8 abc,9). In diesen Zeilen werden zwei kausative
Formen des Wortstammes *yld* (»gebären«) von zwei darauf bezogenen Verben eingeschlossen, Keins von ihnen spricht von Geburtsschmerzen. Da Zion gebar, bevor die Schmerzen auftraten, werden

---

* A. O.: For as soon as Zion was in labor she brought forth her children.
  (V. 8 d RSV)

83

die Wehen von Gott nicht einmal erwähnt. Statt dessen konzentriert sich die Aufmerksamkeit nur auf den letzten Vorgang. Zion, die Kinder gebiert, ist Jahwe, der/die schnell und überraschend etwas erschafft.

Dieses Wort Gottes von der schmerzlosen Geburt hat etwas so Befreiendes, daß der Dichter drängt, in den Jubel über Jerusalem, die Mutter, einzustimmen. Dieses Thema beherrscht die ganze 5. Strophe des Gedichts (66,10–11). Die Menschen sollen der Aufforderung zu frohlocken nachkommen, »damit ihr saugt und euch sättigt an der Brust ihrer Tröstungen, damit ihr schlürft und euch labt an der Fülle ihrer Herrlichkeit« (vgl. Jes 60,16). Gott sei Dank hat die mütterliche Stadt genug Nahrung und Geborgenheit für das neugeborene Kind. Mit ähnlichen Bildern fährt Strophe 6 fort, wo Jahwe wieder direkt spricht (66,12–14). Den Reichtum hat Jerusalem nicht von sich aus. Es ist Jahwes Großzügigkeit, die die Stadt zu einer reich ausgestatteten Mutter macht, so daß sie ihren Kindern die Fülle des Lebens geben kann.

*Denn so spricht Jahwe:*
*»Siehe, ich wende ihr Frieden zu wie einen Strom*
*und die Herrlichkeit der Nationen wie einen überflutenden Bach.*
*Und ihr werdet saugen. Auf den Armen werdet ihr getragen*
*und auf den Knien geliebkost werden.* (V. 12, REB\*)

Da Jerusalem durch die Gnade Gottes eine liebende Mutter ist, ist sie andererseits ein Hinweis darauf, wie Gott zu verstehen ist. Die Wirkung spiegelt die Ursache wider. Darum sagt Jahwe:

*Wie einen, den seine Mutter tröstet,*
*so will ich euch trösten.*
*An Jerusalem sollt ihr getröstet werden.* (V. 13, REB)

In dem ganzen Vers geht es vor allem um das Kind Israel. Es kommt in den Anfangsworten vor, »wie einen, den«, im Objekt am Ende des ersten Redeabschnitts, »*es* tröstet«[19], im Objekt am Ende der zweiten Redeeinheit, »*euch* trösten«, und im Subjekt des passivischen Verbs am Ende des Verses, »*ihr* sollt getröstet werden.« In allen drei Fällen richtet sich das eine Verb »trösten« *(nhm)* auf das Kind.

Es wird deutlich, daß der Trost Gottes für die Einwohner Jerusalems der Bildspender einer Metapher ist, deren Bildempfänger die Geborgenheit bei der Mutter ist. Diese Entsprechung schwingt in allem, was das Gedicht vorher sagt, mit (V. 7—12): »Wie einen seine Mutter tröstet«, sagt Jahwe, »so will ich ('ānōkî) euch trösten«. Die Verwendung des Pronomens in der 1. Person, ('ānōkî), betont, daß Gott handelt. Obwohl der Vergleich Gott nicht direkt »Mutter« nennt, vermittelt er doch diese Bedeutung. Jahwe ist eine tröstende Mutter für die Kinder Jerusalems. Nach diesen Worten göttlichen Versprechens bricht der Dichter noch einmal in Jubel aus:

*Ihr werdet es sehen und euer Herz wird sich freuen,*
*und eure Gebeine werden sprossen wie das junge Gras.*
*Und die Hand Jahwes wird sich an seinen Knechten zeigen,*
*aber seine Feinde wird er bedrohen.* (V. 14, REB*)

Innerhalb dieses Gedichts von der Neugeburt Zions haben in Strophe 4,5 und 6 Bilder des Göttlichen und des Weiblichen ineinander gegriffen. Eine Tabelle soll das durchgehende Muster und die zentralen Motive dieser Einheiten zusammenfassen.

| Strophe 4 (66,7—9) | Strophe 6 (66,12—14) |
|---|---|
| *Jahwe spricht über:* | *Jahwe spricht über:* |
| *Zion, die Mutter* (7—8) | *Zion, die Mutter* (12) |
| *Jahwe, die Mutter* (9) | *Jahwe, die Mutter* (13) |
| Strophe 5 (66,10—11) | *Das Ergebnis von Jahwes Rede:* |
| *Das Ergebnis von Jahwes* | *der Dichter frohlockt über Jeru-* |
| *Rede: der Dichter frohlockt über* | *salem* (14) (REB) |
| *Jerusalem* | |

Im Buch Hiob gibt es noch einen anderen Abschnitt über das Bild Gottes als männlich und weiblich. Unter den vielen Fragen Gottes, die Hiob herausfordern, ist dieser Zweizeiler:

*Hat der Regen einen Vater,*
*oder wer hat die Tautropfen gezeugt* (hôlîd)?
*Aus wessen Schoß* (beṭen) *kam das Eis hervor,*
*und des Himmels Reif, wer hat ihn geboren* (yᵉlādô). (Ijob 38,28—29, REB)

Das Gedicht hält die elterlichen Metaphern im Gleichgewicht. Wie in Prov 23,22,25 verwendet es den Wortstamm *yld* sowohl für das Zeugen des Vaters als auch für das Gebären der Mutter. Die Fragen sind ironisch; sie sind darauf ausgerichtet, Hiob die Transzendenz Jahwes spüren zu lassen. Denn kein menschliches Bild, nicht einmal die von Vater und Mutter, können die Schöpferkraft Gottes erfassen. Nein, der Regen hat keinen Vater, und kein Mann hat die Tautropfen gezeugt. Regen und Tau kommen nur von Gott. Nein, das Eis kam nicht aus einem Mutterleib, keine Frau hat des Himmels Reif geboren. Eis und Reif kommen nur von Gott. Aber diese Ironie hat eine doppelte Spitze. Menschliche Metaphern, insbesondere elterliche, geben uns eine Vorstellung von Gott. Ja, der Regen hat einen Vater, er hat die Tautropfen gezeugt. Gott ist dieser Vater. Ja, das Eis kommt aus einem Mutterleib, eine Frau gebar den Reif des Himmels (vgl. Hi 38,8). Gott ist diese Mutter. Einerseits ist die Schöpfung Gottes nicht mit menschlicher Fortpflanzung zu vergleichen. Andererseits können wir die Transzendenz Jahwes nur durch menschliche Vergleiche erfassen. Solche Feststellungen werden wir noch weiterhin machen, wenn unsere Reise dem Ende zugeht.

## 3. Rückkehr zum Anfang

Zu dem Vokabular der Wehenschmerzen und der Geburt gehört auch die erste Phase des Prozesses, die Empfängnis. Unser Text stammt aus den Traditionen der Wanderungen (Num 11). Nachdem es aus der Sklaverei gerettet worden ist, empfindet Israel die Befreiung als Last und protestiert gegen die Gabe der Freiheit. Schließlich hatte die Sklaverei auch ihr Gutes, es gab wenigstens etwas zu essen (V. 4–6). Die Klagen eines »befreiten« Volkes erzürnen und verärgern Mose. Da er nicht in der Lage ist, die Forderungen der Menschen zu erfüllen, stellt er seinerseits Forderungen an Gott. In einer Reihe von Fragen beschreibt er sich selbst als schlecht behandelt und belastet. Der Führer des Volkes ist das Opfer Gottes:

*Warum hast du an deinem Knecht ⟨so⟩ schlecht gehandelt, und*
*warum habe ich nicht in deinen Augen Gunst gefunden, daß du die*
*Last dieses ganzen Volkes auf mich legst?* (V. 11, REB)

Nach Moses Meinung geht Gott der Verantwortlichkeit aus dem
Wege. Die Leute sind Babies, die nach ihrer Mutter schreien. Aber
wer ist diese Mutter? Indirekt, aber kühn, spricht Mose zu Gott:

*Bin ich etwa mit diesem ganzen Volk schwanger gewesen* (hārîtî),
*oder habe ich es geboren* (yᵉlidtîhû), *daß du zu mir sagst: »Trage es*
*an deiner Brust, wie der Wärter den Säugling trägt, in das Land, das*
*du ihren Vätern zugeschworen hast?«* (V. 12, REB)\*

In anderen Abschnitten kommt das Verb hrh (»empfangen«) in
Parallele zu yld (»gebären«) vor, um eine Frau zu beschreiben, die
schwanger wird und ein Kind gebiert.[20] Implizit sagt Mose also, daß
Jahwe empfangen und Israel geboren hat. Danach wird die Metapher
noch weiter ausgeführt. Jahwe soll dem Kind eine Amme sein:
»trage es an deiner Brust, wie eine Wärterin *(hā-'ōmēn)* den Säugling trägt«. Obwohl das Wort *hā-'ōmēn* maskulin ist,[21] spricht der
Kontext eher für eine weibliche Person: eine stillende Amme für das
Baby. Das Wort kann auch anders gelesen werden: *hā- 'immōn*, ein
Hypokoristikum für *'ēm*, »Mutter«.[22] Die geliebte Mutter selbst
liebkost den Säugling.[23] Jede dieser beiden Lesarten legt die Vorstellung nahe, behauptet aber nicht, daß Gott eine Frau ist, deren Brust
*(ḥeq)* Israel, dem neugeborenen Kind, Fürsorge und Nahrung gibt.
Dieses letzte Bild von dem Säugen des Kindes läßt uns zu unserem
Ausgangspunkt zurückkehren: zu dem Baby, das sich geborgen fühlt
an den Brüsten seiner Mutter und das aus dem Mutterleib auf Gott
geworfen wird (Ps. 22,9–10). Auf unserem Wege haben wir gefunden, daß der gesamte Vorgang des Gebärens auf Gott übertragen
wird. In verschiedenen Abschnitten empfängt Gott, ist schwanger,
windet sich in schmerzhaften Wehen, bringt ein Kind zur Welt und

---

\* A. O.: Did I conceive all this people? Did I bring them forth that thou
 shouldst say to me, »Carry them in your bosom, as a nurse carries
 the sucking child, to the land which thou didst swear to give their
 ancestors?« (V. 12 RSV\*)

säugt es. Mit der Zurückhaltung, die für diese dichterische Aussageweise charakteristisch ist, erweitert und vertieft eine solche Sprache
unser Verständnis vom biblischen Gott. Wie der Finger, der zum
Mond weist, läßt unsere Metapher es aber nicht zu, daß wir uns bei
dem Bild von Gott als weiblich zur Ruhe setzen — und auch nicht bei
dem Bild von Gott als männlich (vgl. Ps 27,10). Der Eine, von dem
das Gedicht Zeugnis ablegt, ist der/die transzendente SchöpferIn,
der/die vor uns hergeht, um alle Dinge neu zu machen.

Mit *rhetorisch-kritischer* Methode und feministischer Kritik an der
patriarchalen Theologie gelesen, hat Gen 1,27 uns einen ersten
Hinweis auf eine vernachlässigte Dimension des biblischen Glaubens
gegeben. Indem wir diesem Hinweis nachgingen, haben wir weibliche Metaphern für Gott herausgestellt und somit zugelassen, daß die
Schrift sich selbst interpretiert, sobald ein neuer Anlaß dazu gegeben
ist. Dieser hermeneutische Prozeß wird fortgesetzt, wenn der Text
unsere Aufmerksamkeit als nächstes auf Überlieferungen lenkt, die
etwas mit Männlichem und Weiblichem in Zusammenhang mit dem
Gutsein der Schöpfung zu tun haben. Genesis 2−3 ist eine solche
Überlieferung.

# Kapitel IV: Eine Liebesgeschichte, die ein unglückliches Ende genommen hat

Eine Liebesgeschichte, die ein unglückliches Ende genommen hat –
das ist Genesis 2–3.
Es ist eine einfache Geschichte, so wie Geschichten eben sind. Nur
gerade drei kurze Szenen und vier HauptdarstellerInnen, ein einzi-
ger Ort und eine Zeit, ein kreisförmiger Entwurf, der die Handlung
einschließt, eine leichte Entwicklung der Handlung vom Eingang bis
zum Ausgang mit einem deutlichen Wendepunkt, eine direkte
Erzählweise, ein kurzer Dialog und ein geringes Vokabular, das auf
Wiederholung baut. Dementsprechend weist die Geschichte weder
eine psychologische Entwicklung der Charaktere noch komplizierte
Wechselwirkungen zwischen ihnen auf. Knapp in Beschreibung und
Erklärung, geht sie nicht weiter auf die Schwierigkeiten des Lebens
ein, legt der Vorstellungskraft aber auch keine Fesseln durch Logik
an. Interpretative Kommentare durch den Erzähler fallen minimal
aus, Details gibt es nur wenige. Und doch sollte diese simple
Geschichte die Sünden der Welt tragen, ganz abgesehen von den
Schwierigkeiten, in die sie die Gelehrtenwelt stürzte.
Wenn die Geschichte auch einfach ist, so heißt das nicht, daß sie
sauber und ordentlich ist. Abrupt, gedrängt, unvollständig, tastend
kann die Sprache, in der sie erzählt wird, viele verschiedene Bedeutungen haben. Von Anfang bis Ende ist die Geschichte durch
Mehrdeutigkeit rätselhaft. Sie enthält Spannungen, Konnotationen,
Anspielungen und Vermutungen, die zu vielfältigen Interpretationen zwingen, wie es die jahrhundertelange Exegese beweist.
Dementsprechend ist es die Aufgabe der InterpretInnen, diese Viel-
deutigkeit nicht zu eliminieren, sondern sie innerhalb der gesamten
Einheit verständlich zu machen. Die Aufgabe besteht nicht darin,
den Sinn festzulegen, sondern ausführlich auf ihn einzugehen, da es
das Besondere dieser Geschichte ist, von den Besonderheiten des
Lebens zu handeln.

Diese Behandlung ist sowohl altvertraut als auch explosiv, da jeder die Geschichte kennt und ganz bestimmte Vorstellungen davon hat. Die Vertrautheit führt zu Klischeevorstellungen, Mißverständnissen, ja, Verachtung. Gemäß den traditionellen Interpretationen handelt die Erzählung in Genesis 2,7–3,24 (die meisten Interpretationen umgehen das Vorwort in 2,4 b–6) von »Adam und Eva«. Sie verkündet männliche Überlegenheit und weibliche Unterordnung als den Willen Gottes. Sie beschreibt die Frau als »Versucherin« und Unruhestifterin, die von ihrem Ehemann beherrscht wird und abhängig ist. Seit Jahrhunderten gehört diese frauenfeindliche Interpretation schon fast zum Kanon, so daß sowohl diejenigen, die sie beklagen, als auch diejenigen, die sie gutheißen, sich über ihren Sinn durchaus einig sind.[1] Eindrucksvoll ist selbst eine lückenhafte Liste von Einzelheiten, die diesen Konsens dokumentieren:

— Ein männlicher Gott schafft zuerst den Mann (2,7) und zuletzt die Frau, wobei »zuerst« »überlegen« heißt und »zuletzt« »unterlegen« oder »untergeordnet«.

— Die Frau wird um des Mannes willen geschaffen; als Hilfe gegen seine Einsamkeit (2,18–23).

— Entgegen der Natur kommt die Frau aus dem Mann; ihr wird sogar ihre natürliche Funktion des Gebärens verweigert und auf den Mann übertragen (2,21–22).

— Die Frau ist die Rippe des Mannes und daher lebenslang von ihm abhängig (2,21–22).

— Aus dem Manne genommen (2,23), hat die Frau nur eine abgeleitete, keine autonome Existenz.

— Der Mann gibt der Frau einen Namen (2,23) und hat somit Macht über sie.

— Der Mann verläßt seines Vaters Familie, um durch seine Frau eine weitere patriarchale Einheit zu gründen (2,24).

— Die Frau verführte den Mann zum Ungehorsam und ist infolgedessen verantwortlich für die Sünde in der Welt (3,6); sie ist unzuverlässig, leichtgläubig und dumm.

— Die Frau wird dazu verflucht, mit Schmerzen zu gebären (3,16), was eine schwerere Strafe ist als das Ringen des Mannes mit dem

Erdboden. Es zeigt, daß die Sünde der Frau größer ist als die des Mannes.

— Das Verlangen der Frau nach dem Mann (3,16) wird von Gott verhängt, um sie ihrem Gatten gegenüber treu und unterwürfig zu machen.

— Gott gibt dem Mann das Recht, über die Frau zu herrschen (3,16).

Obwohl solche Einzelheiten immer wieder zitiert werden, um damit die traditionellen Interpretationen von der männlichen Überlegenheit und weiblichen Unterordnung zu stützen, stimmt keine von ihnen ganz, und die meisten sind in der Geschichte einfach nicht vorhanden. Als Vorstellungen, die angeblich der Erzählung entnommen sind, sind sie aus der Integrität dieses Werks als einer verschachtelten Struktur von Wörtern und Motiven mit eigenem intrinsischen Wert und Sinn herausgerissen worden. Kurz, diese Vorstellungen tun der *Rhetorik* der Geschichte Gewalt an.

Da ich mir der Zähigkeit und Macht solcher Ansichten bewußt bin, schlage ich vor, die Erzählung nicht so sehr gegen sie zu verteidigen — obwohl ich sehr versucht bin, es zu tun, und es machmal dazu kommen wird — sondern sie noch einmal neu als Kunstwerk zu betrachten. Eine literarkritische Untersuchung von Genesis 2−3 kann vielleicht zu Einsichten führen, von denen die traditionellen Perspektiven weit entfernt sind. Auf jeden Fall ist eine solche Untersuchung bei dem Text angebracht.

Leben und Tod sind die Themen der Erzählung in Genesis 2,4 b−3,24. Das Leben (Eros) bedeutet Eintracht, Erfüllung, Harmonie und Freude.[2] Es ist jedoch kein Paradies der Vollkommenheit oder Reinheit, das von Einsamkeit, Verantwortung und Endlichkeit unberührt bleibt. Im Gegenteil, es ist Erfüllung innerhalb von Grenzen, eine Erfüllung, die Unvollkommenes mit einschließt, Unterschiede macht, Hierarchien errichtet und Freude durch Schwachheit dämpft. Der Tod (Thanatos) ist der Verlust des Lebens. Er bedeutet Mißklang, Kampf, Feindschaft und Gefahr. Er ist Auflösung, das Zerbrechen aufeinander abgestimmter Grenzen. Das Ergebnis ist, daß

Unvollkommenheiten Probleme werden, Unterschiede Gegensätze, Hierarchien Unterdrückung und daß Freude sich in Tragik verwandelt. Das Leben verliert gegenüber dem Tod.

Dieses Thema von Leben und Tod gehört zu einer besonderen Struktur von Entwurf und Handlung. Nachdem sie mit einer ausführlichen Einleitung über Himmel und Erde begonnen hat 2,4 b–7), zerfällt die eigentliche Erzählung in drei Szenen. Szene 1 handelt von der Entwicklung des Eros (2,7–24), Szene 2 von dem Ungehorsam der Menschen (2,25–3,7) und Szene 3 von dem Zerfall des Eros (3,8–24). Der Entwurf der Geschichte ist zyklisch. Durch Wiederholung der Schlüsselwörter und Redewendungen kehrt sie am Ende (3,22–24) zum Anfang (2,4 b–9,15) zurück. Aber bei dieser Rückkehr verändert sich die Bedeutung, so daß die strukturelle Symmetrie zu semantischer Dissonanz wird. Entsprechend entfaltet sich die Handlung durch zwei entgegengesetzte Bewegungen mit einem dazwischenliegenden Wendepunkt. Das Eintreten in den Garten (Szene 1) steht der Austreibung aus dem Garten (Szene 3) gegenüber. Das Leben kämpft mit dem Tod. Zwischen diesen beiden entgegengesetzten Bewegungen ereignet sich der Ungehorsam, der Wendepunkt der Geschichte (Szene 2). Somit vereinigt sich die Dynamik der Handlung mit der Statik des Entwurfs, um die besondere Struktur der Geschichte hervorzubringen. Diese Struktur, die der ganzen Erzählung ihr Gepräge gibt, erscheint mit Variationen sowohl in dem Ganzen als auch in den Teilen jeder einzelnen Szene.[3]

Zu Thema und Struktur kommen die Personen hinzu, die in der Erzählung eine Rolle spielen; in dieser besonderen Geschichte ist es allerdings angebrachter, von vier Welten zu sprechen: der Gottes-, Menschen-, Pflanzen- und Tierwelt. Die Pflanzenwelt liefert die Umgebung, die anderen drei die Personen. Die Welt Gottes herrscht in den beiden entgegengesetzten Bewegungen der Erzählung vor. Zuerst entscheidet Gott über das Leben. Jahwe schafft Pflanzen, Tiere und den Menschen und bringt alle auf ihre Weise zur Erfüllung. Umgekehrt entscheidet Jahwe dann über den Tod. Gott zerbricht die Pflanzen-, Tier- und Menschenwelt und bringt alle auf ihre Weise dazu, das Leben zu verlieren. Diese beiden Bewegungen, die von Gott ausgehen, sind getrennt durch den gemeinsamen

Ungehorsam von Pflanze, Tier und Mensch. Die Pflanzenwelt liefert das Symbol des Ungehorsams, die Tierwelt stellt die Versuchung, und die Menschen verweigern den Gehorsam. In dieser mittleren Szene schweigt Gott. Wenn Schlange, Frau und Mann die Initiative übernehmen, wird Gott, das Subjekt, zum Objekt. Ihre Macht, ungehorsam zu sein, führt jedoch nicht zu einem Wandel im Wesen Gottes (Gott bestimmt weiterhin den Fortgang der Geschichte), sondern zu Veränderungen ihres eigenen Bildes: aus Geschöpfen voller Freude (Szene 1) werden sie zu Geschöpfen des Todes (Szene 3). Diese vier Welten — die Welt Gottes, der Menschen, Pflanzen und Tiere — vermitteln und reflektieren gemeinsam die künstlerische Gestaltung und den Sinn der Erzählung.

## 1. Der Eros wird erschaffen

*Einleitung: Genesis 2,4 b—7*
Dieser Überblick über Thema, Struktur und Welten hat uns darauf vorbereitet, in die Geschichte selbst einzutreten. Aber ein höchst komplizierter Satz, der der Erzählung vorangeht, verzögert ihren Anfang:

*An dem Tag, als Gott, Jahwe, Erde und Himmel machte —*
*noch war all das Gesträuch des Feldes nicht auf der Erde,*
*⟨und⟩ noch war all das Kraut des Feldes nicht gesproßt,*
*denn Gott, Jahwe, hatte es ⟨noch⟩ nicht auf die Erde regnen lassen,*
*und ⟨noch⟩ gab es kein Erdgeschöpf, den Erdboden zu bebauen; —*
*ein Dunst aber stieg von der Erde auf*
*und bewässerte die ganze Oberfläche des Erdbodens,*
*da bildete Gott, Jahwe, das Erdgeschöpf*
*aus Staub vom Erdboden*
*und hauchte in seine Nase Atem des Lebens,*

*so wurde das Erdgeschöpf eine lebende Seele* (nephesh) (2,4 b−7, REB*)*

Dieser langatmige Satz ringt darum, eine kosmische Perspektive sowohl darzustellen als auch zu begrenzen, da er keine Geschichte über das Universum einleiten, sondern die Erschaffung des Kosmos als Präludium für die Ankunft und Erfüllung menschlichen Lebens auf der Erde benutzen will. Die Spannung zwischen kosmischer Perspektive und irdischem Brennpunkt droht, Grammatik und Syntax auseinanderzubrechen. Ein Satz wird auf den anderen getürmt, um von einem Thema zum anderen zu kommen. Dementsprechend beginnt der erste Satz mit einem adverbialen Nebensatz, der eine stehende Formel für die Erschaffung des Kosmos benutzt: »Als Gott, Jahwe, Erde und Himmel machte ...« (2,4 b). Da die Redewendung »Erde und Himmel« alles umfaßt, kann sie auf das Besondere nicht hinweisen, durch das sich die Geschichte entwickelt. Gleichzeitig liegt in ihr aber der Schlüssel zu dieser Entwicklung. Vom Allumfassenden wird übergeleitet zu dem Besonderen durch die Trennung seiner Teile: Erde und Himmel fallen auseinander. Der letztere zieht sich zurück, der erstere führt zu der Geschichte hin. Die Erde *('ereṣ)* wird zum Schlüsselwort des Prologs. Dreimal kommt es vor, bevor es seinem Synonym, *hā-'ᵃdāmâ*, der »Erde« der Geschichte Platz macht.

Unmittelbar auf die Erschaffung von Erde und Himmel folgend, wird ein Satz eingefügt, um von der Unfruchtbarkeit der Erde zu berichten:

* A. O.  When Yahweh God made earth and heavens −
        when no plant of the field was in the earth
        and no grain of the field had yet sprouted,
        because Yahweh God had not let it rain upon the earth,
        and (because) no earth creature was there to serve the earth
        then a subterranean stream went up from the earth
        and watered the whole face of the earth;
        and then Yahweh God formed the earth creature,
        dust from the earth,
        and breathed into its nostrils the breath of life,
        and the earth creature became a living *nephesh*. (2,4 b−7)

*noch war all das Gesträuch des Feldes nicht auf der Erde* ('ereş),
*und noch war all das Kraut des Feldes nicht gesproßt.* (2,5 a b, REB)

Da der Satz den Tod angesichts der Schöpfung dazwischenbringt,
erfordert das unfruchtbare Feld eine Erklärung. Daher erstreckt sich
dieser Nebensatz über das syntaktisch Angebrachte hinaus, um zwei
Gründe anzugeben, einen aus der göttlichen Welt, den anderen aus
der menschlichen:

*denn* (kî) *Gott, Jahwe; hatte es noch nicht auf die Erde regnen
lassen,*
*und ⟨noch⟩ gab es kein Erdgeschöpf* ('ādām), *den Erdboden*
(hā-'ªdāmâ) *zu bebauen.* (2,5 c d, REB*)

Dadurch, daß das Subjekt und eins der Objekte, die ganz am Anfang
des Satzes vorkamen, wiederholt werden, steigert die erste Begründung die Spannung zwischen dem Schöpfer und der Schöpfung:
»Als Gott, Jahwe, (die) Erde machte … denn Gott, Jahwe, hatte es
⟨noch⟩ nicht auf die Erde regnen lassen«. Der Gott, der es ⟨noch⟩
nicht auf die Erde hat regnen lassen, erschuf aber die Erde. Somit
ruft das Negative der Unfruchtbarkeit das Positive der Schöpfung in
Erinnerung, um Form und Inhalt der ersten Begründung zu dem
Anfang des Satzes zurückzuführen, allerdings mit einer entgegengesetzten Bedeutung.
Aber die zweite Begründung treibt den Satz voran. Sie vermehrt das
Vokabular der Erde *(hā-'ªdāmâ)* und spielt mit diesem neuen Wort,
um ein Erdgeschöpf einzuführen. Obwohl Gott und ein Erdgeschöpf
die Subjekte zu den Verben in den beiden parallelen Sätzen sind, ist
der Parallelismus schief. Durch den negativen Akt des Zurückhal-
tens von Regen *verursacht* Gott die Unfruchtbarkeit der Erde. Es ist
jedoch bemerkenswert, daß die passive Abwesenheit eines Erdgeschöpfes dann der *Anlaß* für diese Unfruchtbarkeit ist. Mit anderen
Worten, dieser zweite Grund wird vorwegnehmend dem Menschen
angelastet. Aber der Bericht unterläßt die Erklärung, daß Jahwe ja
noch gar kein Geschöpf gemacht hat, um den Erdboden zu bebauen
– obwohl eine solche Aussage eine genaue Parallele zu dem ersten
Grund gewesen wäre, den Tatsachen entsprochen und Gott eindeutig als Verursacher bezeichnet hätte. Infolgedessen bedarf die Bezie-

hung zwischen diesen beiden Subjekten, Gott und Mensch, einer Klärung.

Allerdings stellt ein Spiel mit Worten bereits eine Verbindung her zwischen dem Erdgeschöpf *('ādām)* und der Erde *(hā-'ªdāmâ)*. Dieses Wortspiel wird beim Lesen und Hören deutlich. Während es das Geschöpf und den Erdboden zusammenbringt, trennt es sie aber auch. *'Ādām* gibt es noch nicht; *hā-'ªdāmâ* ist schon da. Außerdem wird dieser *'ādām* als einer beschrieben, der potentiell an dem *'ªdāmâ* (2,5 d) handeln wird: »und noch gab es kein Erdgeschöpf *('ādām)*, den Erdboden *(hā-'ªdāmâ)* zu bebauen«. Ein Infinitiv trennt das Subjekt von dem ihm verwandten Objekt, und dieser besondere Infinitiv (»pflügen« oder »bebauen«) erhöht die Spannung in der Beziehung, weil sowohl Herrschaft als auch Dienen darin anklingen. Daher weisen mehrere formale und verbale Strukturen in der Einleitung schon auf die kommende Entwicklung in der Geschichte selbst hin.

Ironischerweise haben diese beiden Begründungen, die in dem Kausalsatz die Unfruchtbarkeit der Erde angesichts der Schöpfung erklären sollen, die Spannung eher verstärkt als abgeschwächt.[4] Die Auflösung kommt in dem Rest des Satzgefüges, in den beiden voneinander unabhängigen Sätzen, auf die der Adverbialsatz zusteuerte. Und diese Auflösung kompensiert die Spannung in reichem Maße. Obwohl jede Begründung negativ formuliert worden war, wird nun jede Antwort positiv gegeben. Während jede Begründung eine einzige Zeile beanspruchte, kommt die erste Antwort nun in zwei und die zweite in drei Zeilen.

Zuerst war die Erde unfruchtbar, »*denn Gott, Jahwe, hatte es* ⟨*noch*⟩ *nicht auf die Erde regnen lassen*« *(2,5 c)*. Jetzt ist die Antwort auf dieses Problem ein unterirdischer Strom:

*ein Dunst aber stieg von der Erde* ('eres) *auf*
*und bewässerte die ganze Oberfläche des* Erdbodens *('ªdāmâ). (2,6)*

Wenn Gott es nicht von oben hat regnen lassen, dann kommt das Wasser von unten. Diese zweizeilige Aussage räumt den ersten Grund für die Unfruchtbarkeit zwar aus, entspricht aber in ihrer Art dem zweiten, weil sie auch keine Verbindung zur Welt Gottes hat. Es wird nicht behauptet, daß der unterirdische Strom das Werk

Gottes sei. Außerdem setzt diese Aussage den Parallelismus zwischen *'eres* und *'ᵃdāmâ* fort, den die vorhergehende Zeile eingeführt hatte. Mit diesem Bericht jedoch hört die Verwendung des Wortes *'eres* in der Erzählung auf. Zuerst herausgelöst aus der traditionellen Redewendung (»Erde und Himmel«) und in jedem Teil des Eröffnungssatzes bisher wiederholt, hat das Wort *'eres* von einer kosmischen Perspektive zu einem irdischen Brennpunkt hinübergeführt. Seine Aufgabe ist erfüllt, jetzt weicht es, durch Parallelismen, gänzlich dem Wort für Erdboden *('ᵃdāmâ)*, das die eigentliche Geschichte einleitet. Ein unterirdischer Strom aus der Erde *('eres)* bewässert die Oberfläche des Erdbodens *('ᵃdāmâ)*.

Zweitens, die Unfruchtbarkeit der Erde *('eres)* wurde mit der Abwesenheit eines Erdgeschöpfes *('ādām)* in Verbindung gebracht, das die Erde *(hā-'ᵃdāmâ)* bebauen sollte (2,5 d). Die Antwort auf dieses Problem ist das Formen eines Erdgeschöpfes:

*da bildete Gott, Jahwe, das Erdgeschöpf* (hā 'ādām)
*aus Staub vom Erdboden* (hā-'ᵃdāmâ)
*und hauchte in seine Nase Atem des Lebens;*
*so wurde das Erdgeschöpf* (hā-ādām) *eine lebende Seele* (nephesh).[5]
(2,7, REB*)

Während diese dreizeilige Aussage den zweiten Grund für die Unfruchtbarkeit der Erde ausräumt, klärt sie auch die Beziehung zwischen Jahwe und dem Erdgeschöpf. Sie erklärt eindeutig, daß das Erdgeschöpf sein Leben Gott verdankt. Was in der Begründung ungesagt bleibt, wird in der Antwort nun genauer ausgeführt. Außerdem wird das Wortspiel von Erde und Erdgeschöpf weiter entwickelt. Insgesamt ist diese dreizeilige Aussage der Höhepunkt am Ende der langatmigen Einleitung und der großartige Beginn der Geschichte. Somit stellt sie zugleich eine End- und Anfangsbetonung dar. Mit ihr endet ein verschlungener Satz, und eine einfache Erzählung beginnt.

*Szene 1:* Die Entwicklung des Eros (Genesis 2,7–24)
Szene 1 entwickelt den Eros in vier Episoden, die deutlich durch Stilmittel und Themen umrissen sind. Gleichzeitig greifen diese Episoden ineinander oder überschneiden sich gelegentlich, so daß die

ganze Szene rhythmisch vom Anfang bis zum Ende abläuft. Sie schreitet mit Wiederholungen, Zusätzen und Auslassungen voran. Die Wiederholungen stellen Kontinuität her, während die Zusätze und Auslassungen zu Unterschieden in der Bedeutung beitragen.

*Die erste Episode:* Das Erdgeschöpf (2,7—8)
Wie der Gesamtentwurf der Geschichte, so ist auch die erste Episode zyklisch. Sie beginnt und endet mit der Wiederholung von grundlegenden Redewendungen. Außerdem entsprechen die zwei ersten Zeilen den zwei letzten genau in Aufbau und Inhalt. Diese vier Zeilen umgeben eine Mittelzeile, die sich von ihnen unterscheidet. In der ersten Zeile wird Jahwe explizit als Subjekt des Verbs genannt, in der zweiten ist er es nur implizit. Die zwei letzten Zeilen wiederholen dieses Muster. In der Mittelzeile ist *hā-'ādām* das Subjekt, auch wenn es in dem Anfangs- und Endsatz als Objekt fungiert. Insgesamt bestimmen und umgeben vier Handlungen Jahwes das Erdgeschöpf:

A   *Da bildete Gott, Jahwe, das Erdgeschöpf* (hā-'ādām)
    *aus Staub vom Erdboden (*hā-'ᵃdāmâ)
B   *und hauchte in seine Nase Atem des Lebens*
C   *so wurde das Erdgeschöpf* (hā-ādām) *eine lebende Seele*
    (nephesh)
A'  *Und Gott, Jahwe, pflanzte einen Garten in Eden im Osten*
B'  *und er setzte dorthin das Erdgeschöpf* (hā-'ādām) *das er gebildet hatte. (REB\*)*

Das Leben beginnt mit der Erschaffung von *hā-'ādām.* Die Schöpfung ist ein Prozeß, kein *fait accompli.* Die Erzählung in der 3. Person schildert Jahwe als TöpferIn, der/die den Menschen aus dem Staub der Erde macht; als AtemgeberIn, der/die den Staub belebt, als GärtnerIn, der/die ein besonderes Stück Land bepflanzt, und als vollziehende Gewalt, die über den Ort bestimmt, wohin das Geschöpf gestellt wird. Dieses Werk Gottes ist Vergnügen, keine schwere Arbeit. Indem er *hā-'ādām* aus dem Staub von *hā-'ᵃdāmâ* (A) bildet, kreiert Jahwe ein Wortspiel. Ähnlich ist es, als Jahwe den Garten in Eden bepflanzt (A'), schafft er einen Ort der Freude, denn das Wort *'ēden* erinnert an den Klang eines anderen hebräischen

Wortes, das »Wonne« bedeutet.⁶ Da dieses Handeln auch ein Spiel mit Wörtern ist, wird Gott auch als KünstlerIn geschildert, der/die Spaß an der Hervorbringung von Leben hat. Der kreative Prozeß selbst ist erotisch.

*Hā-'ādām* steht im Zentrum seines Vergnügens. Am Anfang (A), in der Mitte (C) und am Ende (B') richtet sich die Aufmerksamkeit strukturell und thematisch auf es. So wie es in der ersten Episode vorgestellt wird, mit dem bestimmten Artikel *hā* vor dem Nomen *'ādām,* ist dieses Kunstwerk weder eine besondere Person noch ein Typ, sondern ein Geschöpf von der Erde *(hā-'ᵃdāmâ)* − das Erdgeschöpf.⁷ Gerade die Wörter, die das Geschöpf vom Erdboden unterscheiden, weisen auf Ähnlichkeit hin. Somit macht Jahwe durch das Vergnügen an der Sprache Unterschiede, die nicht zu Gegensätzen, sondern zu Harmonie führen. Eine wortspielerische Unterscheidung bringt Einheit zum Ausdruck. Abgesehen von diesem Material aus Staub, ist die Beschreibung des Erdgeschöpfs spärlich. Nasenlöcher werden erwähnt, die auf den Geruchssinn hinweisen, obwohl der Text es nicht ausdrücklich sagt. Dennoch ist diese Vorstellung, die erweckt wird, wichtig, weil auch andere Sinne in der Erzählung vorkommen. Aber abgesehen von diesem Hinweis auf die Nase, wird kein körperliches Merkmal des Erdgeschöpfs in dieser ersten Episode erwähnt. Und wichtiger noch, dieses Geschöpf wird geschlechtlich nicht festgelegt. Das grammatische Geschlecht (*'ādām* als maskulines Wort) ist keine geschlechtlichte Identifikation. Auch wird von Geschlechtszugehörigkeit hier überhaupt nicht gesprochen, da sie erst später, in der vierten Episode, hergestellt wird. Mit anderen Worten, das Erdgeschöpf ist kein Mann; es ist nicht »der erste Mann«.⁸ Obwohl das Wort *hā-ādām* im Verlauf der Geschichte ambivalent verwendet und gedeutet wird − einschließlich einer nur männlichen Verwendung − ist diese Doppeldeutigkeit in der ersten Episode noch nicht vorhanden. Statt dessen ist das Erdgeschöpf hier ganz und gar nur der Mensch, bis dahin ohne geschlechtliche Unterscheidung. Die ganze Geschichte der Kreatur ist ein Prozeß, eine Geschichte, die erzählt wird. Am Anfang werden einige Hinweise gegeben, ein weiteres Verstehen kommt aber erst am Ende.

Das geschlechtlich undifferenzierte Erdgeschöpf verdankt seine Existenz Jahwe. Es ist kein »Self-made-man«, keine patriarchale Gestalt, kein »Übermensch«. Nur zwei Dinge konstituieren sein Leben, und beide sind zerbrechlich. Staub von der Erde und Atem von Gott. Das eine kommt von unten, das andere von oben. Eins ist sichtbar, das andere ist unsichtbar. Zusammengefügt von Jahwe, kommen diese zerbrechlichen Ingredientien zusammen, um das Geschöpf zu machen, das völlig abhängig ist von Gott. Sein Leben hängt an einem Atem, den es nicht kontrollieren kann, ja, den es selbst gar nicht atmet – denn Jahwe ist der/die AtemgeberIn. Außerdem setzt Gott sein Geschöpf in einen Garten der Freude, den Gott schon bepflanzt hat. Somit schafft sich das Erdgeschöpf selbst keinen Raum, sondern sein Ort wird ihm gegeben. Es schafft selbst kein Vergnügen, sondern dieses wird ihm zugewiesen. Als Produkt und Empfänger der Schöpfung nimmt das Erdgeschöpf am Erschaffen nicht teil. Das menschliche Leben ist also ein Geschenk von Gott, es ist kein Besitz. Spielerische Schöpfung bedeutet unsicheres Dasein.

Die Struktur und die Schlüsselwörter dieser ersten Episode sind paradigmatisch für die ganze erste Szene. Von Anfang bis Ende steht das Erdgeschöpf im Zentrum der Aufmerksamkeit. Jedoch Jahwe bestimmt über dieses Zentrum, indem er jede der vier Episoden einleitet. Die zwei Protagonisten, Gott und Mensch, stellen eine Kontinuität zwischen all den Episoden des ersten Teils her. Als drittes trägt hā-ʾᵃdāmâ (die Erde) zur Kontinuität von der ersten bis zur letzten Episode bei, wo ihre Abwesenheit dann auf etwas Neues und anderes hinweist. Drei weitere Wörter, Leben, Garten und Eden kommen dafür in der zweiten Episode vor, und das Verb »bilden« wird noch einmal in der dritten gebraucht. Somit enthält die erste Episode die Hauptkonturen und das grundlegende Vokabular für die gesamte Szene.

Insbesondere die letzten zwei Zeilen der ersten Episode (2,8) bereiten den Text für die zweite Episode vor (2,9–17), und diese Kontinuität des Themas entspricht der Kontinuität der Struktur. Die zwei Episoden überschneiden sich in einem Muster von alternierenden Sequenzen, das dem inneren Entwurf der ersten Episode ähnelt. In diesem Muster umgeben vier Aussagen mit Jahwe als Subjekt einen Mittelteil, in dem Gott nicht vorkommt. Das Wort »Garten« *(gan)* verbindet alle fünf Aussagen. Die vier Sätze entwickeln das Thema Garten und die Beziehung, die das Erdgeschöpf dazu hat; der mittlere Satz beschreibt den Fluß, der den Garten bewässert. Obwohl diese Beschreibung oft als Einschub in die Geschichte betrachtet wird[9], sprechen Entwurf, Kontext und Vokabular für seine Echtheit. Wasser ist so zentral für das Leben im Garten wie es für die literarische Struktur ist, die von diesem Leben erzählt.

A  Und Gott, Jahwe pflanzte *einen Garten in Eden im Osten,*
   *und er setzte dorthin das Erdgeschöpf,* (hā-ʾādām), *das er*
   *gebildet hatte.*
B  Und Gott, Jahwe, ließ *aus dem Erdboden* (hā-ʾᵃdāmâ) *allerlei*
   *Bäume* wachsen,
   *begehrenswert anzusehen und gut zur Nahrung,*
   *und den Baum des Lebens in der Mitte des Gartens*
   *und den Baum der Erkenntnis des Guten und Bösen.*
C  *Und ein Strom geht von Eden aus, den Garten zu bewässern;*
   *und von dort aus teilt er sich zu vier Armen ...*
A′ Und Gott, Jahwe, nahm *das Erdgeschöpf* (hā-ʾādām) *und setzte*
   *ihn in den Garten Eden,*
   *ihn zu bebauen und ihn zu bewahren.*
B′ Und Gott, Jahwe, gebot *dem Erdgeschöpf* (hā-ʾādām) *und*
   *sprach:*
   *Von jedem Baum des Gartens darfst du essen,*
   *aber von dem Baum der Erkenntnis des Guten und Bösen,*
   *davon darfst du nicht essen;*
   *denn an dem Tag, da du davon ißt, mußt du sterben* (2,8–17,
   REB*)

*Die zweite Episode:* Pflanzen (2,9–17)
Im Verlauf der Geschichte leitet diese miteinander verbundene Gruppierung um das Wort »Garten« von der ersten Episode über zu einer Untersuchung des inneren Entwurfs, Inhalts und Gehalts der zweiten. Das Wort »Baum« (ʿēs) umreißt seine Grenzen. Da es dreimal am Anfang (2,9), zweimal am Ende (2,16-17) und sonst nirgends in der ganzen ersten Szene vorkommt, schließt dieses Wort

die ganze Einheit in sich ein. Es ist verbunden mit dem Verb »essen«
('kl), das ebenso sonst nirgends in der ersten Szene auftaucht. Diese
Episode hat einen komplizierteren Aufbau und Inhalt als die erste:


A    *Und Gott, Jahwe; ließ aus dem Erdboden* (hā-'ᵃdāmâ) *allerlei*
    *Bäume wachsen,*
    *begehrenswert anzusehen und gut zur Nahrung,*
    *und den* Baum *des Lebens in der Mitte des Gartens,*
    *und den* Baum *der Erkenntnis des Guten und Bösen.*
    *Und ein Strom geht von Eden aus, den Garten zu bewässern;*
    *und von dort teilt er sich zu vier Armen ...*
    *Und Gott, Jahwe, nahm das Erdgeschöpf* (hā-'ādām) *und setzte*
    *es in den Garten Eden,*
    *ihn zu bebauen und ihn zu bewahren.*
A'  *Und Gott, Jahwe, gebot dem Erdgeschöpf* (hā-'ādām) *und*
    *sprach:*
    *Von* jedem Baum *des Gartens darfst du essen*
    *aber von dem* Baum *der Erkenntnis des Guten und Bösen,*
    *davon darfst du nicht essen,*
    *denn an dem Tag, da du davon ißt, mußt du sterben.* (REB*)


Das Leben begann mit dem Alleinsein der Erde, aus der Jahwe das
Erdgeschöpf bildete (2,7). Hier wird die Differenzierung innerhalb
des Einsseins der Erde nun fortgesetzt: Gott läßt allerlei Bäume
wachsen (2,9). Das Erdgeschöpf und die Pflanzen haben denselben
Boden unter sich. Der Mensch und die Pflanzenwelt gehören zusammen, obwohl ihre Einheit weder Identität noch Gleichstellung
bedeutet. Die Pflanzenwelt dient dem Menschen. »Allerlei Bäume,
begehrenswert anzusehen und gut zur Nahrung«, sind eine ästhetische Erfahrung, so daß nun also Gesichts- und Geschmackssinn zum
Geruchssinn hinzukommen (vgl. 2,7). Soweit ist also die Beziehung
zwischen dem Menschen und der Pflanzenwelt auf dreierlei Weise
beschrieben worden: sie haben denselben/dieselbe SchöpferIn, sie
wurden aus demselben Material geschaffen, und die Menschen
nehmen die Pflanzenwelt in sich auf durch das Entzücken der Sinne.
Eine vierte Verbindung wird später folgen. Inzwischen wird »allerlei

Bäume« beschränkt auf zwei besondere in der Mitte des Gartens: den Baum des Lebens und den Baum der Erkenntnis des Guten und Bösen. Der Baum des Lebens mag eine Wiederaufnahme eines Motivs aus der 1. Episode sein (der Atem des Lebens und eine lebende *nephesh*), der Baum der Erkenntnis des Guten und Bösen hat aber keinen Vorgänger.

Ein Garten mit Bäumen erfordert Aufmerksamkeit − er gibt Nahrung und braucht Pflege durch den Menschen (vgl. 2,5 c d). Dementsprechend handeln die nächsten zwei Abschnitte der 2. Episode von diesen Dingen. Das erste ist die Notwendigkeit von Wasser. »Und ein Strom geht von Eden aus, den Garten zu bewässern« (2,10 a). Diese Aussage greift zurück auf die Spannung aus dem Präludium der Geschichte zwischen dem Regen, den Gott nicht schickt (2,5 c) und dem unterirdischen Strom, der die ganze Oberfläche des Erdbodens bewässert (2,6). Nun, mit dem Bericht von einem Fluß, sind alle drei Teile des antiken Universums auf Wasser untersucht worden: von oben kein Regen, von unten ein Strom, auf der Erde ein Fluß. Dieser dritte Hinweis weicht von dem Muster ab, das in Szene 1 vorherrschte und nach dem Jahwe die Entfaltung des Eros lenkte, um zu dem nichtgöttlichen Ursprung des Wassers zurückzukehren, das im Präludium beschrieben worden war. Wenn der Strom unter der Erde ('*eres*) Gott nicht zugeschrieben wird, so wird der Fluß auf der Erde ('*ᵃdāmâ*) es auch nicht. Jedoch der Fluß bringt Leben in den Garten. So wichtig ist seine Anwesenheit, daß die Erzählung vorübergehend von der Geschichte abschweift, um seinem Lauf zu folgen: »ein Strom geht von Eden aus, den Garten zu bewässern, und von dort teilt er sich und wird zu vier Armen« (2,10). Wo sich der Fluß teilt, geht auch die Episode den einzelnen Flußarmen nach, um deren Namen und Beschreibung unterzubringen (2,11−14).[10] Obwohl die Einzelheiten hier noch mehr ausgeführt werden, entsprechen sie der Schilderung der beiden besonderen Bäume. In beiden Fällen geht die Schöpfung des Lebens von einer allgemeinen Klassifikation (Baum, Fluß) auf besondere Exemplare über. Und was für Pflanzen und Wasser gilt, wird später auch für andere Teile der Schöpfung zutreffen: das Allgemeine geht zum Besonderen über. Die Harmonie zwischen den Einzelheiten des Lebens beginnt, sich zu entwickeln. Die Frage der Notwendigkeit von Wasser in einem Baumgarten wird durch den Fluß beantwortet. Das zweite, das der Garten nötig hat, ist Pflege durch den Menschen. Das Ende der 1. Episode berichtete erstens: »Und Gott, Jahwe, pflanzte einen Garten in Eden im Osten« (2,8). Dann folgte eine Beschreibung dieses Gartens mit seinen Bäumen und dem Wasser in der ersten Hälfte der 2. Episode. Zweitens: in der zweiten Hälfte der 2. Episode wird das Ende von Episode 1 noch deutlicher gemacht durch eine Erweiterung der Aussage »und er setzte dorthin das Erdgeschöpf *(hā-'ādām)*, das er gebildet hatte«, und dieser Zusatz lautet: »Und Gott, Jahwe, nahm das Erdgeschöpf *(hā-'ādām)* und setzte es in den Garten Eden, ihn zu bebauen und ihn zu bewahren« (2,15). Die Pflege durch den Menschen folgt der Versorgung durch den Fluß. Mit diesem Gebot an den Menschen, zu arbeiten, tritt das Erdgeschöpf in der 2. Episode in Erscheinung, und damit kehrt die Geschichte zu dem feststehenden Muster von Gottes Handeln zurück, das der Schöpfung Erfüllung bringt. Der erste Teil des Satzes (2,15 a) stellt ein Geschöpf dar, das genau so ist, wie am Ende der 1. Episode — ein passives Objekt, das Gott an einen schon geschaffenen Ort setzt (2,8). Diese Darstellung wiederholt aber nicht nur, sondern ändert auch, und durch diesen doppelten Prozeß entfaltet sich die Geschichte. Daher kommt es, daß Jahwe, das Subjekt der beiden sich entsprechenden Abschnitte, zwar Subjekt bleibt, die Reihenfolge der Objekte sich aber umkehrt. Im ersten Text ging das Bepflanzen des Gartens dem Hineinsetzen des Erdgeschöpfs voran (2,8), im zweiten kommt zuerst das Hineinsetzen des Erdgeschöpfs und dann erst die Erwähnung des Gartens (2,15). Diese stilistische Umkehrung trifft zusammen mit der Ausweitung des Inhalts, durch den die Beziehung zwischen den beiden Schöpfungen genauer bezeichnet wird. Zuerst macht Jahwe einfach den Garten und setzt das Erdgeschöpf hinein, während nun Jahwe das Erdgeschöpf hineinsetzt, damit er ihn bebaut und bewahrt.

Von einem völlig passiven Objekt ist das Erdgeschöpf zu einem Objekt geworden, das arbeiten muß. Somit entwickelt sich das Leben weiter durch die Verpflichtungen, die Jahwe ihm zuteilt. Vorher war auf diese Verantwortlichkeiten schon einmal in dem Präludium der Geschichte hingewiesen worden: »und noch gab es kein Erdgeschöpf, den Erdboden zu bebauen« (2,5). Hier nun erfährt diese Feststellung eines Mangels eine Antwort, allerdings mit Abwandlungen. Erstens wird dem Erdgeschöpf die Arbeit des Bebauens eines bestimmten Ortes, nämlich des Gartens Eden zugewiesen, aber nicht das Bebauen der ganzen Erde (vgl. 3,23). Das Leben weitet sich innerhalb von Grenzen aus. Zweitens kommt ein neuer Infinitiv zu dem Bebauen hinzu, nämlich das Bewahren.

Diese beiden Verben, »bebauen« und »bewahren«, geben dem Erdgeschöpf Macht über den Ort, an den Jahwe es gestellt hat. Darum signalisieren sie eine vierte Verbindung zwischen dem Menschen und der Pflanzenwelt. Wir haben schon beobachtet, daß das Geschöpf und die Bäume denselben/dieselbe SchöpferIn haben, daß sie aus demselben Material gemacht sind und daß die Menschen die Pflanzenwelt in sich aufnehmen durch das Entzücken der Sinne. Nun kommt noch hinzu, daß die Menschen über die Pflanzenwelt herrschen. Diese letzte Beziehung ähnelt der vorigen dadurch, daß sie innerhalb der Schöpfung eine Hierarchie herstellt. Der Mensch konsumiert die Pflanzen durch die Sinne und entscheidet über sie durch Arbeit. Diese beiden hierarchischen Verhältnisse bezeichnen Harmonie und Erfüllung in der Schöpfung, denn wenn das In-sich-Aufnehmen der Bäume durch Sehen und Schmecken angenehm und gut ist, so ist auch das Bebauen und Bewahren des Gartens ein vergnügliches und liebevolles Handeln – und das sowohl für den Täter als auch für den Empfänger. Da der Garten Eden ein Ort der Wonne ist, heißt »bebauen und bewahren«, einem Vergnügen nachzugehen. Das hebräische Verb 'bd, gewöhnlich mit »bebauen« übersetzt, bedeutet »dienen«. Darin klingen Respekt, ja, Ehrfurcht und Anbetung mit an. Den Garten zu bebauen, heißt, ihm zu dienen; Macht über ihn auszuüben, heißt, ihm Ehrfurcht entgegenzubringen. In ähnlicher Weise ist den-Garten-zu-bewahren (šmr) ein schützendes Handeln (vgl. 3,24), nicht ein In-Besitz-nehmen. Die beiden Infinitive »bebauen« und »bewahren« bedeuten nicht Ausplündern und Vergewaltigen, sondern Fürsorge und Zuwendung. Sie erhöhen das Wohlbefinden des Gartens. Und gleichzeitig geben sie dem Erdgeschöpf die Freude der Arbeit, denn diese Arbeit führt das Leben des Menschen aus der Passivität zur Teilhabe. Als wesentlicher Bestandteil der Schöpfung ist Arbeit keine Funktion, die man auf sich nehmen muß. Auch geht sie der Geschlechtszugehörigkeit voraus, um ein Merkmal der ganzen Menschheit zu sein. Arbeit gibt sowohl dem Geschöpf als auch seiner Umgebung Erfüllung, da sie Würde und Integrität mit sich bringt. Sie bezeugt die Zusammengehörigkeit von Mensch und Boden, während sie gleichzeitig die Verantwortlichkeit des Erdgeschöpfs für die Erde herstellt. Unterschied ohne Gegensatz, Herrschen ohne Beherrschen, Hierarchie ohne Unterdrückung: dem Garten zu dienen und ihn zu bewahren, heißt, in Harmonie und mit Vergnügen zu leben. Arbeit ist also noch eine Art und Weise, in der sich der Eros entfaltet.[11]

In der 1. Episode formte Gott Leben durch Handlungen, die menschliche Bilder für Gott hervorriefen: Gott als TöpferIn, Atmende(r), GärtnerIn und ausführende Gewalt. Von jeder Handlung wurde in der Erzählung in der 3. Person berichtet, ein Muster, das in der 2. Episode beibehalten wird, so wie auch die Bilder von dem/der GärtnerIn und der ausführenden Gewalt. Jahwe läßt Bäume im Garten wachsen und teilt dem Erdgeschöpf Arbeit zu. Aber das dritte Vorkommen Gottes in der 2. Episode führt zu einer ganz neuen Metapher: Gott gibt dem Erdgeschöpf in direkter Rede Anweisungen. Gott spricht als GesetzgeberIn: »darfst du essen ... darfst du nicht essen«.

Um diese Gebote zu verstehen, muß das Erdgeschöpf hören können. Vom Riechen (2,7), Sehen (2,9), Schmecken (2,9) zum Hören (2,16) — auf ganz verschiedene Weise sind diese Sinne zum Vorschein gekommen, und ihr allmähliches Erscheinen entspricht anderen Entwicklungen. Am Anfang war das Geschöpf ein ganz und gar passives Objekt, aber als Arbeit und der Gesichts- und Geschmackssinn ins Spiel kommen, ändert sich diese Passivität. Nichtsdestoweniger ließ die Pflicht, den Garten zu bebauen und zu bewahren, dem Geschöpf keine Wahl oder Freiheit. Sie wurde vorgeschrieben. Infolgedessen blieb das Erdgeschöpf ein Objekt, über das von Jahwe bestimmt wurde, selbst wenn es sich von völliger Passivität zu begrenzter Aktivität entwickelte. Nun aber tritt noch eine Veränderung in das Leben ein — die Einführung der Wahlmöglichkeit. Dieser Wechsel zu ethischer Verantwortung kommt genau an der

Stelle, wo die Erzählung den Stil verändert, wo für Gott ein neues Bild gefunden wird und wo das Erdgeschöpf die Fähigkeit zu hören empfängt. Obwohl Gott dem Geschöpf zuerst durch die Zuteilung von Arbeit Verantwortung übertrug, gibt Gott ihm jetzt die Freiheit, verantwortlich zu sein, indem Gott ihm gebietet zu gehorchen. Diese Fortschritte sowohl in den Metaphern für Gott als auch in der Macht des Erdgeschöpfs finden ihren Höhepunkt im Abschluß der 2. Episode (2,16–17). Während dieser Schluß zu dem Anfang dieser Einheit zurückkehrt, besonders zu den Bäumen des Gartens und zu ihrer Annehmlichkeit als Nahrung, treibt er die Geschichte voran. Am Anfang stehen alle Bäume zur Nahrung zur Verfügung. Jahwe gibt dem Erdgeschöpf sowohl Freiheit als auch Machtbefugnis über die Natur:

*Und Gott, Jahwe, gebot dem Erdgeschöpf* (hā-'ādām) *und sprach: »Von jedem Baum des Gartens darfst du essen«.*

Aber dann wird ein Baum davon ausgenommen:

*aber von dem Baum der Erkenntnis des Guten und Bösen, davon darfst du nicht essen.* (REB*)

Der verbotene Baum zaubert eine Grenze um die Herrschaft des Menschen. Die Natur selbst hat eine von Gott gegebene Unabhängigkeit.

Essen und Nicht-essen: Erlaubnis und Verbot vereinigen sich in einer doppelten Anweisung, die dazu dienen soll, das Leben zu erhalten. Diese Anordnung weist auf die gegensätzlichen Ergebnisse hin, die aus einer einzigen Handlung kommen können. Essen heißt leben: »von jedem Baum ... darfst du essen«, denn die Bäume sind »begehrenswert anzusehen und gut zur Nahrung«. Aber essen heißt auch sterben: »denn an dem Tag, da du davon ißt (von dem Baum der Erkenntnis des Guten und des Bösen), mußt du sterben«. eine Handlung, »essen«, enthält sowohl Leben als auch Tod. Der Unterschied liegt im Beachten oder Nichtbeachten der Grenzen, die Gott gesetzt hat.

Mit den Worten Gottes »du darfst nicht essen« tritt ein negatives

Gebot in das Leben. Vorher kamen negative Aussagen im Präludium der Geschichte vor, um das Chaos zu beschreiben (2,5). Jetzt tritt etwas Negatives innerhalb der Entwicklung des Eros auf; sein Zweck ist nicht, ins Chaos zu verkehren, sondern die Fortsetzung des Lebens zu sichern: »du darfst nicht essen ... denn wenn du davon ißt, mußt du sterben«. Ob diese Worte vom Tod nun eine Drohung oder eine Konsequenz sind, das Resultat ist dasselbe. Während alles, was die Geschichte unter Tod versteht, noch nicht klar ist, so bedeutet er doch sicherlich den Verlust des Lebens — ebenso wie der Schluß dieser Episode (2,16—17) den Bezug auf den Baum des Lebens verliert. Und wenn außerdem dieses Verbot Gottes die Einzelheiten des Todes nicht ausspricht, so erklärt es auch die Redewendung »der Erkenntnis des Guten und des Bösen« nicht.[12] Die Bedeutung dieser Redewendung liegt nicht in ihrem Inhalt, sondern in ihrer Funktion. Sie symbolisiert Gehorsam und Ungehorsam und ist so beschlossen von einem Gott, der nicht erklärt, warum. Wenn der Baum der Erkenntnis des Guten und des Bösen Zeugnis ablegt von der Freiheit Gottes, so bezeugt er auch die Integrität der Natur, abgesehen von ihrem Gebrauch durch das Erdgeschöpf, und die ethische Verantwortlichkeit des Erdgeschöpfs. Soweit ist im Fortgang der Geschichte, die die Entwicklung des Lebens schildert, dem zerbrechlichen und völlig abhängigen Geschöpf der 1. Episode in der 2. Episode Arbeit und moralische Verantwortung innerhalb der physischen Umgebung, die von Gott geplant wurde, gegeben. Die Gestaltung von Form und Inhalt hat die Entwicklung im Handeln Gottes, im Portrait des Erdgeschöpfs und in der Anlage des Gartens gezeigt. Der Tenor dieser Entwicklung ist Harmonie, Freude und Erfüllung. Insbesondere sind Pflanzenwelt und Menschen eins in Ursprung und Substanz: Gott machte beide aus dem Erdboden. Ihre Harmonie ist zugleich Hierarchie: die Pflanzenwelt dient dem Menschen, der Mensch bewahrt die Pflanzenwelt. Der Garten gibt ästhetisches Vergnügen, körperliche Nahrung, wichtige Arbeit und moralische Verantwortlichkeit. Das Erdgeschöpf hat aber nicht die Erlaubnis, die Natur zu plündern oder auszubeuten. Es muß Achtung vor dem Boden haben und darf von dem Baum der Erkenntnis des Guten und des Bösen nicht essen. Seine Herrschaft ist kein Beherrschen. Alles in allem gibt die

Beziehung zwischen Pflanzen und Menschen Erfüllung, denn so hat Jahwe den Eros geschaffen. In der 3. Episode wird die Entfaltung des Lebens fortgesetzt mit der Erschaffung der Tierwelt.

*Die dritte Episode:* Tiere (2,18–20)
So wie die vorhergehenden Abschnitte beginnt auch die 3. Episode damit, daß sie von einem bestimmten Vokabular umgeben ist. Die Redewendung »eine(n) GefährtIn, die/der ihm entspricht« kommt am Anfang und am Ende, aber sonst nicht vor. Außerdem unterscheidet eine negative Aussage am Anfang (»es ist nicht gut«) und am Ende (»fand er keine(n)« diese Einheit von den anderen Episoden. Und schließlich wird diese Episode von dem Thema der Tiere gekennzeichnet, genauso wie die zweite von dem der Pflanzen.

Zugleich aber knüpft die 3. Episode in Vokabular, Form und Motiven an die beiden vorhergehenden an. Drei vorherrschende Begriffe werden auf charakteristische Weise weiterbenutzt. Erstens: Jahwe eröffnet und lenkt das Geschehen. Zweitens: das Wort *hā-'ādām* kommt fünfmal vor, um die zentrale Bedeutung des Erdgeschöpfs hervorzuheben. Und drittens, das Wort *hā-'ªdāmâ* ist die Erde, aus der nun eine neue Schöpfung entsteht. Innerhalb dieses allgemeinen Musters treten besondere Nuancen von Diskontinuität und Kontinuität hervor.

*Und Gott, Jahwe, sprach:*
*„Es ist nicht gut, daß das Erdgeschöpf* (hā-'ādām) *allein sei;*
*ich will ihm eine(n) GefährtIn machen, die/der ihm entspricht."*
*Und Gott, Jahwe, bildete aus dem Erdboden* (hā-'ªdāmâ)
*alle Tiere des Feldes und alle Vögel des Himmels*
*und brachte sie zu dem Erdgeschöpf, um zu sehen, wie es sie nennen würde;*
*und genau so, wie das Erdgeschöpf* (hā-'ādām) *sie, die lebenden Wesen* (nephesh) *nennen würde,*
*so sollte ihr Name sein.*
*Und* hā-'ādām *gab Namen allem Vieh*
*und den Vögeln des Himmels und allen Tieren des Feldes.*

*Aber für* 'ādām *fand er keine(n) GefährtIn, ihm entsprechend.*
*(als sein Gegenüber, w. wie seine Entsprechung).* (REB*)*

Diese Rede Gottes verknüpft den Anfang der 3. Episode mit dem
Ende der zweiten — es ist die einzige direkte Rede Gottes in der
ganzen ersten Szene. Insgesamt beziehen sich die Erzählmuster
dieser zwei Episoden chiastisch aufeinander. Episode 2 beginnt mit
einem Bericht in der 3. Person und endet mit direkter Rede, Episode 3 fängt mit direkter Rede an und schließt mit einem Bericht in
der 3. Person. Der Inhalt der beiden Berichte unterscheidet sich
insofern voneinander, als Gott am Anfang der 2. Episode anwesend
und am Ende der 3. Episode abwesend ist. Andererseits ist der Inhalt
der beiden direkten Reden einander entsprechend. Am Schluß der
2. Episode wurde Jahwe ein(e) GesetzgeberIn, der/die das Erdgeschöpf direkt ansprach mit einer Anordnung, die das Leben erhalten
sollte. Dieses Gebot hatte zuerst eine positive und dann eine negative Seite: »von jedem Baum des Gartens darfst du essen, aber von
einem Baum darfst du nicht essen«. Am Anfang von Episode 3 wird
Jahwe ein(e) Abwägende(r), der/die in einem Monolog über das
Leben des Erdgeschöpfs spricht. Diese Rede hat zuerst eine negative
und dann eine positive Seite — die Umkehrung der Reihenfolge
spiegelt die insgesamt chiastische Beziehung der beiden Einheiten.
Ohne das Erdgeschöpf zu befragen, beschließt Jahwe, daß das Leben
noch nicht zu seiner Erfüllung gekommen ist: »Es ist nicht gut, daß
das Erdgeschöpf allein sei«. Die negative Aussage Gottes von Epi-

---

* A. O.   And Yahweh God said,
          »*It is not good* for *hā-'ādām* to be alone
          I will make for it a *companion corresponding to it.*«
          And Yahweh God formed from *hā-'ᵃdāmâ*
          every beast of the field and every bird of the heavens
          and brought (each) to *hā-'ādām* to see what it would call each one.
          And whatever *hā-'ādām* called each living nephesh,
          that was the name.
          And *hā-'ādām* called the names of all domestic animals
          and the birds of the heavens and all the beasts of the field
          But as for, '*ādām, it did not find a companion corresponding to
          itself.*

sode 2 (»von einem Baum darfst du nicht essen«) soll das Leben bewahren, hier aber weist die negative Aussage auf einen Mangel im Leben hin und führt deshalb zu der Erklärung einer positiven Absicht: »Ich will ihm eine(n) GefährtIn machen die/der ihm entspricht.« Gott, der/die Abwägende, ist auch Gott, der/die etwas berichtigt.

Die Einschätzung Gottes, »es ist nicht gut, daß das Erdgeschöpf allein sei« stellt Ganzheit der Isolation gegenüber. Dieser Gegensatz beleuchtet Unterscheidungen, die in der Geschichte vom ersten Augenblick an vorkamen, als Gott das Erdgeschöpf aus der Erde bildete. Obwohl diese ursprüngliche Eigenart auf das enge Verhältnis zwischen Geschöpf und Erde hinwies, trennte es sie auch. Außerdem wurde in der 2. Episode das Geschöpf über die Erde gestellt mit der Anweisung, den Garten zu bebauen und zu bewahren. Und obwohl das Erdgeschöpf auf demselben Boden steht wie die Pflanzen, die aus der Erde wachsen, ist das Geschöpf den Bäumen übergeordnet mit der Freiheit, sie zu essen, und der Einschränkung, von einem von ihnen nicht zu essen. In Episode 1 und 2 ist also die Beziehung des Geschöpfs zu der übrigen Schöpfung ambivalent: es ist ein Teil von ihr und doch anders, auf demselben Boden und doch mit Macht über sie, mit ihr verbunden und doch getrennt. Da das Geschöpf nicht nur von der Erde ist, sondern auch noch von etwas anderem, braucht es Erfüllung durch etwas, das anders als die Erde ist. Dieses Bedürfnis erkennt Jahwe: »Ich will ihm eine(n) GefährtIn machen, die/der ihm entspricht«. Das hebräische Wort 'ēzer, das ich mit »GefährtIn« (amer. »companion«) übersetze, wird traditionell als »Hilfe« übersetzt, was aber völlig irreführend ist, da das Wort »Hilfe« die Vorstellung von einer/einem AssistentIn, einer/einem Untergeordneten, ja, einer/einem, die/der weniger wert ist, hervorruft, während das hebräische Wort 'ēzer eine solche Konnotation nicht enthält. Im Gegenteil beschreibt dieses Wort in der hebräischen Bibel Gott oft als den Überlegenen, der Israel erschafft und rettet.[13] In unserer Geschichte schwächt die hinzugefügte Redewendung »die ihm entspricht« (kᵉnegdô) diese Konnotation ab, um Identität, Gegenseitigkeit und Gleichheit herauszustellen. Nach Jahwes Aussage ist das, was das Erdgeschöpf braucht, eine(n) GefährtIn, eine(n), die/der weder unter- noch übergeordnet ist, eine(n), die/der seine Einsamkeit dadurch lindert, daß sie/er ihm gleichgestellt ist.

»Ich will ihm eine(n) GefährtIn machen, die/der ihm entspricht«. Das Wort »machen« *('s'h)* erinnert an das Präludium der Geschichte, wo dasselbe Wort Gottes Erschaffung der Erde und der Himmel beschreibt. Da »machen« ein uns vertrautes Handeln Gottes ist, scheint dieses Gelöbnis in der 1. Person ein glückliches Ende für Episode 3 sicherzustellen. Auch erwarten wir, daß Gott, da sich das Leben bisher ohne Verspätung, Verzögerung oder Experimente entfaltet hat, sein Ziel unmittelbar erreichen wird. Schließlich erfüllten sich in Episode 1 und 2 am Ende alle am Anfang gegebenen Versprechen. Nichtsdestoweniger kommt die Erfüllung in der 3. Episode am Ende nicht. Das Negative, das am Anfang dieser Einheit wie ein Riß in das Leben kam, ist am Ende noch gegenwärtig. Obwohl Gott versprach, dem Erdgeschöpf eine(n) GefährtIn zu machen, berichtet der Erzähler: »aber was *'ādām* betraf, so fand er keine(n) GefährtIn, die/der ihm entsprach«. Dieser Bericht ist nicht ehrlich, denn er schreibt das negative Resultat nicht direkt Gott zu. Ja, zum ersten Mal kommt Gott am Schluß einer Perikope nicht vor. Die Erwägungen Gottes am Beginn der Episode und die Beobachtung des Erzählers am Ende umgeben die Einheit mit negativen Aussagen. Und die Tierwelt steht im Zentrum dieser Nicht-Erfüllung.

Es wird nur das Wort »Staub« *('āpār)* ausgelassen, sonst wäre die Zeile, die von der Erschaffung der Tiere berichtet (2,19), mit der Zeile identisch, die von der Erschaffung des Erdgeschöpfs handelt (2,7): »Und Gott, Jahwe, bildete aus dem Erdboden ...« Die genauen Parallelen von Subjekt, Verb und Material in den beiden Berichten legen die Vorstellung sehr nahe, daß Gott ein Geschöpf macht, das *hā-'ādām* entspricht. Aber die Wiederholung des gleichen Vorgangs bringt ein anderes Objekt hervor: »alle Tiere des Feldes und alle Tiere des Himmels«. Obwohl sie keine passenden Gefährten sind, sind das Erdgeschöpf und die Tiere in der Grammatik und dem Vokabular von Jahwes schöpferischer Tat eins. Ja, das Verb »bilden« *(yṣr)* wird ausschließlich für diese beiden Schöpfungen gebraucht und führt zu einer Gemeinsamkeit, die bisher in der Geschichte ohne Parallele ist. Menschheit und Tierwelt verbinden sich also mit der Pflanzenwelt. Die drei haben den/die SchöpferIn und das Material gemeinsam, wenn auch nicht den gleichen Entstehungsprozeß. Aus dem Erdboden bildet Jahwe das Erdgeschöpf (2,7), läßt die Pflanzen wachsen

(2,9) und formt die Tiere (2,19). Im Gegensatz aber zu den Menschen werden die Pflanzen und Tiere sofort in besondere Arten aufgeteilt. Wie bei dem Auseinanderbrechen der allgemeinen Kategorie der Bäume in zwei besondere Arten (und die Verästelung des Flusses in vier Flußarme), erscheint auch die Tierwelt von Anfang an in zwei Arten: »alle Tiere des Feldes und alle Vögel des Himmels«. Diese Geschöpfe der Erde und der Luft erinnern an die Trennung des Kosmos in Erde (2,4 b) oder Feld (2,5) und Himmel (2,4 b). Da die Geschichte aber auf die Erde konzentriert ist, formt Gott sogar die Vögel des Himmels aus der Erde. Völlig fehlen die Fische des Meeres, und deren Abwesenheit hat etwas mit der Tatsache zu tun, daß Gott in der Erzählung ja auch kein Wasser schafft. Außerdem fehlt in dieser 3. Episode die geschlechtliche Unterscheidung bei den Tieren, was wiederum der geschlechtlichen Undifferenziertheit des Erdgeschöpfs entspricht.

Die Darstellung der Tiere beginnt zwar mit einer Betonung ihrer Ähnlichkeit mit dem Erdgeschöpf, endet aber mit einer Feststellung ihres Unterschiedes. Dadurch, daß sie in Arten unterteilt werden, sind die Tiere mit den Pflanzen vergleichbar, nicht mit dem Menschen. Außerdem bringt Jahwe jedes Tier zu *hā-'ādām*, »um zu sehen, wie es sie nennen würde, und genau so, wie *hā-'ādām* sie, die lebenden *nephesh* nennen würde, so sollte ihr Name sein« (2,19 b). Durch die Macht der Namensgebung werden die Tiere dem Erdgeschöpf untergeordnet. Sie werden Untergebene, nicht Gleichgestellte. In diesem Kontext ist die Redewendung »lebende *nephesh*« besonders auffallend, da es dieselben Wörter sind, mit denen das Erdgeschöpf beschrieben wurde, nachdem es den Atem des Lebens empfangen hatte (2,7). Somit ist die Redewendung eine Erinnerung an die Gemeinsamkeit dieser Geschöpfe genau zu dem Zeitpunkt, als das Erdgeschöpf Macht über die Tiere ausübt. Das Leben entwickelt sich weiterhin in Ambivalenzen, aber nicht im Konflikt. Die Gemeinsamkeit des Erdgeschöpfs mit den Tieren neben der Macht des Erdgeschöpfs über die Tiere führt zu einer Hierarchie der Harmonie, die von Gott geplant ist.

In zweierlei Weise sind die Tiere dem Menschen also untergeordnet. Erstens werden sie nach Arten eingeteilt wie die Pflanzenwelt, und zweitens werden ihnen vom Erdgeschöpf Namen gegeben. Diese beiden Elemente kommen in dem nächsten Satz zusammen, wo das Erdgeschöpf die drei Kategorien der Tiere benennt: »*Und hā-'ādām gab* Namen allem Vieh und den Vögeln des Himmels und allen Tieren des Feldes« (2,20). Die Unterscheidung zwischen Haustieren und wilden Tieren sowie der Hinweis darauf, daß jedes genannt wird, bereitet auf das Auftreten eines besonders wilden Tieres, die Schlange, vor. Indessen unterstreicht die wiederholte Betonung der Namensgebung die Unterordnung der Tierwelt gegenüber dem Erdgeschöpf und zeigt so, wie wenig die Tiere zum Menschen passen. »Hilfe« können sie sein, »GefährtIn« aber nicht. Und es ist Jahwe, der diesen Unterschied bewirkt – derselbe Gott, der zusagt, ein Geschöpf zu machen, das *hā-'ādām* entspricht.

Die Metaphorik für Gott wird in Episode 3 erweitert. Nachdem er/ sie alle Tiere gemacht hat, bringt der/die TöpferIn sie zu dem Erdgeschöpf, überträgt ihm Macht über jedes einzelne und steht dann daneben, um das Ergebnis zu beobachten. Der ganze Vorgang schildert Gott als flexibel, nicht festgelegt auf eine angekündigte Tagesordnung, sondern frei, sie zu verändern. Da Jahwe zu Beginn dieser Einheit versprochen hatte, eine(n) GefährtIn für das Erdgeschöpf zu machen, die/der ihm entspricht, könnten wir jetzt eigentlich erwarten, daß Gott die Tiere als geeignete Gefährten zu *hā-'ādām* bringt. Statt dessen bringt Gott jedes Tier zu ihm, »um zu sehen, wie es sie nennen würde«, und die Erzählung erweckt dabei nicht die Vorstellung von Versagen, Fehler oder Schuld von seiten Gottes. Sie zeigt aber, wie Gott von Verzögerung Gebrauch macht, um Spannung aufzubauen. Jahwe ist ein begabter Geschichtenmacher, seinem Handwerk treu und daher nicht vorhersehbar.

Während die Redewendung »um zu sehen, wie es sie nennen würde« den Beginn der menschlichen Aktivität kennzeichnet, signalisiert sie auch das Aufhören von Gottes Handeln, und tatsächlich zieht sich Gott an dieser Stelle aus der Episode zurück. Was die Geschichte ankündigt, geschieht. Dieser Rückzug Gottes hat in den vorhergehenden Episoden, wo Gott die Handlung von Anfang bis Ende bestimmt, keine Parallele. Dementsprechend zeigt sie diesen Gott nicht als den/die authoritäre(n) KontrolleurIn der Ereignisse, sondern als eine(n), der/die großzügig Macht abgibt und sogar auf das Recht verzichtet, die Entscheidungen des Menschen rückgängig zu machen: »und genau so, wie *hā-'ādām* sie, die lebenden *nephesh* nennen würde, so sollte ihr Name sein« (2,19 c). Ohne Qualifikation überläßt Gott dem Erdgeschöpf die Herrschaft über die Erde. Infolgedessen spaltet sich die 3. Episode in der Mitte. Aktionen der Gotteswelt prägen die erste Hälfte (2,18−19 b), Aktionen der Menschenwelt die zweite (2,19 b−20). Aber diese Spaltung ist für Gott entscheidender als für das Erdgeschöpf. Das Geschöpf kommt in der ganzen Episode vor, zuerst als Objekt und dann als Subjekt, während Gott in der zweiten Hälfte überhaupt nicht mehr erwähnt wird. *Deus absconditus*; das Erdgeschöpf übernimmt die Führung.

Dieser besondere Status des Erdgeschöpfs ist nicht ganz neu. Die Redewendung im Infinitiv »um zu sehen, wie es sie nennen würde« hat eine Parallele in dem Satz, der dem Erdgeschöpf gesagt wird, als Jahwe es in den Garten setzt, »um ihn zu bebauen und zu bewahren«. In beiden Fällen stellt Jahwe das Erdgeschöpf über die Natur, obwohl in dieser 3. Episode die Macht des Geschöpfs mit dem Rückzug Gottes noch mehr ausgeweitet wird. Dadurch hat die Menschheit noch mehr Unabhängigkeit bekommen. Dieser Unterschied zwischen den beiden Malen, als Jahwe dem Erdgeschöpf Macht und Verantwortung über die Erde gewährt, findet sowohl in der Form als auch im Inhalt der beiden Berichte Ausdruck. Während das menschliche Handeln in der Pflicht, den Garten zu bebauen und zu bewahren, implizit mit gemeint war, wurde dessen Ausführung nicht erwähnt. Das Erdgeschöpf wurde nie zum Subjekt der Verben »bebauen« und »bewahren«. Aber nun, in der 3. Episode wird das Erdgeschöpf zum aktiven Subjekt eines aktiven Verbs: »und genau so, wie das Erdgeschöpf sie, die lebenden *nephesh* nennen würde, so sollte ihr Name sein« (2,19 c). Das Handeln des Menschen wird nun explizit erwähnt, und es beinhaltet auch noch die Sprache.[14] Auch wenn das Erdgeschöpf noch nicht direkt redet, übt es schon die Macht, Namen zu geben, aus, ohne von Gott korrigiert oder in Frage gestellt zu werden. Und was es entscheidet, geschieht auch. Von totaler Passivität hat sich das Erdgeschöpf zu verantwortlichem Handeln entwickelt.[15] Jedoch durch all dieses hat das Erdgeschöpf noch keine(n) GefährtIn gefunden, die/der ihm entspricht.

Tatsächlich spannt uns die 3. Episode auf die Folter. Jahwe kündigt ein Tageswerk an, um dann plötzlich, ohne Erklärung oder Entschul-

digung, ein anderes in Angriff zu nehmen. Und dann verschwindet Gott, und es wird dem Erzähler überlassen, zum Schluß zu
sagen, daß die Zusage Gottes unerfüllt bleibt. Die Tagesordnung,
der Gott dann nachkommt, erhöht die Bedeutung des Erdgeschöpfs so sehr, daß es Gott beim Handeln ablöst, und doch bleibt
das Erdgeschöpf ohne Erfüllung. Die Macht über die Schöpfung
hat die Einsamkeit des Menschen nicht gelindert. Was die Tiere
angeht, so hat ihre Gemeinsamkeit mit dem Erdgeschöpf die
Unterschiede zwischen Menschen- und Tierwelt nur vergrößert.
Die Tiere enttäuschen eher, als daß sie entzücken. Eingeschlossen
in negative Aussagen, bleibt ihr positives Portrait ambivalent
– was zweifellos einen Schatten auf die Dinge vorauswirft, die
noch kommen sollen. Tatsächlich liegt in dieser ganzen Episode
eine Vorahnung. Durch Nebeneinander- und Gegenüberstellung
bereitet sie nicht nur den kommenden Ungehorsam in Szene 2
vor, sondern auch die Erfüllung des Eros in der 4. Episode von
Szene 1.

*Die vierte Episode:* Die Sexualität des Menschen
Wenn kein(e) GefährtIn für das Erdgeschöpf unter den Tieren
gefunden wird, so gibt es noch eine andere Möglichkeit: die
Erschaffung der menschlichen Sexualität. Dieses Handeln Gottes
wird die Natur von *hā–'ādām* radikal verändern und neue
Geschöpfe hervorbringen, so daß Frau und Mann erst dann das
eine Fleisch werden können, das Ganzheit, nicht mehr Isolation
bedeutet. Mit der Erschaffung der Sexualität kommt die Entwicklung des Eros zur Vollendung und die erste Szene der Geschichte
zum Abschluß. Diese Einheit hat einen kreisförmigen Entwurf, so
ähnlich wie die drei vorhergehenden Episoden. Das Wort
»Fleisch« *(bāśār)* umreißt seine Grenzen. Es kommt einmal am
Anfang, einmal am Ende und zweimal in der Mitte vor, sonst
nirgends in der ganzen Geschichte. Eingeschlossen in diese Ringkomposition sind vier Abschnitte, die in Form und Inhalt der
3. Episode entsprechen. In den ersten zwei Abschnitten ist Jahwe
das Subjekt der aktiven Verben. In den letzten zwei tritt Gott gar
nicht mehr auf, statt dessen spricht das Erdgeschöpf, und der
Erzähler kommentiert.

*Da ließ Gott, Jahwe, einen tiefen Schlaf auf das Erdgeschöpf*
*(hā-'ādam) fallen,*
*so daß es einschlief. Und er nahm eine von seinen Rippen und*
*verschloß ihre Stelle mit Fleisch.*
*Und Gott, Jahwe, baute die Rippe,*
*die er von dem Erdgeschöpf* (hā-'ādām) *genommen hatte, zu einer*
*Frau ('iššâ)*
*und brachte sie zu* hā-'ādām.
*Da sagte* hā-'ādām:
*Diese endlich ist Gebein von meinem Gebein*
*und Fleisch von meinem Fleisch,*
*diese soll 'iššâ heißen,*
*denn von 'îš ist sie genommen.*
*Darum wird ein Mann ('îš) seinen Vater und seine Mutter verlassen*
*und seiner Frau ('iššâ) anhängen,*
*und sie werden zu einem Fleisch werden.* (2,21–24, REB*)

Wie in Episode 1, aber anders als in Episode 2 und 3, spricht Gott in
dieser abschließenden Einheit nicht. Auch ruft das Portrait des
Erdgeschöpfs als eines völlig passiven am Anfang der 4. Episode
seine Beschreibung in der 1. Episode in Erinnerung. Gott, der zuerst
Staub zum Leben erweckte, um *hā-'ādām* zu bilden und es dann in
einen Garten setzte, um ihm Arbeit, Verantwortung, Macht und
Sprache zu übertragen, versetzt dieses Geschöpf nun wieder in einen
Zustand der Inaktivität, ja, der Bewußtlosigkeit: »da ließ Gott,
Jahwe, einen tiefen Schlaf auf das Erdgeschöpf fallen« (2,21a,
REB*). Diese Rückkehr zum Anfang ist jedoch keine Regression,
sondern Fortschritt. Aus ihm kommt das Material für eine neue
Schöpfung: »und während es (das Erdgeschöpf) schlief, nahm Gott,
Jahwe, eine von seinen Rippen und verschloß ihre Stelle mit Fleisch«
(2,21 b, REB*)[16]
Neue Metaphern für Gott werden gefunden. Gott ist AnästhesistIn
und ChirurgIn. Indem er/sie dem Geschöpf ein Betäubungsmittel
eingibt, das für die bevorstehende Operation ausreicht, läßt Jahwe es
in einen tiefen Schlaf fallen. Gleich darauf entfernt Gott einen Teil
seines Körpers und beendet seinen Eingriff erfolgreich, indem Gott
»ihre Stelle mit Fleisch verschloß«. Die ganze Operation wird

schnell und gekonnt ausgeführt. Schon im nächsten Satz wird Gott dann zum/zur ArchitektIn, DesignerIn und GestalterIn: »und Gott, Jahwe, baute die Rippe, die er von dem Menschen genommen hatte, zu einer Frau« (2,22 a). Dieses Werk wird auch so schnell vollendet, daß Jahwe in der nächsten Zeile schon wieder in einem anderen Bild erscheint: der/die göttliche HeiratsvermittlerIn bringt die Frau zum Erdgeschöpf (2,22 b).

Ebenso wie diese Eröffnungsverse der 4. Episode die Metaphorik für Gott erweitert, entwickelt sie auch das Leben des Erdgeschöpfs auf neue Weise. Sicher, das Geschöpf ist hier völlig passiv, wie auch in der 1. Episode, aber diesmal führt die Passsivität, an der Gott handelt, zu einem neuen Leben durch einen einzigartigen Schöpfungsakt. Alle anderen Schöpfungen wurden von der Erde genommen, einem Material, das in der Geschichte vorgegeben ist, nicht erst geschaffen wird. In Episode 1 bildete Gott *hā-'ādām* aus *hā-'ᵃdāmâ* (2,7), in Episode 2 ließ Jahwe aus *hā-'ᵃdāmâ* allerlei Bäume wachsen (2,9) und in Episode 3 bildete Gott aus *hā-'ᵃdāmâ* die Tiere (2,19). Dasselbe Material weist auf physische und vielleicht auch psychische Übereinstimmung zwischen Menschen-, Pflanzen- und Tierwelt hin. Sie stehen auf demselben Boden, auch wenn sie verschiedene und getrennte Schöpfungen sind. Sie sind jedoch nicht gleichgestellt. Das Erdgeschöpf steht im Mittelpunkt, als erstes in Rangordnung, Verantwortung und Macht; die Pflanzen und Tiere sind um seinetwillen geschaffen, so daß das Erdgeschöpf ihnen übergeordnet ist in einer harmonischen Hierarchie. Es bebaut den Garten und hat die Freiheit, von allen Bäumen, bis auf einen, zu essen, und es gibt den Tieren Namen mit der Macht, über ihr Dasein zu bestimmen. Daher übt das Erdgeschöpf Herrschaft über die Pflanzen und Tiere aus, ja, über alles, was aus *hā-'ᵃdāmâ* kommt, und selbst über den Erdboden des Gartens.

Es fällt auf, daß die Schöpfung in Episode 4 nicht aus *hā-'ᵃdāmâ* kommt, das Wort »Erde« wird hier nicht benutzt. Statt dessen entsteht am Anfang dieser Einheit das Schöpfungswerk aus dem Erdgeschöpf selbst. Somit hat das Geschöpf hier genau dieselbe Funktion wie die Erde in der 1. Episode. Und die beiden Episoden enthalten noch eine weitere Parallele: die Verwendung von Staub aus dem Erdboden und einer Rippe vom Erdgeschöpf. Als besondere

Teile aus ganzen Einheiten sind diese Substanzen zerbrechlich und erfordern eine Behandlung, bevor Geschöpfe entstehen. So wie Jahwe den Staub geformt und beatmet hat, um das Erdgeschöpf hervorzubringen, so nimmt Jahwe jetzt die Rippe heraus und formt aus ihr die Frau.

Da die Frau aus dem »Rohmaterial« des Erdgeschöpfs und nicht aus dem Erdboden gemacht ist, steht sie in der Schöpfung einzigartig da. Ihre Einzigartigkeit wird noch dadurch unterstrichen, daß Gott als HeiratsvermittlerIn auftritt, der/die sie zu *hā-'ādām* führt (2,22 b). Obwohl die Worte aus der 3. Episode »Gott, Jahwe, brachte sie zum Menschen« (2,19, REB*) wiederholt werden, haben sie hier eine radikal andere Bedeutung. In der vorhergehenden Episode brachte Gott die Tiere, nachdem er sie aus dem Erdboden gebildet hatte, zu *hā-'ādām*, »um zu sehen, wie es sie nennen würde, und genau so, wie das Erdgeschöpf sie ... nennen würde, so sollte ihr Name sein« (2,19 b c). Mit anderen Worten, dem Erdgeschöpf wurde speziell durch die Namensgebung Herrschaft über die Tiere gegeben. Ähnliche Macht war ihm über die Pflanzen verliehen worden durch die Redewendung, »den Garten zu bebauen und zu bewahren« (2,15). Im Gegensatz dazu wird in Episode 4 überhaupt keine Absicht genannt, mit der die Jahwe die Frau zu dem Erdgeschöpf bringt, dessen Körper ihretwegen verändert worden war. Insbesondere gibt Gott *hā-ādām* keine Macht über die Frau. Daher stellt die Auslassung einer Zweckerklärung in dieser Episode einen weiteren Gegensatz zwischen der Beziehung des Erdgeschöpfs zu der Frau und der des Erdgeschöpfs zur Erde, den Tieren und Pflanzen her. Die Frau paßt nicht in das Herrschaftsmodell, das die vorhergehenden Episoden aufgestellt haben. Sie gehört zu einer neuen Ordnung, die ihrerseits das Erdgeschöpf verändern wird. Nachdem Gott als Heiratsvermittlerin sie zu *hā-'ādām* gebracht hat, zieht er/sie sich aus der Perikope zurück, und das Erdgeschöpf übernimmt die Führung, ein Muster, das zuerst in der 3. Episode vorkam.

Als es zum Material für eine Schöpfung wird, verändert sich das Erdgeschöpf. Während die Erschaffung von Pflanzen und Tieren Handlungen Gottes waren, die sich außerhalb des Erdgeschöpfs vollzogen, ist die Herstellung der Geschlechter intrinsisch. Tatsächlich hat dieser Akt das Fleisch des Erdgeschöpfs selbst verändert: aus einem wurden zwei. Nach dieser inneren Aufteilung ist *hā-'ādām* nicht mehr dasselbe, das es in der Vergangenheit war, so daß es, wenn es später spricht, eigentlich ein anderes ist. Sicher, die Kontinuität wird in dem Einssein der Menschenwelt bewahrt, aber hier fällt die Betonung auf die Diskontinuität, die sich aus dem sexuellen Unterschied ergibt. Zum ersten Mal benutzt *hā-'ādām* die direkte Rede. Seine Sprache ist die Poesie des Eros, sein Thema: Frau und Mann.

*Da sagte* hā-'ādām:
*Diese endlich ist Gebein von meinem Gebein*
*und Fleisch von meinem Fleisch.*
*diese soll 'iššâ heißen,*
*denn von 'îš ist sie genommen.*(REB\*)

Das feminine Pronomen »diese« (zo'<u>t</u>), das das Gedicht einrahmt und auch in der Mitte vorkommt, hebt die Frau hervor, deren Erschaffung das Erdgeschöpf verändert hat. Erst nach dem chirurgischen Eingriff identifiziert sich dieses Geschöpf zum ersten Mal als Mann. Indem es ein Wortspiel zu dem hebräischen Wort für Frau *('iššâ)* verwendet, spielt das Erdgeschöpf auf sich selbst an mit dem spezifischen Terminus für den Mann als einem männlichen Wesen *('îš)*. Geschlechtlichkeit und Sexualität haben ihren Ursprung in einem Spiel, ebenso wie der Mensch am Anfang der Geschichte. Die Einheit *'îš* und *iššâ* entspricht in ihrer Funktion *hā-'ādām* und *hā-'ᵃdāmâ*. Wortspiele, die am Anfang und Ende von Szene 1 vorkommen, umgeben den Eros, um Erfüllung und Harmonie durch das Entzücken an Wörtern zu geben.

Mit der neuen Geschlechtlichkeit wird das Wort *hā-'ādām* in der Geschichte mit einer anderen Bedeutung verwendet. In Episode 1, 2 und 3 bezeichnete es ein Geschöpf, das geschlechtlich neutral war (weder männlich noch weiblich, noch eine Kombination von beiden).[17] Nachdem Gott die Operation an diesem Erdgeschöpf vorgenommen hat, um ihm eine Gefährtin zu machen, wird seine Identität durch das Geschlecht bestimmt. Der chirurgische Eingriff ist radikal, denn aus ihm ergeben sich zwei Geschöpfe, wo vorher nur eins war. Das neue Geschöpf, aus dem Material des *hā-'ādām* geformt, ist eine Frau, die ihre Identität aus einem Wort bezieht, das

in der Geschichte ganz neu ist, aus dem Wort 'iššâ. Das alte
Geschöpf ist zum Mann geworden und erhält seine Identität aus
einem Wort, das in der Geschichte auch neu ist; 'îš. Gleichzeitig
wird das ursprüngliche Wort für den Menschen vor der geschlechtlichen Differenzierung, hā-'ādām, auch auf das Geschlecht bezogen
und oft, wenn auch nicht ausschließlich, für den Mann gebraucht.
Mit dieser veränderten Bedeutung wird durch die Beibehaltung des
Wortes hā−'ādām sowohl Kontinuität als auch Diskontinuität zwischen dem ersten Geschöpf und dem männlichen Geschöpf hergestellt, genau so, wie die Rippe sowohl für Kontinuität als auch für
Diskontinuität zwischen dem ersten Geschöpf und dem weiblichen
Geschöpf sorgte. Die Geschichte selbst bringt Ambivalenz in das
Wort hā-'ādām, eine Zweideutigkeit, die die Interpreten daran
hindern sollte, es nur auf eine spezifische und einfache Bedeutung
festzulegen. Außerdem entspricht die Ambivalenz in dem Wort
auch der Zweideutigkeit in dem Geschöpf selbst − der Ambivalenz
des einen Fleisches, das zu zwei Geschöpfen geworden ist.
Jedoch die Wörter 'iššâ und 'îš werden von keinerlei Zweideutigkeit
verschleiert. Das eine bedeutet Frau, das andere Mann. Ihre Erschaffung geschieht gleichzeitig, nicht nacheinander. Die eine geht der
anderen nicht voraus, selbst wenn die zeitliche Entwicklung der
Geschichte die Frau zuerst einführt (2,22). Außerdem steht das eine
Geschöpf nicht im Gegensatz zum anderen. Genau in dem Akt der
Unterscheidung der Frau vom Mann beschreibt das Erdgeschöpf sie
als »Gebein von meinem Gebein und Fleisch von meinem Fleisch«
(2,23). Diese Worte drücken Einheit, Solidarität, Gegenseitigkeit
und Gleichstellung aus.[18] Dementsprechend beschreibt der Mann
sich selbst in dieser Geschichte nicht als der, der zuerst da war oder
der Frau überlegen ist. Seine geschlechtliche Identität hängt ebenso
von ihr ab, wie ihre von ihm. Für beide kommt die Sexualität aus
dem einen Fleisch des Menschen.
In den letzten beiden Redeabschnitten des Gedichts an den Eros
kommen nur die beiden Verben »nennen/heißen« und »nehmen«
vor (2,23). Sie traten schon vorher in Szene 1 auf, ja, das Verb
»nennen« (qr') wurde in der 3. Episode sogar dreimal verwendet in
Hinblick auf die Namensgebung der Tiere (2,19,19,20). So wie
andere Parallelen zwischen Episode 3 und 4 bisher die Einzigar-

tigkeit der Erschaffung der menschlichen Geschlechtlichkeit und Sexualität beleuchtet haben, so ist es auch, wenn wir einen Vergleich der beiden Umfelder anstellen, in denen dieses Verb gebraucht wird. »Nennen/heißen« erscheint in Episode 3 als Teil jener Redewendung im Infinitiv, die in Episode 4 ausgelassen wird, obwohl der erste Teil des Satzes, zu dem die Redewendung gehört, wiederholt wird: »und Jahwe brachte sie zu dem Erdgeschöpf« (2,19,22). Als die Frau zu dem Erdgeschöpf gebracht wird, hält Episode 4 inne. Im Gegensatz dazu fährt Episode 3, die davon berichtet, daß die Tiere zum Erdgeschöpf gebracht werden, fort mit der Begründung, »um zu sehen, wie es sie nennen würde« (2,19). In den Sätzen, die dieser Redewendung im Infinitiv folgen (2,19,20), kommt zu dem Verb »nennen« das Substantiv »Name« *(šēm)* hinzu, und diese ganze Tätigkeit der Namensgebung zeigt die Art und Weise, wie das Erdgeschöpf Macht über die Tiere gewinnt. Das Verb »nennen, heißen« bedeutet von sich aus nicht schon Namen-geben, erst wenn das Substantiv »Name« hinzukommt, wird es Teil dieser Formel für Namensgebung. Daß eine solche Formel existiert, wird durch Abschnitte außerhalb dieser besonderen Geschichte belegt, die allerdings zu derselben literarischen Tradition gehören.[19] Zum Beispiel steht in Genesis 4:

*(Kain) wurde der Erbauer seiner Stadt und* benannte *die Stadt* nach dem Namen *seines Sohnes Henoch* (4,17).
*Und Adam erkannte noch einmal seine Frau, und sie gebar einen Sohn und* gab ihm den Namen *Set* (4,25).
*Und dem Set, auch ihm wurde ein Sohn geboren,
und* er gab *ihm* den Namen *Enosch* (4,26 a).
*Damals fing man an,* den Namen *des Herrn* anzurufen. (4,26 b, REB)*

---

* A. O. (Cain) built a city, and *called the name* of the city after the *name* of hin son, Enoch *(4,17).*
  And Adam knew his wife again, and she bore a son and *called his name* Seth *(4,25).*
  To Seth also a son was born, and he *called his name* Enosh *(4,26 a).*
  At that time men began *to call* upon *the name* of the Lord *(4,26 b).*

In diesen Traditionen erfordert der Akt der Namensgebung, der entweder Macht über ein Objekt oder die Anerkennung eines Objekts bedeutet, daß das Substantiv »Name« dem Verb »nennen/ heißen« hinzugefügt wird. Allein bezeichnet das Verb keine Namensgebung. Obwohl diese Formel in der 3. Episode unserer Geschichte vorkommt, um die Macht des Erdgeschöpfs über die Tiere zu bezeichnen, kommt es in der 4. Episode nicht vor. Das Erdgeschöpf ruft aus: »Diese soll 'iššâ heißen« Das Substantiv »Name« kommt auffälligerweise in dem Gedicht nicht vor. Daher gewinnt der Mann, wenn er sie »Frau« nennt, keine Macht über sie, sondern freut sich über ihre gegenseitige Beziehung.

Das Wort »Frau« ('iššâ) zeigt außerdem, daß es nicht um eine Namensgebung für die Frau geht, sondern um ein Erkennen der Geschlechtlichkeit. 'Iššâ ist kein Name, es ist ein allgemeines Substantiv, kein Eigenname. Es bezeichnet die Geschlechtszugehörigkeit, keine spezielle Person. Außerdem kommt dieses Wort in der Geschichte vor, ehe das Erdgeschöpf es »nennt«: der Erzähler berichtet: Gott, Jahwe; baute die Rippe, die er vom Erdgeschöpf genommen hatte, zu einer Frau ('iššâ) (2,22). Infolgedessen entscheidet das Gedicht des Erdgeschöpfs nicht darüber, wer die Frau ist, sondern drückt vielmehr seine Freude über das aus, was Gott schon gemacht hat, indem er die Geschlechtlichkeit schuf:[20]

*Gebein von meinem Gebein und Fleisch von meinem Fleisch,*
*diese soll 'iššâ heißen,*
*denn von 'îš ist sie genommen.*

Die Redewendung »genommen von« erfordert auch noch eine genaue Untersuchung. Weist sie darauf hin, daß die Frau nur eine abgeleitete Existenz hat? Einige haben behauptet, daß es so ist, und haben noch hinzugefügt, daß diese Abhängigkeit Unterordnung bedeutet: dadurch, daß die Frau vom Mann genommen ist, ist sie dem Mann untergeben.[21] Aber diese Interpretation läßt sich nicht halten, wenn man die Funktion der Redewendung »nehmen von« in der ganzen Geschichte untersucht. Innerhalb von Episode 4 kommt diese Redewendung dreimal vor, zweimal in der Prosa und einmal in dem Gedicht (2,21,22,23). In der Prosa ist das Verb (lqḥ) aktiv, in dem Gedicht passiv. Alle drei Male steht es in Zusammenhang mit der Frau, deren Erschaffung schrittweise vor sich geht. Erstens, während das Erdgeschöpf schlief, »*nahm* Gott eine *von* seinen Rippen« (2,21). Zweitens, »und Gott, Jahwe; baute die Rippe, die er *von* dem Erdgeschöpf *genommen* hatte, zu einer Frau« (2,22). Wie wir gesehen haben, ist die Rippe das Rohmaterial, vergleichbar mit dem Staub der Erde. Es erfordert eine Bearbeitung, bevor die Frau erschaffen wird. Es wird in dem Prosabericht also deutlich gemacht, daß es das Rohmaterial ist, nicht die Frau selbst, die von dem Erdgeschöpf genommen wird, außerdem ist das Erdgeschöpf noch nicht der Mann. Der Unterschied bei dem dritten Vorkommen der Redewendung »genommen von« ist poetische Freiheit: »'*iššâ* ... denn von '*îš* ist sie genommen« (2,23). Hier werden in der Redewendung '*îš* und '*iššâ* zusammengebracht, um ein Wortspiel hervorzubringen, nicht um Informationen über einen Schöpfungsvorgang (oder über Philologie) zu geben. Und die Bedeutung dieses Wortspiels liegt in der Ähnlichkeit von Frau und Mann, nicht in der Unterordnung der Frau unter den Mann. Paradoxerweise heißt »vom Manne genommen« zu werden, sich von ihm zu unterscheiden, obwohl die Frau doch Gebein von Gebein und Fleisch von Fleisch ist. Unterschiedlichsein bedeutet also weder Abgeleitet- noch Untergeordnetsein. Der poetische Gebrauch der Redewendung »genommen von« spricht, in der Tat, für die gegenseitige Beziehung von Frau und Mann.

Eine Untersuchung dieser Redewendung außerhalb der 4. Episode bestätigt die Behauptung, daß sie nicht auf Unterordnung hinweist. Zweimal wird in Genesis 3 das Passiv des Verbs für das Erdgeschöpf in seiner Beziehung zur Erde gebraucht. Das erste Mal kommt es in einem Gedicht vor: »... bis du zurückkehrst zum Erdboden, denn *von* ihm bist du *genommen* (3,19). Das zweite Mal kommt es in der Prosa vor: »Und Gott, Jahwe, schickte es aus dem Garten Eden hinaus, den Erdboden zu bebauen, *von* dem es *genommen* war« (3,23). So wie '*iššâ* von '*îš* genommen ist, so ist auch *hā-'ādām* von *hā-'ªdāmâ* genommen (vgl. 2,7). *Ha-'ādām* wird aber nie als der Erde untergeordnet beschrieben. Im Gegenteil, dem Geschöpf wird Macht über die Erde verliehen, so daß das, was von ihr genommen war, ihr übergeordnet wird. Wenn man die Zeile, »diese soll '*iššâ* heißen, denn von '*îš* ist sie genommen«, in strenger Analogie dazu interpretierte, würde sie bedeuten, daß die Frau dem Mann nicht unter-, sondern übergeordnet ist.

Jedoch die Praxis, die Nuancen eines bestimmten Wortes nach seiner anderweitigen Verwendung im Text festzulegen, kann ebenso in die Irre führen wie erhellen. Die Bedeutungen, die bei einem solchen Vorgehen gefunden werden, müssen in den besonderen Kontext passen, in dem das fragliche Wort vorkommt. Da der Kontext für die Aussage über 'iššâ und 'îš durch die vorhergehende Zeile gegeben ist, »Gebein von meinem Gebein und Fleisch von meinem Fleisch«, paßt die Konnotation von der Überlegenheit der Frau hier nicht. Die Beziehung dieses Paares ist auf Gegenseitigkeit und Gleichstellung aufgebaut, nicht auf weiblicher Überlegenheit und ganz gewiß nicht auf männlicher Unterlegenheit.[22] In der ganzen Geschichte kommt Unterordnung als Konnotation der Redewendung »genommen von« nicht vor.[23] Und schließlich ist die Frau nicht vom Mann abgeleitet, so wie auch das Erdgeschöpf nicht von der Erde abgeleitet ist. Für beide liegt der Ursprung ihres Lebens bei Gott. Der Staub vom Erdboden und die Rippe des Erdgeschöpfs sind nur die Rohmaterialien für Gottes schöpferisches Handeln. Wahrlich, weder Frau noch Mann ist ein autonomes Geschöpf, beide verdanken ihren Ursprung einem göttlichen Geheimnis. Die Unterscheidung von der Erde einerseits und vom Mann andererseits bedeutet weder, daß die Frau von ihnen abgeleitet noch ihnen untergeordnet ist:

*Diese endlich ist Gebein von meinem Gebein,*
*und Fleisch von meinem Fleisch;*
*diese soll 'iššâ heißen,*
*denn von 'îš ist sie genommen.* (2,23)

Obwohl Episode 4 die Metaphern für Gott vermehrt und das Leben des Erdgeschöpfs weiter entwickelt, steht die Frau im Mittelpunkt. In ihr findet der Eros Erfüllung. Wenn sie erst in der letzten Episode von Szene 1 auftritt, so ist sie der Höhepunkt der ganzen Entwicklung, keineswegs ein Nachtrag. Der Vorgang ihrer Erschaffung ist in ein Geheimnis gehüllt; Jahwe sorgt dafür, daß er keinen Zeugen hat. In tiefen Schlaf versenkt, ist das Erdgeschöpf weder ein Beteiligter, Zuschauer noch Berater bei diesem wichtigen Ereignis. Tatsächlich weiß das Erdgeschöpf vorher nicht, daß sie kommen wird. Ihre Ankunft ist voller Spannung, da Gottes Versprechen, eine(n) GefährtIn zu schaffen, vorher noch nicht realisiert worden war. Dieses Geheimnis und diese Spannung führen zu Überraschung und Entzücken. So kommt es, daß das veränderte Erdgeschöpf in Gedichtform spricht, als es ihr zum ersten Mal begegnet. Sie ist einzigartig. Anders als die übrige Schöpfung, kommt sie nicht von der Erde, vielmehr hat Jahwe die Frau aus einer Rippe gebaut. Das hebräische Verb »bauen« (*bnh*) weist auf eine beträchtliche Arbeitsleistung hin, um zu einem soliden Ergebnis zu kommen.[24] Daher ist die Frau kein schwaches, zartes, kurzlebiges Geschöpf. Kein entgegengesetztes Geschlecht, kein »zweites« Geschlecht, kein abgeleitetes Geschlecht – kurz, nicht »Adams Rippe«. Statt dessen ist die Frau Erfüllung der Schöpfung, und die Erfüllung des Menschen in der Sexualität. In der Schöpfung mit dem Mann gleichgestellt, wird sie zu diesem Zeitpunkt durch den Entwurf der Geschichte ganz besonders herausgestellt.[25] Mit ihrer Erschaffung regiert der Eros. »Darum wird ein Mann seinen Vater und seine Mutter verlassen und seiner Frau anhängen, und sie werden zu einem Fleisch werden« (2,24).

Dieser narrative Bericht schließt die 4. Episode ab, ebenso wie auch ein narrativer Bericht die dritte beendet. Tatsächlich haben diese beiden Einheiten (2,18–20,21–24) parallele Strukturen. Jede ist deutlich in zwei Teile eingeteilt, mit Jahwe als dem, der den ersten Teil bestimmt und sich im zweiten ganz zurückzieht. Außerdem ist im ersten Teil jeder Perikope *hā-'ādām* das Objekt: für es macht Jahwe die Tiere in der 3. Episode, und von ihm nimmt Jahwe das Rohmaterial, um in der 4. Episode die Frau zu bauen. Und beide Einheiten schließen damit, daß Gott die neuerschaffenen Geschöpfe zu *hā-'ādām* bringt. Aber, wie wir schon gesehen haben, enthält die 3. Episode einen Satz im Infinitiv, der in der 4. Episode fehlt, und diese Auslassung weist auf einen entscheidenden Unterschied im Sinn hin. Die letzteren Teile dieser zwei Episoden beginnen damit, daß *hā-'ādām* spricht. In der 3. Episode ist die Rede indirekt, in der vierten direkt. In der dritten ist Prosa, in der vierten ein Gedicht. In der dritten wird Herrschaft durch Namensgebung geltend gemacht, in der vierten wird die Gemeinsamkeit durch ein Wortspiel verherrlicht. Nachdem *hā-'ādām* gesprochen hat, schließt jede Episode mit einem narrativen Kommentar. In der dritten ist der Kommentar undramatisch: eine(n) passende(n) GefährtIn hat das Erdgeschöpf unter den Tieren nicht gefunden. In der vierten ist der Kommentar ein Höhepunkt: Mann und Frau werden ein Fleisch. Die beiden Episoden kehren am Schluß zu den Leitmotiven ihres Anfangs zurück. Tatsächlich beleuchten die Parallelen in Entwurf und Vokabular zwischen diesen beiden Episoden ihre Unterschiede. Was die Erschaffung der Tiere für das Erdgeschöpf nicht tun kann, leistet die Erschaffung der Geschlechtlichkeit. Einsamkeit wird also nicht durch etwas überwunden, das anders als der Mensch ist, sondern durch Unterschiedlichkeit innerhalb eines Fleisches. Sexualität ist die Erkenntnis nicht der Trennung, sondern des Einsseins, das Ganzheit bedeutet, Gebein von Gebein und Fleisch von Fleisch.[26] »Kein(e) geeignete(r) GefährtIn« unter den Tieren weicht dem »einen Fleisch« von Frau und Mann.

Mit dem Abschluß der 4. Episode geht das Gedicht des Erdgeschöpfs in die schweigsame Vereinigung von Mann und Frau über. Diese Gemeinschaft wird gegen Eindringlinge geschützt durch die Distanz der Erzählung in der 3. Person, die uns eine Beschreibung gibt, aber nicht Zeuge werden läßt. »Darum wird ein Mann seinen Vater und seine Mutter verlassen und seiner Frau anhängen, und sie werden zu einem Fleisch werden« (2,24). Die Schilderung benutzt die geschlechtlich festgelegten Wörter 'îš und 'iššâ, die gerade erst in die Geschichte eingeführt worden sind. Zu diesem Vokabular fügt der Erzähler nun noch die Eltern hinzu und stellt die Beziehungen nebeneinander: Mann und Frau stehen im Gegensatz zu Vater und Mutter. Jedes Paar ist eine Einheit von Gleichen – das eine in der Gemeinsamkeit der Erschaffung, das andere in der Gemeinsamkeit der Rollen. Interessanterweise gehören die Eltern aber nicht in Gottes schöpferisches Handeln. Sie erscheinen in der Geschichte als Zusatz zu der Erschaffung von Frau und Mann. Mit anderen Worten, die Sexualität macht Vater und Mutter erst möglich; elterliche Vorstellungen sind den geschlechtlichen untergeordnet und von ihnen abhängig. Bestimmte Rollen sind also bestenfalls zweitrangig, sie gehören nicht in die Schöpfung.

In dieser Beschreibung wird nur der Mann mit Vater und Mutter in Beziehung gesetzt, die Frau steht weiterhin allein. Ihre Einzigartigkeit und Unabhängigkeit als menschliches Geschöpf bleiben intakt, und ihre herausragende Bedeutung im Entwurf der Geschichte bleibt bestehen. Zu ihr kommt der Mann. Obwohl sie »seine Frau« genannt wird, ist sie nicht sein Besitz, sondern vielmehr die eine, in der er Erfüllung findet. Sie ist ein Geschenk — Gottes Geschenk des Lebens. Der Mann bestimmt nicht über sie, er geht auf sie zu, um sich mit ihr zu vereinen. Ihre Ankunft hat das Erdgeschöpf zu einem sexuellen Wesen gemacht. Deshalb wird sie in Entwurf und Inhalt der Geschichte herausgestellt als die eine, der er anhängen muß.

Die Bewegung des Mannes in Richtung auf die Vereinigung mit der Frau beinhaltet auch ihr Gegenteil: Abkehr von den Eltern. »Verlassen« und »anhängen« haben etwas miteinander zu tun: »Darum wird ein Mann seinen Vater und seine Mutter verlassen und seiner Frau anhängen«. Das Ergebnis dieses Zusammentreffens von Gegensätzen ist eine Erfüllung in der Vereinigung: »und sie werden zu einem Fleisch werden«. Diese sexuelle Vereinigung wird nicht durch den Zweck der Fortpflanzung charakterisiert, Kinder werden nicht erwähnt. Daher verläßt der Mann nicht die eine Familie, um eine andere zu gründen, sondern er gibt ('zb) die Beziehung zu seiner Familie auf, um des »einen Fleisches« der Sexualität willen.[27] Nachdem die 4. Episode mit dem einen Fleisch des Erdgeschöpfs begonnen hatte, hat sie die Erschaffung von zwei geschlechtlichen Wesen aus ihm geschildert: Frau und Mann. Aus einem werden zwei, aus Ganzheit wird Unterschiedlichkeit. Nun, am Ende der Episode, kehrt diese Differenzierung zur Ganzheit zurück: aus den zweien wird das »eine Fleisch« der Vereinigung von Frau und Mann.[28] Somit ist der Eros zur Erfüllung gekommen.

Das »eine Fleisch« vollendet nicht nur die kreisförmige Struktur der 4. Episode, sondern auch die Kreiskomposition der ganzen ersten Szene. Die Erschaffung des Menschen, sexuell undifferenziert in der 1. Episode, findet ihre Erfüllung in der Erschaffung der Sexualität in der vierten. Damit ist die Entwicklung des Eros vollendet und die erste Bewegung der Geschichte zum Abschluß gekommen. Aber Ruhe gibt es nicht,[29] denn Eros gegenüber steht Thanatos. Und die Bewegung vom Leben zum Tod vollzieht sich durch Ungehorsam. Im eigentlichen Zentrum der Geschichte kehrt Szene 2 die Richtung um, um zum Tode zu führen. Aber dieser Wendepunkt ist nicht ganz überraschend. Ein verbotener Baum, Tiere, die nicht passen, der Rückzug Gottes, zunehmende Macht und Freiheit der Menschen – all diese Aspekte des Eros geben nun Gelegenheit zum Ungehorsam.

## 2. Der Eros wird vergiftet

Szene 2: Der Wendepunkt: Ungehorsam (Genesis 2,25 – 3,7).
Szene 2, die im Zentrum der Erzählung steht, ist kürzer als die beiden anderen Szenen. Diese Kürze führt zu einem Vergleich zwischen dem Wendepunkt und den beiden gegenläufigen Bewegungen in der Geschichte. Der Ungehorsam kommt durch eine einzige Entscheidung und durch eine einzige Handlung, wohingegen die Entstehung des Eros (2,7 – 24) und sein Zerfall (3,8 – 24) allmählich vor sich gehen. Mit der Wiederholung der Wörter »beide« und »nackt« beginnt (2,25) und schließt (3,7) der kreisförmige Entwurf der zweiten Szene, die von dem Mann und der Frau in der 3. Person erzählt. Mit weiteren Ausführungen stellen diese Wörter einen Rahmen des Kontrasts her zwischen dem, was vor dem Ungehorsam war und was danach.[30] Diese beiden Teile beschäftigen sich zwar mit dem gleichen Gegenstand, unterscheiden sich aber in ihrer Länge, wobei das Ende der Geschichte zweimal so lang ist wie ihr Anfang. Eingeschlossen von der Schilderung ihrer Nacktheit, beginnt (3,1) und endet (3,6) die eigentliche Geschichte des Ungehorsams mit Berichten in der 3. Person. Der Anfang, die Einführung der Schlange, ist kurz, das Ende, der Akt des Ungehorsams, viel länger. In ähnlicher Weise entwickelt sich im Mittelpunkt der Szene ein Dialog zwischen der Schlange und der Frau aus einer einzelnen Frage zu längeren Reden. Die Schlange, die dieses Gespräch beginnt und beendet, kreist die Frau ein. Ihre Rede ist der Kern dieser zentralen Szene.
Insgesamt sind zwei Entwürfe in Szene 2 miteinander verbunden:

129

drei konzentrische Kreise der Form und manchmal auch des Inhalts konvergieren im Zentrum, während ihre Länge sich von kurzen Einheiten, die zum Mittelpunkt führen, zu längeren Einheiten, die daraus hinausführen, entwickeln. Das Zentrum selbst ist expansiv. Diese Symmetrie der Form (und manchmal auch des Inhalts) stellt sich der Asymmetrie der Länge entgegen. Und noch eine andere Tendenz wird sichtbar: die drei kurzen Einheiten haben zwar fast dieselbe Länge, die drei längeren aber sind unterschiedlich lang. Die Länge bedeutet hier Hervorhebung; Unterschiede in der Länge weisen also auf verschiedene Wichtigkeit hin. Obwohl der Wendepunkt der Geschichte relativ kurz und absolut entscheidend ist, ist er durchaus nicht einfach. Der Ungehorsam stellt die geordnete Entwicklung des Lebens auf den Kopf, wie es auch durch Entwurf und Inhalt deutlich wird.

A  *Und sie waren beide nackt, der Mann* (hā-'ādām) *und seine Frau, und sie schämten sich nicht.*

B  *Und die Schlange war listiger als alle Tiere des Feldes, die Gott, Jahwe, gemacht hatte.*

C  Und sie sprach zu der Frau:
»*Hat Gott wirklich gesagt: Von allen Bäumen des Gartens dürft ihr nicht essen?*«

D  *Da sagte die Frau zur Schlange:*
»*Von den Früchten der Bäume des Gartens essen wir, aber von den Früchten des Baumes, der in der Mitte des Gartens steht, hat Gott gesagt: Ihr sollt nicht davon essen und sollt sie nicht berühren, damit ihr nicht sterbt!*«

C′  *Da sagte die Schlange zur Frau:*
»*Keineswegs werdet ihr sterben!*
*Sondern Gott weiß, daß an dem Tag, da ihr davon eßt,*
*eure Augen aufgetan werden*
*und ihr werdet sein wie Gott,*
*erkennend Gutes und Böses.*«

B′  *Und die Frau sah, daß der Baum*
*gut zur Speise*
*und daß er eine Lust für die Augen*
*und daß der Baum begehrenswert war,*

*Einsicht zu geben.*
*Und sie nahm von seiner Frucht*
*und aß,*
*und sie gab auch ihrem Mann bei ihr,*
*und er aß.*
A′  *Da wurden ihrer beiden Augen aufgetan,*
   *und sie erkannten, daß sie nackt waren;*
   *und sie hefteten Blätter zusammen*
   *und machten sich Schurze.* (2,25–3,7 REB*)

In den drei kurzen Einheiten, die zum Zentrum der Szene hinführen, vermischen sich nacheinander alle vier Welten der Erzählung. Indem sich die erste Einheit (A) auf das Menschenpaar konzentriert, wird eine Kontinuität mit der 4. Episode von Szene 1 hergestellt.[31] Durch die Einführung der Schlange greift die zweite Einheit (B) auf die Tierwelt zurück. Und dadurch, daß die Schlange mit der Frau über Gott und die Bäume des Gartens spricht, bringt die dritte Einheit (C) die Tierwelt, Menschen, Gott und Pflanzenwelt zusammen. Diese Einheiten geben den Hintergrund ab für das Drama des Ungehorsams.

»Und sie waren beide nackt, der Mann und seine Frau, und sie schämten sich nicht« (2,25). In diesem Satz, mit dem Szene 2 eröffnet wird, kommt das Wort *hā-ʾādām* zum ersten Mal wieder vor seit dem Bericht, der das Gedicht über die Geschlechtlichkeit in der vierten einleitete (2,23a). Wie wir schon gesehen haben, hat die sexuelle Differenzierung das Erdgeschöpf radikal verändert, so daß die Kontinuität im Gebrauch des Wortes *hā-ʾādām* unterbrochen wurde durch eine Diskontinuität seiner Funktion und Bedeutung. Nach der Erschaffung von *ʾiššâ* und *ʾîš* existiert das sexuell undifferenzierte Erdgeschöpf nicht mehr. Dementsprechend hat das Wort *hā-ʾādām* nun eine zweite Bedeutung in der Geschichte angenommen: es bezeichnet den Mann. Eine dritte Bedeutung soll erst noch kommen. Inzwischen werden das männliche Geschöpf, *hā-ʾādām* und das weibliche, *ʾiššâ*, als nackt und sich nicht schämend beschrieben. Das eine Fleisch der Sexualität (2,24) ist schutzloses Fleisch.[32] So wie das Erdgeschöpf selbst aus vergänglichem Staub gemacht wurde und von dem Atem Gottes lebte, so lebten auch die beiden

Geschlechter, die durch die Differenzierung des Erdgeschöpfs entstanden waren, ungeschützt in der Welt. Ihr Leben war nur von
Gott abhängig, der sie aber nichtsdestoweniger zu verantwortlichen
Geschöpfen gemacht hatte. Dieses Paradoxon von mitgegebener
Hilflosigkeit und zugewiesener Verantwortung trifft überraschend
auf eine Bedrohung durch die Pflanzen- und Tierwelt. Der eine
Baum droht mit dem Tod, die Tiere haben mit Einsamkeit gedroht;
und bald wird ein Tier sogar die Integrität und Aufrichtigkeit Gottes,
des/der SchöpferIn, in Frage stellen. Angesichts solcher Bedrohungen
besteht die einzige »Sicherheit« des Mannes und der Frau in ihrem
Gehorsam gegenüber Jahwe. Durch den Gehorsam wird ihre Wehrlosigkeit weder unterstrichen noch geleugnet. Daher berichtet der
Erzähler, daß der Mann und die Frau nackt sind, ohne daß sie sich
dessen bewußt sind. In heiliger Unsicherheit leben sie ohne Scham
und Furcht (vgl. 3,10). In dieser Weise hat Gott den Eros geschaffen.
»Und die Schlange war listiger als alle Tiere des Feldes, die Gott,
Jahwe, gemacht hatte« (3,1).* Von der allgemeinen Kategorie der
wilden Tiere (2,20) geht die Geschichte nun zu einem besonderen
Geschöpf über, das sich in der Stellung, aber nicht in seiner Art, von
den übrigen unterscheidet. Wie sie wurde auch die Schlange von
Gott, Jahwe, gemacht. Diese doppelte Bezeichnung für Gott kommt
in Szene 2 nur dieses eine Mal vor. Daher entspricht ihr Gebrauch,
zusammen mit dem Verb »machen« *('śh)* dem in der dritten Episode
von Szene 1, wo Gott, Jahwe, versprach, dem Erdgeschöpf eine(n)
GefährtIn zu »machen« *('śh)* (2,18). Obwohl keine passende »Hilfe«
unter den Tieren gefunden wurde, sorgte Gott, Jahwe, für eine
Beziehung zwischen diesen beiden Schöpfungen: er verlieh dem
Menschen die Herrschaft über die Tierwelt. In diese Hierarchie
gehört auch die Schlange, und doch erweckt ihre Beschreibung als
schlau *('ārûm)*[33], der die Schilderung des Menschenpaares als nackt
*('arummîm)* unmittelbar vorausgeht, die Vorstellung, daß die Macht
des Tieres der menschlichen überlegen sein könnte. Anders als in
Szene 1, bringt dieses Wortspiel aber kein Vergnügen, sondern den

---

* Anm. d. Übs.: »Schlange« wird im hebräischen und amer. Text als »er«
(maskulin) bezeichnet. Darum wird die Schlange auch in der deutschen
Übersetzung »der Versucher« und »der Schurke« genannt.

Eindruck von Perversion hervor. Da es die Harmonie des Lebens bedroht, bereitet das Wortspiel Unbehagen. Wenn Szene 2 sich auf den Akt des Ungehorsams zubewegt, kommen die Ambivalenzen der Schöpfung vermehrt zutage. Eine sehr listige Schlange, die von Gott gemacht und der vom Erdgeschöpf ein Name gegeben worden war, fordert nun den/die SchöpferIn heraus und stellt seinem Herrscher eine Falle. Die Zweideutigkeit, die in der Natur der Schlange liegt, bleibt in ihren komplizierten Dimensionen in einem Schwebezustand.[34] Da die Schlange durch das Handeln Gottes gebildet wurde, ist sie nicht der Teufel; getrieben von ihrer eigenen Schlauheit, wird sie zum Versucher.

Obwohl die Namensgebung ein Symbol für die Macht der menschlichen Kreatur über die Tierwelt ist (2,19−20), ist es mit der Sprache nicht so − jedenfalls nicht, was die Schlange betrifft.[35] Im Mittelpunkt von Szene 2 steht ein Dialog zwischen diesem Tier und der Frau. Die Schlange beginnt und beendet das Gespräch und umkreist somit die Frau. Sowohl Form als auch Inhalt zeigen, daß sie sie eingezingelt hat. Die Frau einzufangen, heißt, auch den Mann zu fangen, denn die beiden sind Gebein von Gebein und Fleisch von Fleisch. Daher redet die Schlange die Frau im Plural an und betrachtet sie als Sprecherin für das Menschenpaar. Wie in der vierten Episode von Szene 1 wird die Frau auch hier im Entwurf der Geschichte besonders hervorgehoben, während sie doch bei der Erschaffung als dem Mann gleichgestellt geschildert wurde.

Die Schlange und die Frau diskutieren über Theologie. Sie sprechen über Gott. Sie nennen die Gottheit nicht bei ihrem heiligen Namen Jahwe, sondern benutzen nur die allgemeine Bezeichnung Gott und stellen damit die Distanz her, die ein Charakteristikum von Objektivität ist und zu Ungehorsam einlädt. Und tatsächlich ist Gott als Subjekt, das handelt und lenkt, in Szene 2 ganz und gar abwesend. Die Schöpfung tritt an die Stelle des/der SchöpferIn. Die Schlange stellt der Frau eine Frage: »Und sie sprach zu der Frau: ›Hat Gott wirklich gesagt: Von allen Bäumen des Gartens dürft ihr nicht essen?‹« (3,1). Dies ist eine schwierige Frage. Auf schlaue Weise gestellt, kann sie nicht mit einem einfachen »ja« oder »nein« beantwortet werden, da Gott verboten hat, von dem einen Baum zu essen, aber nicht von allen Bäumen. Die Frage also erfordert eine Erklärung und Verdeutlichung.

Als sie antwortet, stellt die Frau den Fall noch eindeutiger dar, als Gott es getan hatte. Wie das Wort Gottes (2,16) beginnt ihre Erwiderung mit der positiven Freiheit, die ihr und dem Mann gegeben worden ist. Tatsächlich benutzt die Frau getreulich Gottes eigene Satzstruktur, die betont, daß die Früchte ihnen zur Verfügung stehen, indem sie das Objekt vor das Verb stellt. Jahwe hatte die Anordnung gegeben: »Von jedem Baum des Gartens darfst du essen« (2,16). Und die Frau sagt: »Von den Früchten der Bäume des Gartens essen wir« (3,2). Obwohl ihr Bericht keine sklavische Nachahmung ist – was auch im Hebräischen gewöhnlich vermieden wird – stehen ihre Betonung und ihr Vokabular in Parallele zu dem ursprünglichen Gebot. Als sie fortfährt, spricht sie von Gottes Verbot, indem sie eine ähnliche Satzfolge verwendet, aber das Vokabular verändert. Jahwe hatte genau gesagt: »Vom Baum der Erkenntnis des Guten und Bösen, davon darfst du nicht essen«. Die Frau zitiert diese Worte über den Baum nicht direkt: »von den Früchten des Baumes, der in der Mitte des Gartens steht …«. Auch wenn diese Redewendung »in der Mitte des Gartens« ursprünglich den Ort der beiden Bäume identifizierte, den Baum des Lebens und den Baum der Erkenntnis des Guten und Bösen (2,9), besteht in der Geschichte kein Zweifel daran, auf welchen dieser Bäume die Frau sich bezieht. Sie meint den verbotenen Baum, wie ihre folgenden Worte beweisen. Außerdem benutzt die Schlange, als sie darauf antwortet, die spezifische Redewendung »erkennend Gutes und Böses« (3,5).

Als die Frau von dem Verbot erzählt, redet sie von Gott mit einem Zitat: »Von den Früchten des Baumes, der in der Mitte des Gartens steht, hat Gott gesagt: Ihr sollt nicht davon essen und sollt sie nicht berühren, damit ihr nicht sterbt« (3,3). Aber dieses Zitat geht über das Original hinaus durch die Redewendung »sollt sie nicht berühren«. Der Gebrauch des Wortes »berühren« vervollständigt die fünf Sätze in der Geschichte[36] und zeigt die hermeneutische Begabung der Frau. Sie kann nicht nur das Gebot Gottes genauer ausführen, sie kann es auch getreulich interpretieren. Ihr Verständnis garantiert Gehorsam. Wenn der Baum nicht berührt wird, können seine Früchte auch nicht gegessen werden. In dieser Weise zieht die Frau »einen Zaun um die Tora«, ein Vorgehen, das ihre rabbinischen

Nachfolger/Innen weiter entwickelten, um das Gesetz Gottes zu schützen und ihm Gehorsam zu sichern.[37]

Die Antwort der Frau an die Schlange zeigt, daß sie intelligent, informiert und scharfsichtig ist. Als Theologin, Ethikerin, Interpretin und Rabbinerin spricht sie deutlich und mit Autorität. Obwohl die Worte des Verbots an das Erdgeschöpf gerichtet waren, übernimmt sie die Verantwortung, ihnen zu gehorchen. Dieses Ereignis zeigt die Kontinuität zwischen dem Erdgeschöpf und den beiden menschlichen Geschlechtern. Gleichzeitig weist die Differenzierung der Geschlechtlichkeit auf eine Diskontinuität mit dem Erdgeschöpf hin und erlaubt der Frau und dem Mann, als einzelne und selbständige Geschöpfe innerhalb dieser Einheit aufzutreten. Da sie Gebein von Gebein und Fleisch von Fleisch sind, kann eine(r) für beide sprechen: »wir dürfen essen … ihr sollt nicht essen«. Aber ihr Einssein nivelliert das Leben nicht, es läßt Unterschiede ohne Gegensatz oder Hierarchie zu. Die Frau spricht, der Mann nicht. Deshalb können die Frau und der Mann miteinander verglichen und trotz ihres Einsseins einander gegenübergestellt werden.

Als Sprecherin für das Menschenpaar hat die Frau gut formuliert, was Gott forderte. Ihre Worte kompromißlosen Gehorsams stehen im Zentrum von Szene 2 (D). Aber dieser Mittelpunkt kann sich nicht halten. Die Schlange stellt die Logik des Gehorsams in Frage, ja, weist sie zurück, indem sie absolutes Wissen über Leben und Tod beansprucht:

*Da sagte die Schlange zur Frau:*
*»Keineswegs werdet ihr sterben!*
*Sondern Gott weiß, daß an dem Tag, da ihr davon eßt,*
*eure Augen aufgetan werden*
*und ihr werdet sein wie Gott,*
*erkennend Gutes und Böses. (3,4, REB)*

Die Worte der Schlange sind zweideutig. Mit wem streitet sie? Mit Gott, mit dem Menschenpaar oder mit beiden? Wenn man ihren Kommentar für bare Münze nimmt, scheint er darauf angelegt zu sein, nicht den Tod des Menschenpaares herbeizuführen, sondern den Betrug eines Gottes bloßzulegen, der auf die Menschen eifersüchtig ist. Insofern streitet die Schlange mit Gott, und das Menschenpaar dient ihr nur als Mittel zum Zweck. Andererseits hat der Erzähler schon vor der Schlange gewarnt, die das schlaueste von allen wilden Tieren ist, und er hat durch ein Wortspiel die Vorstellung erweckt, daß ihre List das Menschenpaar in eine Falle locken könnte. So betrachtet, richtet sich die Schlange gegen die Menschen, die Macht über sie ausüben, und ihre Widerlegung Gottes dient nur dazu, sie zu vernichten. In beiden Fällen ist die Anmaßung der Schlange ungeheuer: sie behauptet, Gottes Wissen zu haben und die Bedeutung des verbotenen Baumes für die Frau und den Mann anders auslegen zu können.

Jedoch bleiben die Motive dieses Tieres obskur. Sicher ist sie ein Schurke, aber eigentlich handelt die Geschichte weder von einem Schuft noch von dem Bösen im kosmischen oder chthonischen Sinne. Nein, sie handelt vom Gehorsam des Menschen (Leben) und von seinem Ungehorsam (Tod), so wie sie von Gott definiert wurden. Deshalb umgibt die Schlange die Frau in Szene 2 nur wie ein Rahmen, damit sich die Erzählung im Zentrum unmittelbar auf das Menschenpaar konzentrieren kann. In dieser Stellung dient die Schlange als literarisches Mittel, um die Frage nach Leben und Tod aufzuwerfen, und ist eine weniger wichtige Figur. Als ein Schurke in der Beschreibung ist sie nur ein Kunstgriff in der Handlung. Die Ambivalenz dieser Schilderung beleuchtet die komplizierten Dimensionen ihres Wesens, ohne sie zu erklären oder aufzulösen.

Diese Mehrdeutigkeit im Bildnis der Schlange faßt die Diskrepanzen bei der Erschaffung der Tiere zusammen. Was Gott am Anfang der dritten Episode (2,18) versprach — eine(n) GefährtIn für das Erdgeschöpf — erfüllte sich nicht, als er die Tiere machte. Während sie weder der ausgesprochenen Intention ihres/ihrer SchöpfersIn entsprachen noch dem festgestellten Mangel des Menschen, wurden sie trotzdem sowohl von Gott als auch vom Menschen beherrscht. Obwohl sie aus dem gleichen Material und auf dieselbe Weise geschaffen wurden wie das Erdgeschöpf, brachte Jahwe die Tiere zu ihm, damit er ihnen Namen gebe. Nun drohen diese Diskrepanzen, durch das listigste der wilden Tiere den Eros zu zerstören. Die Schlange wird zu dem »Helfer«, der verletzt. Ironischerweise ist die, über die bestimmt wurde, jetzt diejenige, die das Geschehen lenkt. Und während sie am Werk ist, schweigt Gott, ja, er ist nicht da. Die

Abwesenheit Gottes selbst ist den Tieren nichts Neues, seit Jahwe sich zurückzog, als der Erzähler ihre mangelnde Eignung als Gefährten feststellte. Obwohl sich in Szene 1 solche Diskrepanzen in der Harmonie des Lebens auflösten, drohen sie in Szene 2 die Einigkeit aufzubrechen. Indem ein Tier sich der Pflanzenwelt bediente, bedrohte es sowohl die Welt Gottes als auch die der Menschen.

Nachdem die Schlange die Frau mit ihren Worten eingekreist hat, spricht sie nicht wieder. Ihre Funktion in der Geschichte verblaßt, obwohl sie noch nicht zu Ende ist. Mit dem, was die Schlange zuletzt sagt, endet der Dialog, aber der Akt des Ungehorsams soll erst noch kommen. Für dieses Ereignis kehrt die Geschichte zu einer Berichterstattung in der 3. Person zurück (3,6), die an Länge und Inhalt keiner anderen Einheit in Szene 2 entspricht. Der Ungehorsam steht allein da, ein einzelner Akt, der ohne Parallele ist. Seine Einzigartigkeit erklärt das Mißverhältnis zwischen diesem Abschnitt (B') und seiner strukturellen Parallele (B).

Spannung ist das Charakteristikum dieser Erzählung. Zuerst konzentriert sich der Bericht ausschließlich auf die Frau und hält dabei mit der Tatsache zurück, daß der Mann bei ihr ist.

Daß die Frau im Mittelpunkt steht, ist eine Fortsetzung der wichtigen Rolle, die sie im Dialog spielt. Dadurch wird auch die Spannung noch intensiviert, da man spürt, daß die beiden Menschen, die ein Fleisch sind, getrennt werden, eine Tatsache, die bis zum Schluß nicht korrigiert wird. Außerdem baut die Erzählung dadurch Spannung auf, daß sie Details einfügt, die die Handlung aufhalten, sie gibt eine ausführliche Beschreibung des Baumes, der Überlegungen der Frau und ihres Verhaltens beim Essen.

Die Frau betrachtet den Baum. Er ist gut zur Speise, er ist eine Lust für die Augen, und er ist begehrenswert, weil er wissend macht (3,6). Diese drei Erkenntnisse haben alle eine Vorstufe in der Geschichte. Die ersten beiden traten in umgekehrter Reihenfolge bei der Beschreibung der Bäume auf, die Jahwe schuf (2,9). Die dritte Beobachtung ist, wenn sie auch vorher nicht ausdrücklich genannt wurde, von den Worten der Schlange abgeleitet: »an dem Tag, da ihr davon eßt, ... werdet ihr sein wie Gott, erkennend Gutes und Böses« (3,5). Die Frau hatte aber, als sie gegenüber der Schlange Gott zitierte, etwas ganz anderes gesagt: der Baum bringt den Tod, nicht die Weisheit. Daher ist diese letzte Feststellung die entscheidende. Durch sie ist der Baum der Erkenntnis des Guten und des Bösen nicht nur anders als alle anderen Bäume und daher besonders begehrenswert, sondern er bietet auch, nach Aussage der Schlange, ein Wissen, das nicht gottgewollt ist, sondern vielmehr die Grenzen der Menschheit beseitigt und sie Gott gleich werden läßt.

Die Frau findet also den Baum physisch attraktiv, ästhetisch angenehm und vor allem wissensfördernd. Sie ist sich dieser Dinge voll bewußt, ehe sie ißt, und ihre Vorstellungskraft umfaßt die ganze Skala des Lebens. Sie diskutiert die Angelegenheit nicht mit ihrem Mann. Sie entscheidet selbständig und bittet dabei weder um seine Erlaubnis noch um seinen Rat. Gleichzeitig handelt sie aber auch nicht heimlich, betrügerisch oder im Verborgenen. In der Gegenwart des Mannes denkt und entscheidet sie für sich allein. Drei Handlungen folgen unmittelbar auf ihre drei Erkenntnisse: sie nimmt von dem Baum, sie ißt und sie gibt auch ihrem Mann, der bei ihr ist.

Nehmen, essen, geben: diese drei Aktionen der Frau machen aber noch nicht das ganze Geschehen des Ungehorsams aus. Die Geschichte legt Wert darauf zu sagen, daß der Mann bei ihr ist ('immāh), so wie er ja auch vorher in den pluralischen Verbformen des Dialogs mit einbezogen wurde.[38] In der ganzen Szene allerdings schweigt der Mann; er spricht sich nicht für Gehorsam aus. Seine Gegenwart ist passiv und freundlich. Im Gegensatz zu seiner Frau ist er nicht stark oder entschlossen, sondern schwach. Er ist keine patriarchale Gestalt, die für die Familie Entscheidungen fällt, sondern er folgt seiner Frau fraglos und ohne Kommentar. Sie gibt ihm die Frucht, »und er aß«. Die Geschichte sagt nicht, daß sie ihn verführt; und sein Schweigen läßt diese Folgerung auch nicht zu, selbst wenn viele InterpretInnen es so haben wollen. Die Erzählung stellt ihn auch nicht als zögernd oder widerstrebend dar. Er spricht nicht von Gott, überlegt nicht und erfaßt auch die ganze Tragweite des Geschehens nicht. Statt dessen ist seine einzige Tat magenorientiert, sie ist ein Akt wortlosen Einverständnisses, keine eigene Initiative. Wenn die Frau also intelligent, sensibel und geistreich ist, so ist der Mann passiv, gierig und unfähig. Dieses Portrait seines Charakters in Szene 2 steht im Gegensatz zu seiner Fähigkeit in

Szene 1, die Sexualität zu erkennen, feinsinnig über sein Entzücken zu sprechen und dann über die Richtung seines Lebens zu entscheiden, indem er Vater und Mutter verläßt und seiner Frau anhängt. Sicherlich spiegelt diese Schilderung in Szene 2 seine Gleichstellung mit der Frau bei der Schöpfung nicht wider. Gegensätze innerhalb des einen Fleisches kommen bei dem Wendepunkt der Geschichte, dem Ungehorsam, zutage.

Diese Gegensätze wirken sich aber in vergleichbarer Weise aus. Die Hervorhebung der Frau in der ganzen zweiten Szene führt direkt zu dem Mann am Ende. Sein Verstoß gegen das Gebot, der im Hebräischen nur mit einem Wort erzählt wird, *wayyō'kal*, schließt die Tat der beiden, die eins sind, ab und bringt sie zum Höhepunkt. Da der Mann erst am Ende der Erzählung in Erscheinung tritt, fällt auf ihn besonderes Gewicht. Er fällt dadurch auf, daß er verborgen und passiv bleibt, während sie sich exponiert und aktiv ist. Insofern bilden die Frau und der Mann jeweils den Hintergrund des anderen. Zwei entgegengesetzte Schilderungen treffen zusammen, um die beiden im Ungehorsam zu vereinen. Außerdem zeigen diese Portraits die vielen Möglichkeiten menschlicher Reaktionen, die zu Gesetzesübertretungen führen. Sowohl Aktivität als auch Passivität, Initiative wie wortlose Zustimmung, sind Formen der Gesetzlosigkeit. Ungeachtet ihrer unterschiedlichen Charakterisierung, sind die Frau und der Mann beide verantwortlich für ihre Taten: »Sie ... aß und sie gab auch ihrem Mann bei ihr, und er aß« (3,6 def). Sie sprechen nicht miteinander, ihr Tun spricht für sie. Insofern berichtet der Erzähler nur kurz von ihrem Ungehorsam und läßt dabei jegliche theologische Beurteilung, psychologische Analyse oder moralische Bewertung aus. Kurz, die Schlange hat sowohl die Frau als auch den Mann verführt. Anstatt Gott zu Rate zu ziehen, der ihnen das Leben gab, begeht das »eine Fleisch« den Ungehorsam.

Zu diesem einen Fleisch kehrt der Erzähler in dem abschließenden Kommentar von Szene 2 zurück (3,7) mit einem Vers, der in semantischer Dissonanz den Anfang der Szene wieder aufgreift. Vor dem Ungehorsam »waren *beide nackt*, der Mann und seine Frau, und sie schämten sich nicht« (2,25). Nach dem Ungehorsam »wurden ihrer *beider* Augen aufgetan und sie erkannten, daß sie *nackt* waren« (3,7). Zwischen den beiden Arten von Ungeschütztsein, die eine durch die Schöpfung gegeben und die andere durch Erkenntnis erworben, liegt der eine Akt des Ungehorsams. Er wurde durch die Vorhersage der Schlange gefördert, die sagte: »eure Augen werden aufgetan, und ihr werdet sein wie Gott, erkennend Gutes und Böses« (3,5). Nun sind ihnen, in der Tat, »die Augen aufgegangen«, aber ironischerweise erkennen sie das Gegenteil von dem, was die Schlange vorhergesagt hat. Sie erkennen ihre Hilflosigkeit, Unsicherheit und Schutzlosigkeit.[39] Was ihr Leben bei der Erschaffung charakterisierte, bedroht sie nun im Ungehorsam.

Das Vorher und das Nachher des Ungehorsams stellen unbewußte und bewußte Nacktheit einander gegenüber. Die Schutzlosigkeit, die zur Schöpfung gehört, bringt weder Scham (2,25) noch Furcht (vgl. 3,10) hervor. Aber das Wissen um die Ungeschütztheit, durch den Ungehorsam erworben, führt dazu, sie gleichzeitig anzunehmen und zu leugnen: »und sie hefteten Blätter zusammen und machten sich Schurze« (3,7 c d). Was sie zu verbergen suchen, offenbaren sie. Nachdem sie die Grenzen für den Eros überschritten haben, ist die Harmonie gestört. Statt als Erfüllung, Freude und Geschenk erfahren sie das Leben nun als ein Problem, das *sie* lösen, als eine Gefahr, die *sie* ausräumen und als Schande, die *sie* zudecken müssen. Die von Gott gegebene Schutzlosigkeit ist zur Gefahr, das Dasein zur Last worden.

In der frühen Einfalt der Schöpfung genügten zwei Wörter, um die Nacktheit zu charakterisieren: »und-sie-schämten-sich nicht« (2,25). Nun aber, in der zunehmenden Verwirrung durch den Ungehorsam verdreifacht sich die Zahl der Wörter, um die peinliche Lage des Nacktseins zu beschreiben: »und-sie-hefteten Blätter zusammen und-machten-sich Schurze« (3,7). So wie bei den Blättern sind auch bei den Wörtern viele nötig, um die Gesetzesübertretung zu verbergen. Mit diesem Verdecken ist die Bewegung des Eros auf ihren Widerpart gestoßen, so daß der Schluß von Szene 2 schon das tragische Ende der ganzen Geschichte vorausahnen läßt.

# 3. Der Eros wird verurteilt

Szene 3: Der Zerfall des Eros (Genesis 3,8—24)
Als Gegenbewegung zu Szene 1 (2,7—24) beschreibt Szene 3 die Auflösung des Eros im Detail. Hier gedeiht Mehrdeutigkeit, wächst Ironie, läßt Klarheit nach und wird der Entwurf unsicher. Dieses alles wurde in Szene 2 schon angedeutet, wo der Ungehorsam die Harmonie des Daseins völlig in Unordnung brachte. Ja, dieser Akt hatte das Leben an seiner Wurzel zerstört, indem er Gott, das Subjekt, zum Objekt, die Autorität zum Betrüger machte und menschliche Autonomie göttlicher Vorsehung überordnete. Nun, nach dem Ungehorsam, kehrt Jahwe, der/die SchöpferIn des Lebens, zurück, um über diese Hinterlassenschaft zu verfügen.
In voller Machtausübung lenkt Gott das Geschehen von Szene 3. Ihre drei Teile stehen nicht in Parallele zu den vier Episoden von Szene 1, sondern die beiden gegenläufigen Bewegungen der Handlung stoßen hier frontal zusammen.[40] Die Desintegration erschüttert den Eros in unvorhersehbarer Weise. Mit seinem besonderen Inhalt bezeugt also der Entwurf von Szene 3 einen Auflösungsprozeß, während er doch gleichzeitig die Integrität der Geschichte aufrechtzuerhalten sucht. Ein Bericht in der 3. Person leitet die Handlung damit ein, daß der Mann und die Frau sich vor Jahwe zwischen den Bäumen des Gartens verstecken (3,8), und er schließt die Szene ab mit Jahwe, der hā-'ādām aus dem Garten vertreibt (3,23—24). Das Wort »Garten« (gan) kommt zweimal am Anfang und zweimal am Ende vor, hier allerdings als »Garten von Eden«. Außerdem tritt das Wort »Baum« ('ēs) jeweils einmal auf. Dieser kreisförmige Entwurf umschließt die drei Teile der Verhandlung (3,8—13), des Urteils (3,14—19) und des Nachspiels (3,20—24).

## Teil 1: Die Gerichtsverhandlung (Genesis 3,8—13)
Der Eröffnungsvers, der der Gerichtsverhandlung vorangeht, hat vier Funktionen: er soll Aspekte aus Szene 1 in Erinnerung rufen, den Übergang von Szene 2 herstellen, den ersten Abschnitt von Szene 3 einleiten und in die ganze Szene 3 einführen. Nachdem wir seine letzte Funktion schon betrachtet haben, wenden wir uns den

drei anderen zu, die ineinandergreifen. Szene 2 endet damit, daß der Mann und die Frau ihre Nacktheit bedecken. Szene 3 beginnt damit, daß sich das Menschenpaar vor Gott versteckt.

*Und sie hörten die Stimme Gottes, Jahwes,*
*der im Garten wanderte bei der Kühle des Tages.*
*Da versteckten sich der Mensch und seine Frau*
*vor dem Angesicht Gottes, Jahwes, mitten zwischen den Bäumen*
des Gartens (3,8, REB*)

Nur einmal in Szene 2 war die volle Bezeichnung »Gott, Jahwe« vorgekommen (3,1), im Gegensatz zu ihrer durchgehenden Verwendung in Szene 1. In beiden Szenen kam sie in einem Bericht vor, und so ist es auch am Anfang von Szene 3, wo die Stimme Jahwes wieder zu hören ist. Diese Stimme gebot zuerst dem Erdgeschöpf, gehorsam zu sein (2,16) und erklärte dann, daß das Erdgeschöpf eine(n) GefährtIn (2,18) brauchte, aber sie schwieg unheilverkündend, als das neuerschaffene Paar sich für den Ungehorsam entschied. Der schweigende Gott von Szene 2 war auch der abwesende und inaktive. Aber jetzt, in Szene 3, wandert Gott durch den Garten. Weshalb Gott das tut, bleibt ungewiß.[41] Ist es ein gemächlicher Spaziergang oder eine Patrouille oder die Suche nach dem Menschenpaar? Was auch immer der Grund sein mag, Jahwe ist zurückgekehrt, um die Geschichte zu lenken. Als sie die Stimme Gottes hören, verstecken sich der Mann und die Frau. Gott als Objekt verursacht die Reaktion der Menschen (als Subjekt).

Die Wörter »der Mann und seine Frau« tauchten zuerst am Anfang von Szene 2 auf, um das neuerschaffene Paar zu identifizieren, die »beide nackt waren« und »sich nicht schämten« (2,25). Nun, beim zweiten Mal, bezeichnen sie das bekleidete Paar (vgl. 3,7), das sich »vor dem Angesicht Gottes, Jahwes, mitten zwischen den Bäumen des Gartens« versteckt. In Szene 1 beschrieb die Redewendung »in der Mitte des« *(beꞇôk)* den Ort für den Baum des Lebens und den Baum der Erkenntnis des Guten und Bösen (2,9). In Szene 2 wurde derselbe Terminus speziell für den verbotenen Baum gebraucht (3,2). Hier, in Szene 3, sagt er aus, wo das Paar sich befindet. Die Präposition *beꞇôk*, die also dreimal vorkommt, treibt die Geschichte von der Schöpfung zum Ungehorsam und zu Scham und Furcht.

Nachdem sie ihre Nacktheit mit Blättern verdeckt haben, verstecken sich der Mann und seine Frau genau an dem Ort ihres Ungehorsams. Ironischerweise werden sie sowohl durch ihr Kleid als auch durch ihren Aufenthaltsort entlarvt.

Dort, wo sie sich vor dem Angesicht Jahwes verstecken, nähert Gott sich ihnen mit Fragen. Gott wird zum Ankläger vor Gericht. Vom passiven Objekt in Szene 2 zum aktiven Objekt in der Einleitung zu Szene 3 (3,8) ist Gott nun zu einem aktiven Subjekt für den Rest der dritten Szene geworden, eine Position, die Jahwe in der ganzen ersten Szene innegehabt hatte. Somit ist die Beschreibung Gottes wie in einem Kreis zu ihrem Anfang zurückgekehrt. »Und Gott, Jahwe, rief den Menschen und sprach zu ihm: Wo bist du?« Obwohl Szene 3 damit anfing, daß sowohl der Mann als auch seine Frau die Stimme Gottes hören, wendet sich diese Stimme zuerst an den Mann. Eine solche individuelle Behandlung erhöht die Spannung innerhalb der Einheit des Menschenpaares. Der Mann, der von der verbotenen Frucht zuletzt aß, ist der erste, der darüber befragt wird. Ein Wort genügt, um sich nach der Bedeutung seines Benehmens zu erkundigen: »Wo-bist-du?« *('ayyekâ)*. Der Mann antwortet nur für sich selbst. Seine Antwort (3,10) ist eine Variation der Beschreibung des Menschenpaares, mit der diese Szene eingeleitet wurde (3,8):

| | |
|---|---|
| *Und* sie hörten *die Stimme Gottes, Jahwes, der im Garten wandelte, bei der Kühle des Tages,* | *Da sagte er: Ich hörte deine Stimme im Garten und ich fürchtete mich, weil ich nackt bin,* |
| *Da* versteckten sich der Mann und seine Frau *vor dem Angesicht Gottes, Jahwes; mitten zwischen den Bäumen des Gartens.* (3,8, REB*) | *und* ich versteckte mich, (3,10, REB*) |

Auf das eine Wort von Gottes Frage: »Wo-bist-du?« gibt der Mann eine Antwort von sieben Wörtern: »Ich-hörte deine-Stimme im-Garten, und-ich-fürchtete-mich, weil ich-nackt-bin und-ich-versteckte-mich«. Diese Anhäufung von Wörtern bezeugt den Schaden, der durch den Ungehorsam entstanden ist. Erklärungen, Rechtfertigungen und Rationalisierungen sind in das Leben eingedrungen. Wehrlosigkeit ist Wehrhaftigkeit geworden, Selbstbezogenheit herrscht vor. Viermal spricht der Mann von sich selbst: »Ich hörte«, »ich fürchtete mich«, »ich bin nackt«, »ich versteckte mich«. Aber hinter all diesen Ausdrucksweisen menschlichen Ichs taucht die Stimme Gottes drohend auf. Zu Beginn der dritten Szene (3,8) hatte diese Stimme als Objekt Einfluß auf die Handlungen des Subjekts. Hier nun (3,10) hebt ihre ungewöhnliche syntaktische Stellung vor dem Verb im hebräischen Satz ihre Macht noch stärker hervor. Ganz sicher steht Jahwe höher als diese Anmaßung des Menschen, wie es der Mann ja auch selbst durch seine Wortstellung ironisch anerkennt. »Deine Stimme hörte ich …«. Zwischen dem »Hören« und dem »Verstecken« gibt der Mann noch zwei Erklärungen ab. Die erste ist ein Geständnis seiner Furcht, etwas ganz Neues in der Geschichte. Und die zweite ist eine Begründung seiner Angst durch eine Wiederholung (in der 1. Person Singular) dessen, was der Erzähler schon zweimal von dem Menschenpaar berichtet hat: die Tatsache der Nacktheit (2,25; 3,7). Eine hebräische Partikel, die auf eine Begründung hinweist, verbindet die Furcht mit Schutzlosigkeit: »ich fürchtete mich, weil *(kî)* ich nackt bin« (REB). Somit macht ihm also das Wissen um seine Nacktheit, nicht das Angesicht Gottes, Angst.

In der Antwort des Mannes ist »nackt« das Schlüsselwort. Der Erzähler hat schon auf seine Wichtigkeit hingewiesen, indem er den Akt des Ungehorsams mit ihm umgab (2,25; 3,7). Somit wird dieses Wort der Hinweis, dem Jahwe nachgeht. Das Bemühen, die Schutzlosigkeit zu verteidigen, führt nicht zu einem Beschluß, sondern vielmehr zu Fragen (3,11): »Wer hat dir erzählt, daß du nackt bist?« (REB) Obwohl es so scheint, als ob Gott nach dem Schuldigen fragt, »wer hat dir …«, konzentriert sich die Frage in Wirklichkeit auf ihr Objekt, »daß du nackt bist?«

Eine zweite Frage macht unmittelbar deutlich, daß der Mann allein die Verantwortung für seine Erkenntnis tragen muß: »Hast du etwa von dem Baum gegessen, von dem ich dir geboten habe, du solltest nicht davon essen?« Diese Worte wiederholen die von Szene 1, wo Jahwe das Erdgeschöpf über die Grenzen der Freiheit unterwies

(2,16−17). Das gemeinsame Vokabular der beiden Abschnitte besteht aus den Termini »gebieten«, »nicht«, »essen« und »Baum«. Die Redewendung »die Erkenntnis des Guten und Bösen« in 2,17 wird in 3,11 nicht wiederholt und wurde auch von der Frau in 3,3 nicht benutzt, um den verbotenen Baum zu bezeichnen. In all diesen Fällen bleibt das Verbot, »nicht essen« konstant, während die Beschreibung des Baumes variiert. Die Bedeutung des Baumes liegt also im Gehorsam und Ungehorsam und nicht in »der Erkenntnis des Guten und Bösen«. Er ist der Baum des göttlichen Gebots.[42]

Die Fragen Gottes an den Mann zielen darauf ab, Verantwortlichkeit festzumachen, was der Mann nur widerstrebend akzeptiert. Erstens verrät er die Frau, zweitens gibt er Gott die Schuld, und erst als drittes bekennt er: »Da sagte der Mann: Die-Frau, die du-mir zur-Seite gegeben-hast, sie gab-mir von-dem-Baum, und ich-aß« (3,12, REB). Vor dem Ungehorsam bezeichneten die Unterschiede innerhalb eines Fleisches die Erfüllung des Eros (2,22−24). Mit dem Ungehorsam aber sind diese Unterschiede zu Gegensätzen in einem Fleisch geworden (3,6−7). Nun, nach dem Ungehorsam, spalten diese Gegensätze das eine Fleisch auf und erschüttern seine Einheit und Harmonie.[43] Der Mann wendet sich gegen die Frau, die er vorher als Gebein von Gebein und Fleisch von Fleisch erkannt hatte.

Ironischerweise bringt seine Opposition gegen sie auch seine Solidarität mit ihr zum Ausdruck. Obwohl er sie verrät, sagt er nicht, daß sie ihn in Versuchung geführt hat. Er sagt nur, daß sie ihm die Frucht von dem Baum gab, was genau dem Bericht des Erzählers entspricht (3,6). Außerdem ist dieses Verb »geben« (ntn) dasselbe, mit dem er Gottes Handeln nach der Erschaffung der Frau beschreibt: »die Frau, die du mir zur Seite gegeben hast«. Weder Gott noch die Frau hat den Mann verführt, und doch bezieht er beide in sein Schuldigwerden mit ein. Er weist darauf hin, daß der Eros, den er selbst dichterisch gefeiert hatte, ein Fehler war. Während die Schlange sagte, daß Gott auf das Menschenpaar eifersüchtig ist (3,5), deutet der Mann implizit an, daß Gott schuldhaft gehandelt hat, als er sie als Mann und Frau schuf. Die Schlange sprach sich nur indirekt aus, der Mann aber steht Gott von Angesicht zu Angesicht gegenüber. Erst nach sieben Wörtern der Anklage gegen die Schöpfung und den/die SchöpferIn erkennt er seine eigene Verantwortung an: »und ich aß«.

Indem er sich daraufhin gleich der Frau zuwendet, wehrt Gott den Angriff des Mannes ab: »Und Gott, Jahwe, sprach zur Frau: Was hast du getan?« (3,13, REB*). Anders als die Fragen an den Mann geht es hier nicht um Informationen, die die Frage der Schuld einstweilen offenlassen, sondern Jahwe klagt unmittelbar an (vgl. Gen 4,10). Gott hat den Bericht des Mannes über die Rolle der Frau beim Ungehorsam akzeptiert, während er die Darstellung seiner eigenen Rolle übergeht. Auf seine Frage antwortet die Frau so ähnlich wie der Mann. Sie bekennt sich erst zu ihrer Verantwortung, nachdem sie einen anderen beschuldigt hat: »Die-Schlange hat-mich-getäuscht, da-aß-ich« (3,13). Aber ihre Antwort unterscheidet sich doch sehr von der ihres Mannes. Erstens gibt sie nicht Gott die Schuld. Sie sagt beispielsweise nicht: »die Schlange, die du gemacht hast, daß sie mit mir in dem Garten wohne ...« (vgl. 3,1). Außerdem zieht sie ihren Gefährten nicht auf Gedeih und Verderb mit hinein. Sie spricht nur für und über sich selbst. »Die Schlange hat mich getäuscht« (nicht »uns«) sagt sie, obwohl sie im Gespräch mit dem Tier pluralische Pronomen benutzt hatte. Drittens spricht die Frau anders von der Schlange als ihr Mann, sie bezeichnet sie als Verführer, der sie betrog, täuschte und verleitete – was Nuancen des hebräischen Verbs *nś'*, nicht aber des Verbs *ntn* (»geben«) sind, das der Mann benutzt hatte, als er von Gott und der Frau sprach. Viertens kommt die Frau schneller zum Geständnis als der Mann. Nach zwei Wörtern der Beschuldigung der Schlange bekennt sie sich zu ihrer Verantwortung: »und ich aß«.

Als der Mann die Frau an Gott verrät, stellt er sich in einen Gegensatz zu ihr; als die Frau ihn in ihrer Antwort an Gott ignoriert, trennt sie sich von ihrem Mann. Ihr Gegensatz vereint sich aber in der Solidarität ihrer Bekenntnisse: »und ich aß« ... »und ich aß«. Nachdem sie gespalten waren, wartet nun ein Fleisch auf das Ergebnis. Der Mann und die Frau kommen danach nicht mehr zu Wort; Gott lenkt das Geschehen, um zu urteilen und zu strafen. Die Reihenfolge und Betonung dieser Ereignisse im ersten Teil der dritten Szene weist invertierte Parallelen zu Szene 2 auf. Mit anderen Worten, die Befragung durch Gott greift die Hauptelemente des Ungehorsams in umgekehrter Reihenfolge wieder auf. Die Übersichtstabelle auf der nächsten Seite macht diesen Vorgang deutlich.

Diese invertierten Parallelen bringen das künstlerische und themati-
sche Gleichgewicht in die Geschichte. Beide Male steht die Frau im
Mittelpunkt, auf der einen Seite umgeben von der Schlange, die sie
getäuscht hat, (3,1; 3,13−14) und auf der anderen von dem Mann,
der ihr nur folgte (3,6 ef). um sie dann zu verraten (3,12). (Sie stand
auch schon im Mittelpunkt bei dem Dialog mit der Schlange; siehe
oben). Nichtsdestoweniger verändert sich ihr Portrait radikal. In
Szene 2 spielte sie die wichtigere Rolle (3,2−3,6), in Teil 1 von
Szene 3 spricht sie nur noch drei Wörter (3,13 c d). Dementsprechend hat sich auch die Rolle des Mannes umgekehrt. In Szene 2
war er nur der Unbedeutende, der aß, als sie ihm die Frucht gab
(3,6 ef), während er im ersten Teil von Szene 3 beim Antworten
dominiert (3,10, 12). Die Rollen des Mannes und der Frau bei
Ungehorsam und Verteidigung werden durch die jeweilige Hervorhebung in der Erzählung und die moralische Verantwortung ins
Gleichgewicht gebracht. Wieder einmal sind gegensätzliche
Beschreibungen zusammengetroffen, um das Menschenpaar ironischerweise in der Gebrochenheit des Lebens zu vereinen.
Parallelen zwischen der Szene des Ungehorsams und der Befragung
durch Gott unterstreichen auch die Zweideutigkeit der Schlange. In
Szene 2 war sie ein Schurke in der Beschreibung und ein Kunstgriff
innerhalb der Handlung. Diese Spannung bleibt im ersten Teil von
Szene 3 erhalten. Die Frau charakterisiert sie in dem Augenblick als
Versucher (Schurke in der Beschreibung), als sie sie als Entschuldi-
gung für ihren Ungehorsam braucht (Kunstgriff in der Handlung).
Gottes Antwort bestätigt diese Zweideutigkeit. Gott akzeptiert die
Beschreibung der Frau, fragt aber die Schlange nicht nach ihrer
Verantwortung, sondern verflucht sie nur. Die Schlange, die in
Szene 2 als erste auftritt, bereitet die Bühne für den Ungehorsam
der Menschen vor. Wenn sie als letzte vor dem Tribunal erscheint,
wird sie von der Frau für den Ungehorsam verantwortlich gemacht,
aber von Gott nicht selbst befragt. Innerhalb des Rahmens, der
durch die Schlange gegeben ist, begeht das Menschenpaar seinen
Ungehorsam, verteidigt sich und bekennt schließlich seine Schuld.
Ironischerweise kreist die Schlange diejenigen, denen Macht über sie
gegeben war, ein (2,19−20).
Indem Jahwe die wichtigsten Konturen des Ungehorsams zurückver-

## Szene 2 (2,25 – 3,7)

a  Vor dem Ungehorsam gibt es die Eintracht »des Mannes und seiner Frau« als schutzlose Geschöpfe (2,25).

b  Die Schlange, die von Jahwe gemacht wurde, erscheint zuerst, um Ärger zu machen (3,1).

c  Die Frau erscheint als zweite, der Erzähler berichtet: »sie nahm von seiner Frucht und aß« (3,6d).

d  Der Mann erscheint zuletzt, der Erzähler berichtet: »und sie gab auch ihrem Mann bei ihr, und er aß« (3,6 e f).

e  Nach dem Ungehorsam, verbirgt das Menschenpaar seine Nacktheit dadurch, daß es Blätter zusammennäht (3,7).

## Szene 3 Teil 1 (3,8 – 14 a)

e′  »Der Mann und seine Frau« verstecken sich vor Jahwe mitten zwischen den Bäumen des Gartens (3,8).

d′  Jahwe redet zuerst den Mann an, der sagt, daß seine Frau ihm die Frucht gab, und dann zugibt: »und ich aß« (3,9–12).

c′  Jahwe redet als zweite die Frau an, die schließlich eingesteht, »und ich aß« (3,13).

b′  Jahwe redet zuletzt die Schlange an, die betrogen hat (3,14a).

a′  (Nachdem die Eintracht des Menschenpaares in der vorhergehenden Befragung total erschüttert ist, gibt es keine Rückkehr mehr zu dem Leben vor dem Ungehorsam).

folgt, führt er die Geschichte zu ihrem Ausgangspunkt zurück, zu »der Schlange, die listiger war als alle Tiere des Feldes, die Gott, Jahwe, gemacht hatte« (3,1,14 a). Unverständlicherweise abwesend, als dieses wilde Tier seine List ausspielt, übernimmt Gott nun wieder die Regie. Gott stellt keine Fragen, sondern spricht der Schlange gleich das Urteil; dadurch wird dieses Tier zu einer Übergangsfigur zwischen den Abschnitten.[44] Vom Ungehorsam zur Gerichtsverhandlung und zum Urteil sind Struktur und Thema der Geschichte miteinander verschlungen. Obwohl Gott bei dem Ungehorsam abwesend war, wird Gott, der/die AnklägerIn, nun zum/zur RichterIn. Außerdem hat sich die Geschichte durch die umgekehrte Reihenfolge, in der das Tier und die Menschen in den drei Szenen auftreten, zyklisch auf die Gerichtsszene zubewegt:[45]

| *Ungehorsam* (2,25−3,7) | *Befragung* (3,8−13) | *Urteil* (3,14−19) |
|---|---|---|
| *Schlange* | *Mann* | *Schlange* |
| *Frau* | *Frau* | *Frau* |
| *Mann* | *Schlange* | *Mann* |

*Teil 2: Das Urteil (3,14−19)*
Sowohl im Gesamtzusammenhang als auch in den einzelnen Teilen rekapituliert Gott bei seinem Urteil den Handlungsverlauf des Ungehorsams. Der Entwicklung des Lebens in Szene 1 gegenübergestellt, zeigt diese Urteilsfindung den Zerfall, der sich aus der Überschreitung der Grenze ergibt. Wenn Gott nun zu der Schlange, der Frau und dem Mann spricht, gibt Gott ihnen keine Gebote mehr für die Gestaltung ihres Lebens, sondern zeigt ihnen nur, wie unerträglich das Dasein geworden ist, wenn es zwischen Schöpfung und Erlösung steht. Sein Urteil beschreibt Konsequenzen, es verordnet keine Strafen (die kommen später).[46] Es zeigt, was es heißt, dem Tod statt einem erfüllten Dasein zu leben und drückt damit eine Verurteilung, ja, einen Protest gegen die Vergiftung des Eros aus. Das kurze Gedicht an den Eros, das die Schöpfung in Szene 1 krönte (2,23), macht hier der Dichtkunst des Thanatos Platz, die im Mittelpunkt der Auflösung in Szene 3 steht.
Nach einem in der Geschichte durchgängig gebrauchten Muster hat auch dieses Gedicht eine Ringkomposition mit Parallelen in Form

und Vokabular zwischen dem ersten und dem letzten Urteilsspruch, die in dem zweiten nicht vorkommen. Gleichzeitig sind aber alle drei durch das Wort »Frau« miteinander verbunden, das in jedem Abschnitt vorkommt (3,15,16,17). Die Reden sind unterschiedlich lang, am längsten ist die an den Mann gerichtete (3,17−19), am kürzesten die an die Frau (3,16), und die an die Schlange gerichtete steht dazwischen (3,14−15). Eine Interpretation dieser allgemeinen strukturellen Merkmale wird sich aus unserer Untersuchung der einzelnen Gedichte ergeben.

## a) Der Urteilsspruch über die Schlange (3,14−15)

*Und Gott, Jahwe, sprach zur Schlange:*
*»Weil du das getan hast,*
*sollst du verflucht sein unter allem Vieh*
*und unter allen Tieren des Feldes«.* (3,14 a, REB*)

Obwohl Jahwe die Frau mit einer Frage angeklagt hatte, die eine Antwort erlaubte: »Was hast du getan?« (3,13), beschuldigt Gott nun die Schlange mit denselben Worten, aber in Form einer Erklärung, die keine Verteidigung zuläßt: »Weil *(kî)* du das getan hast …« Die Schlange wird ohne Gerichtsverhandlung schuldig gesprochen, und das Ergebnis ihrer Verletzung des Lebens ist ein Fluch, der sie in ihrer Stellung, nicht in ihrer Art, von den anderen Tieren unterscheidet. Der Superlativ, mit dem sie in Szene 1 eingeführt wurde, «das listigste *('ārûm)* von allen Tieren des Feldes, die Gott gemacht hatte« (3,1), wird nun in einer Parallele wieder aufgegriffen, sie soll am meisten »verflucht sein *('ārûr)* unter allem Vieh und unter allen Tieren des Feldes«. Ein Wortspiel hat List zum Fluch gemacht, und diese Veränderung betrifft auch die anderen Tiere. Nur die Vögel des Himmels, die in Szene 1 genannt wurden (2,19,20), werden hier nicht ausdrücklich erwähnt. Als überlegener Repräsentant der Tierwelt ist die Schlange nun tiefer als alle in Ungnade gefallen.[47]
Die Schwere des Fluchs, der sie getroffen hat, zeigt sich als erstes in ihrer besonderen Körperhaltung und Nahrung (3,14 b):

*auf deinem Bauch sollst du kriechen,*
*und Staub sollst du fressen*
*alle Tage deines Lebens.* (3,14b, REB)

Die Substantive »Staub« *('āpār)* und »Leben« *(ḥayyîm)* und das
Verb »essen« *('kl)* sind ironische Anspielungen. Aus Staub bildete
Jahwe das zerbrechliche Erdgeschöpf (2,7) und gebot ihm, von einem
Baum nicht zu essen, damit es nicht sterbe (2,17). Gerade das Tier,
das das Erdgeschöpf dazu verführte, die verbotene Frucht zu essen
und ihm versicherte, daß es danach nicht sterben würde (3,1,4), ißt
nun selbst Staub alle Tage seines Lebens. Als die Schlange das
Menschenpaar zum Ungehorsam verleitete, sprach sie speziell die
Frau an, bezog durch den Gebrauch des pluralischen Pronomens den
Mann aber mit ein. Dementsprechend fährt die Verfluchung dieses
Tieres mit einem ausdrücklichen Hinweis auf die Frau fort, in den
der Mann mit einbezogen wird (3,15):

*Und ich werde Feindschaft setzen zwischen dir und der Frau,*
*zwischen deinem Samen und ihrem Samen;*
*er wird dir den Kopf zermalmen,*
*und du, du wirst ihm die Ferse zermalmen.* (REB)

Mit diesen Worten wird der Unterschied zwischen der Tierwelt und
den Menschen zum Gegensatz. Die Hierarchie der Harmonie, die in
Szene 1 hergestellt wurde, als das Erdgeschöpf den Tieren Namen
gab (2,18−20) und die dann in Szene 2 bedroht wurde, als das
listigste *('ārûm)* der Tiere das nackte *(ᵃrûmmîm)* Menschenpaar in
die Falle lockte, zerbricht nun in Szene 3, als Jahwe die Schlange
verflucht *('ārûr)* und ewige Feindschaft setzt zwischen den Nachkommen dieses Tieres und denen der Frau. Gott spricht an keiner
Stelle über die Feindschaft zwischen ihm selbst und der Schlange,
was aufgrund der Behauptungen der letzteren in Szene 2 durchaus
möglich gewesen wäre (siehe oben) und was auch in dem Fluch
Gottes selbst enthalten ist. Von Jahwes Perspektive aus richtet sich
die Entfremdung, ja, Feindschaft der Schlange gegen die Menschen,
die ihr einen Namen gegeben haben, die ihr dann jedoch unterlagen.
Die daraus folgende Feindseligkeit hat die Eintracht des Lebens für
immer erschüttert, was aus dem Hinweis auf die Nachkommen der

Frau deutlich wird. Diese erste Erwähnung menschlichen Nach-
wuchses hebt die bleibenden Konsequenzen des Ungehorsams hervor. Es gibt danach einen dauernden Machtkampf zwischen Tier und
Mensch, wobei jeder den anderen angreift, um ihn zu töten. Ausgelöst durch die Pflanzenwelt (den Baum), ist diese Feindschaft ein
Kennzeichen für den Tod des Eros, den Gott geschaffen hat, nun
aber als vergiftet beurteilt.

Kurz zusammengefaßt, rekapituliert Gott, als er die Schlange
anspricht, die Reihenfolge, das Vokabular und die Leitmotive des
ersten Auftretens der Schlange in der Geschichte (3,1−5). Als erste,
die in der Erzählung vom Ungehorsam vorkommt, ist sie auch die
erste, die bei dem Urteil angeredet wird. Nachdem sie das listigste
('ārûm) aller wilden Tiere genannt wurde, wird sie nun mehr als alle
anderen Tiere verflucht ('ārūr). Nachdem sie den Gedanken aufge-
bracht hat, daß man die verbotenen Früchte essen kann, ohne zu
sterben, wird sie nun dazu verdammt, Staub zu essen alle Tage ihres
Lebens. Nachdem sie sich an die Frau als Repräsentantin des Menschenpaares gewandt hat, lebt sie nun in Feindschaft zu ihr und
ihren Nachkommen. Wiederholt klagt Jahwe dieses Tier an, indem
er seinen Anteil am Ungehorsam in Erinnerung ruft. Der Gott, den
die Schlange in Szene 2 zum Objekt machte, spricht nun das Urteil
über die Schlange in Szene 3.

Außerdem enthält dieser Urteilsspruch Anspielungen auf jede der
vier Episoden von Szene 1. Die Erwähnung des Staubs greift auf die
Erschaffung des Erdgeschöpfs in Episode 1 zurück (2,7). Das eine
Wort »essen« erinnert an die alleinige Verwendung dieses Verbs in
bezug auf die Bäume des Gartens in Episode 2. Die Beschreibung des
Viehs und der wilden Tiere spielt auf Episode 3 an, und der Hinweis
auf die Frau reflektiert die Erschaffung der Sexualität in Episode 4.
Hinweise auf die Entwicklung des Eros reichen aus, um von seinem
Zerfall zu berichten. *Multum in parvo* ist Gottes Fluch über die
Schlange. Danach verschwindet dieses wilde Tier und nimmt dabei
die unaufgelöste Ambivalenz eines Schurken in der Beschreibung
und eines Kunstgriffs im Handlungsverlauf mit. Von da an konzen-
triert sich Gottes Aufmerksamkeit ganz, wenn auch nicht in gleicher
Weise, auf die Frau und den Mann.

## b) Der Urteilsspruch über die Frau (3,16)

»Zu der Frau sprach er« (3,16 a). Der Fluch über die Schlange (3,15)
kündigte dieses Urteil über die Frau schon an, das nun seinerseits die
Anrede an den Mann vorausahnen läßt (3,16 c). Es unterscheidet
sich jedoch in Form und Inhalt auffallend von den Versen, die es
umgeben. Erstens fehlt ihm die Formel der Anklage. Das Urteil über
die Schlange fing mit den Worten an »weil *(kî)* du das getan hast«
(d. h. die Frau verführt, 3,13−14), und der Mann wird ebenso
angeredet werden: »weil *(kî)* du auf die Stimme deiner Frau gehört
hast« (3,17). Aber in dem Urteil über die Frau, das dazwischen liegt,
kommt eine solche Anklage nicht vor, da Gott sie schon während der
Befragung beschuldigt hatte. Anders als in den beiden Fragen, die
dem Mann dort gestellt werden (3,11), wird bei ihr die Schuld
vorausgesetzt: »Was hast du da getan?« Deshalb braucht Jahwe nur
noch die besonderen Konsequenzen, die sich aus dem Ungehorsam
der Frau ergeben, zu beschreiben.

Daß das Wort »Fluch« fehlt, ist ein weiterer Unterschied zwischen
dem Urteil über die Frau und denen über die Schlange und den
Mann: Nachdem er die Schlange beschuldigt hat, verflucht Gott sie
unmittelbar (3,14): »*'arûr 'attâ*« (»du sollst verflucht sein«). Und
nachdem er den Mann *('ādām)* angeklagt hat, wird Gott auch ihn
sofort verfluchen (3,17 c): »*ªrûrâ hā-'ªdāmâ ba'ªdāmâ ba'ªbûrekā*«
(»so sei der Erdboden verflucht um deinetwillen«). Obwohl sie von
Flüchen umgeben ist, wird die Frau selbst nie verflucht, weder direkt
noch indirekt, hier oder sonst irgendwo in der Geschichte. Infolgedessen ist die Behauptung, daß Jahwes Urteil über sie das härteste
von allen sei, an dieser Stelle nicht stichhaltig (und auch an anderen
nicht). Daß sie nicht verflucht wird, heißt aber nicht, daß sie
weniger verantwortlich ist als die Schlange oder der Mann − oder
daß sie weniger Mensch wäre. Wie wir gesehen haben, schwankt die
Darstellung der Schlange zwischen Versucher und Kunstgriff, aber
die Geschichte handelt weder von einem Schurken noch von einem
Trick. Der Gehorsam und Ungehorsam des Menschen ist das
Thema, wobei die Frau und der Mann gleich wichtig sind, Gebein
von Gebein und Fleisch von Fleisch (2,23). In der Szene des Ungehorsams wurde die Frau als intelligent, informiert und selbständig

beschrieben, die Entscheidung, von den Früchten zu essen, war allein ihre, so wie auch die Entscheidung des Mannes seine eigene war. Bei dem Gerichtsverfahren macht Gott ihre individuelle Verantwortlichkeit deutlich, und in ähnlicher Weise weisen ihre Geständnisse, auch wenn sie getrennt abgelegt werden, auf ihrer beider Verantwortung hin. Infolgedessen ist bei dem Urteil die Frau weder mehr noch weniger verantwortlich als der Mann.

Als Jahwe die Frau direkt anspricht, beschreibt Jahwe die besonderen Konsequenzen, die ihr Ungehorsam in ihr Dasein gebracht hat (3,16 b):

*Ich werde sehr vermehren die Mühsal deiner Schwangerschaft*
*(w. überaus zahlreich werde ich deine Beschwerden und deine*
*Schwangerschaft machen)*
*mit Schmerzen sollst du Kinder gebären!* (REB)

Die beiden Objekte, die auf das Verb »vermehren« folgen, können getrennt als zwei aufeinander bezogene Gedanken oder gemeinsam als ein zusammengesetzter Begriff interpretiert werden. Nach der ersteren Auffassung weist das Objekt 'iṣṣᵉbônēk (»Mühsal/Beschwerden«), auf harte Arbeit und Leiden hin, während das zweite Objekt, wᵉhērōnēk (»Schwangerschaft«) das Leiden, das nur die Frau zu bestimmten Zeiten kennt, meint (vgl. KJV).[48] Je mehr sie gebiert, um so größer werden ihre Schmerzen. Außerdem läßt die Interpretation daß 'iṣṣᵉbônēk »harte Arbeit« ist, es zu, daß man eine Parallele in dem späteren Gebrauch desselben Wortes bei der Beschreibung der Arbeit des Mannes sieht: »mit Mühsal *(bᵉ'iṣṣābôn)* sollst du davon essen alle Tage deines Lebens« (3,17 e, REB). Nach der letzteren Auffassung sind die zwei Objekte ein Hendiadys, eine Stilfigur, in der zwei durch eine Konjunktion miteinander verbundene Wörter einen einzigen Gedanken vermitteln.[49] Dann bedeutet die Redewendung »Mühsal der Schwangerschaft«. Diese Interpretation wird durch den Parallelismus in der folgenden Zeile gestützt: »mit Schmerzen *(bᵉ'eṣeb)* sollst du Kinder gebären«. Der »Samen«, der den Kopf der Schlange zermalmt (3,15, REB), bereitet auch der Frau Schmerzen.

Das Urteil über die Frau ist von entscheidender Bedeutung. Während der erste Teil vor allem an die Leitmotive des vorhergehenden

Gedichts anknüpft, verbindet der zweite Teil es mit dem folgenden Abschnitt, indem der Mann eingeführt wird (3,16 c):

*Nach deinem Mann ('îš) wird dein Verlangen sein,*
*er aber wird über dich herrschen.* (REB)

Das geschlechtsbezogene Vokabular von *'iššâ* und *'îš* kam zuerst in der Geschichte von der Erfüllung des Eros in der vierten Episode von Szene 1 vor. Das Wortspiel, das sich dort aus der Assoziation dieser Wörter ergab, kennzeichnete bei aller Unterschiedlichkeit die Einheit von Frau und Mann (2,23). Die Gleichstellung in ihrer Vereinigung wurde noch einmal unterstrichen, als der Mann *('îš)* seine Eltern verließ, um seiner Frau *('iššâ)* anzuhängen, und »sie wurden zu einem Fleisch« (2,24). Jahwes Worte an die Frau spielen nun auf dieses Ereignis an. So wie der Mann sich ihr nach der Erschaffung anschloß, so begehrt sie ihn selbst an dem Ort des Urteils noch. Aber zwischen damals und nun ist der Ungehorsam getreten. Die Frau *('iššâ)* aß, sie gab auch ihrem Mann *('îš)* und er aß (3,6). An diesem Wendepunkt wurden die Unterschiede innerhalb eines Fleisches zum Gegensatz (siehe oben). Die Trennung folgte und brachte »gegensätzliche Geschlechter« hervor. Um sich zu verteidigen, wandte sich der Mann *(hā-'ādām)* gegen die Frau und verriet sie an Gott (3,12). Aber nach Gottes Willen sehnt sie sich immer noch nach der ursprünglichen Einheit von Mann und Frau: »nach deinem Mann *('îš)* wird dein Verlangen sein *(tᵉsûqâ)*«. Leider gibt es diese Einheit aber nicht mehr, das eine Fleisch ist auseinandergespalten. Der Mann wird das Verlangen der Frau nicht erwidern, statt dessen wird er über sie herrschen. Infolgedessen lebt sie in einer ungelösten Spannung. Wo einst Gegenseitigkeit war, gibt es nun eine Hierarchie der Trennung. Der Mann dominiert über die Frau und pervertiert damit die Geschlechtlichkeit. Die Frau wird korrumpiert, wenn sie zur Sklavin, und der Mann, wenn er zum Herrn wird. Seine Vorherrschaft ist weder ein gottgegebenes Recht noch eine männliche Prärogative. Ihre Unterordnung ist weder ein göttlicher Beschluß noch ein weibliches Schicksal. Ihrer beider Stellung ist die Folge von gemeinsamem Ungehorsam. Gott beschreibt diese Konsequenz, verhängt sie aber nicht als Strafe.[50]
Nach nur zwei Zeilen endet der Urteilsspruch über die Frau. In

dieser Kürze liegt der dritte Unterschied zu den Reden an die Schlange und den Mann. Und diese Kurzform entspricht genau den abschließenden Worten, die das Verhältnis der Frau zum Mann zusammenfassen: »er aber wird über dich herrschen«. Sie wird in der Geschichte immer unbedeutender, während *hā-'ādām* die Führung übernimmt. Mit dieser Unterordnung der *'iššâ* verschwindet das Wort *'îš* gänzlich. Der Eros ist auseinandergefallen. Somit wird jetzt Wirklichkeit, was die Geschichte beschrieben hat: die Unterdrückung, die aus der Gesetzesübertretung hervorging, wird durch den Aufbau der Geschichte aktualisiert, die jetzt den Mann hervorhebt und die Frau immer unbedeutender werden läßt.

## c) Der Urteilsspruch über den Mann (3,17–19)

Die Anklage gegen den Mann greift noch einmal auf das Geschehen zurück:

*Und zu dem Mann sprach er:*
*»Weil (kî) du auf die Stimme deiner Frau gehört und gegessen hast*
*von dem Baum, von dem ich dir geboten habe: Du sollst davon nicht*
*essen«. (3,17, REB\*)*

Dieser Hinweis auf die Frau vervollständigt den ineinander verschlungenen Entwurf der drei Urteilssprüche: sie ist das verbindende Glied (3,15,16,17). Ihre Erwähnung hier erinnert ironischerweise an die freudige Vereinigung mit ihr in Szene 1 (2,23–24). Daß er auf die Stimme seiner Frau hört, gibt den beiden Abschnitten am Anfang von Szene 3 noch eine andere Wendung. In jener Einleitung berichtete der Erzähler, daß der Mann und die Frau die Stimme (qôl) Jahwes hörten (šm') und sich versteckten (3,8). Später sagt der Mann zu Gott: »Deine Stimme (qôl) hörte ich (šm') ... und ich versteckte mich« (3,10). Gottes Stimme zu hören, hieß, wegzulaufen; sie nicht zu beachten, war Ungehorsam. Das gleiche Vokabular beschreibt nun aber die entgegengesetzte Reaktion. Als der Mann auf die Stimme (qôl) seiner Frau hörte (šm'), war, ihr zu folgen, Ungehorsam. Es ist der Fehler des Mannes, daß er nicht verantwortungsbewußt ist. Vielleicht wird er sogar der Abgötterei beschuldigt, da er die Stimme der Frau höher achtete als die Stimme Gottes. Keinesfalls aber wird der Mann dafür angeklagt, daß er keine Kontrolle über seine Frau ausübte; schließlich hat er ja auch gar kein Recht dazu. Statt dessen wird er wegen seiner Treulosigkeit gegenüber Gott verurteilt. Er hat von dem verbotenen Baum gegessen, und sein Bemühen, Gott die Schuld zuzuschieben, indem er die Frau verrät, zählt nicht.

Bei dem Hinweis auf den Baum des göttlichen Gebots greift die Anschuldigung auf die zweite Episode von Szene 1 zurück. Dort wurde das Verb »gebieten« auf Gott in der 3. Person angewendet: »und Gott, Jahwes, gebot ...« (2,16). Hier nun spricht Gott in der 1. Person: »ich gebot« (3,17). Dort kam das Verb »essen« zweimal in einem negativen Kontext vor, einmal ausdrücklich in Verbindung mit »nicht« und einmal mit einer implizit negativen Bedeutung: »aber vom Baum der Erkenntnis des Guten und Bösen, davon darfst du nicht essen, denn an dem Tag, da du davon ißt, mußt du sterben« (2,17). Hier kommt paralleler Gebrauch in umgekehrter Ordnung vor. Zuerst ist die negative Bedeutung implizit, und danach wird das Wort »nicht« hinzugesetzt: »Weil ... du gegessen hast von dem Baum, von dem ich dir geboten habe: Du sollst davon nicht essen ...« In Szene 1 und Szene 3 ist also der Inhalt des göttlichen Verbots identisch: »du sollst davon nicht essen«. Dieser formale und verbale Rückgriff auf die zweite Episode schließt die Anklage gegen den Mann ab. Die Einzelheiten, die noch folgen, gehen sogar noch weiter zurück: auf Episode 1 (2,7−8) und den Prolog (2,4 b−7).

Der eigentliche Urteilsspruch bildet eine Ringkomposition mit einem Nachtrag (3,17 d−19). Wie bei der Schlange beginnt er mit dem Wort »Fluch«. Jedoch wird der Mann − so wie die Frau − selbst nicht verflucht, statt dessen trifft der Fluch die Erde, so wie auch das Wortspiel von 'ādām und hā-'ªdāmâ (vgl. 2,5 d,7) wieder aufgegriffen wird. »Die Erde« ist also das Wort, das den Rahmen abgibt. Aber das Verb »essen« mit dem Pronomen in der 2. Person als Subjekt, herrscht vor: es kommt dreimal vor und betont damit in der Anklage die Rolle des Essens. Schließlich verbindet die Wiederholung des Verbs »zurückkehren« in den beiden letzten Zeilen des Urteilsspruchs die Ringkomposition mit dem Nachtrag, in dem das Substantiv »Staub« das entscheidende Wort ist.

*So sei der Erdboden verflucht um deinetwillen*
*Mit Mühsal sollst du davon essen alle Tage deines Lebens,*
*und Dornen und Disteln wird er dir sprossen lassen,*
*und du wirst das Kraut des Feldes essen!*
*Im Schweiße deines Angesichts wirst du dein Brot essen,*
*bis zu zurückkehrst zum Erdboden, denn von ihm bist du genom-*
*men*
*Denn* Staub *bist du und zum* Staub *wirst du zurückkehren.* (3,17 d–
19, REB)

Die Ergebnisse des Ungehorsams vereinen Ursache und Wirkung.
Der Fluch, der von *'ādām* ausgelöst wurde und auf *hā-'ᵃdāmâ* fiel,
betrifft wiederum ihn. Ursprünglich dazu bestimmt, dem Garten
von Eden in Harmonie zu dienen und ihn zu bewahren (2,15), muß
der Mensch sich nun abmühen, um von ihm Nahrung zu bekommen. Arbeit, die ein erotischer Schöpfungsakt war, ist entfremdete
Mühsal geworden. Wie wir gesehen haben, spielte das Wort »Mühsal« *('iṣṣābôn)* auch in dem Urteilsspruch über die Frau eine Rolle
(3,16). Dieser verbale Parallelismus weist darauf hin, daß die beiden
Geschlechter gleich schwere, wenn auch nicht dieselben Konsequenzen zu tragen haben. Welches Tun auch immer kultur-bezogen ist,
sei es nun Schwangerschaft oder Ackerbau, seine Ausübung bringt
Schmerz und schwere Arbeit sowohl für die Frau als auch für den
Mann mit sich. Außerdem bringt der Fluch, der die Erde trifft und
vom Mann ausgelöst und nun ertragen werden muß, ihn mit dem
Fluch, der auf der Schlange liegt, in Verbindung. Die Aussage:
»Staub sollst du fressen alle Tage deines Lebens« (3,14) klingt in den
Worten wieder an: »Mit Mühsal sollst du davon (von der Erde)
essen alle Tage deines Lebens« (3,17).
Nachdem dieser dritte Urteilsspruch *'ādām* und *hā-'dāmâ* in Feind-
seligkeit vereint hat, beginnt er mit dem Mann, der die Erde
bearbeitet:

*So sei der Erdboden verflucht um deinetwillen.*
*Mit Mühsal sollst du davon essen alle Tage deines Lebens.*

Die nächste Zeile beschreibt dann im einzelnen, wie der Erdboden
dem Menschen zu schaffen macht: »Dornen und Disteln wird er dir

sprossen lassen *(ṣmḥ)«* (3,18 a). So wie die vorhergehende Schilderung entfremdeter Arbeit greift auch diese Erklärung in ironischer
Weise auf Episode 2 zurück. Dort wurde das Wort »wachsen lassen«
*(ṣmḥ)* für das Handeln Gottes gebraucht:

*Und Gott, Jahwe, ließ aus dem Erdboden allerlei Bäume wachsen,*
*(ṣmḥ)*
*begehrenswert anzusehen und gut zur Nahrung –*
*und den Baum des Lebens in der Mitte des Gartens,*
*und den Baum der Erkenntnis des Guten und Bösen.* (2,9, REB*)

Als Jahwe den Eros erschuf, ließ er Vergnügen und Nahrung aus
dem Erdboden kommen. Aber seitdem der Ungehorsam die Schöpfung gespalten hat, bringt die Erde (nicht Gott) nun Schmerz und
Hunger hervor: Dornen und Disteln stehen im Gegensatz zu allerlei
Bäumen, die begehrenswert anzusehen und gut zur Nahrung sind.
Während das Verb *ṣmḥ* diese gegensätzlichen Beschreibungen miteinander in Beziehung setzt, stellt es Leben und Tod nebeneinander.
Außerdem ruft dieser destruktive Kontext des Verbs hier die
ursprüngliche Unfruchtbarkeit des Erdbodens im Prolog in Erinnerung. Und wie in dem Urteilsspruch in 3,18 wird dieser Mangel
nicht Gott zugeschrieben:

*noch war all das Gesträuch des Feldes nicht auf der Erde,*
*und ⟨noch⟩ war all das Kraut des Feldes nicht gesproßt* (ṣmḥ).
(2,5 ab, REB)

Insgesamt läßt dieses dreimalige Vorkommen des Verbs *ṣmḥ in nuce*
schon die wichtigsten Aspekte der Handlung ahnen. Im Prolog
bedeutete es Chaos, in Szene 1 Eros und nun in Szene 3 Thanatos.
Der Rückgriff auf den Prolog wird in der Redewendung »das Kraut
des Feldes« fortgesetzt. Jahwe sagt zu dem Mann: »Dornen und
Disteln« wird er (der Erdboden) dir sprossen lassen« (2,5 b); Abwesenheit von Nahrung war ein Kennzeichen des Chaos. Mit der
Schöpfung kam Nahrung für den Körper im Überfluß (2,9; vgl. 3,6).
Nach dem Ungehorsam ist »das Kraut des Feldes« noch vorhanden,
aber natürliche Hindernisse machen den Zugang schwer (3,18 b).
Nur harte Arbeit wird sie hervorbringen:

*Im Schweiße deines Angesichts wirst du ⟨dein⟩ Brot essen,*
*bis zu zurückkehrst zum Erdboden, denn von ihm bist du genom-*
*men.*

Diese abschließenden Zeilen des Abschnitts stehen in Parallele zu
den einleitenden (3,17 ef). »Im Schweiße deines Angesichts wirst du
⟨dein⟩ Brot essen« entspricht »mit Mühsal sollst du davon essen«.
Diese Wiederholung unterstreicht also die entfremdete Arbeit für
»alle Tage deines Lebens«, einen lebenden Tod, der im körperlichen
Ableben endet: »bis du zurückkehrst zum Erdboden, denn von ihm
bist du genommen«.[51] Nachdem er beim ersten Schöpfungsakt von
der Erde genommen ist (2,7), kehrt *'ādām* nun zu *hā-'ᵃdāmâ* in
einem letzten Akt der Auflösung zurück. Das Wort *'ādām* hat zwar
zwischen dem Anfang und dem Ende seine Bedeutung verändert
— vom Erdgeschöpf zum Mann — ist jedoch immer als Wortspiel
gebraucht worden. Ursprünglich bezeichnete *hā-'ādām* in seiner
Trennung von *hà-'ᵃdāmâ* das Leben. Am Ende bedeutet die Wieder-
vereinigung von *'ādām* mit *hā-'ᵃdāmâ* den Tod. Während der
Unterschied Ganzheit und Harmonie ausdrückte, ist die Vereinigung Auflösung und Haß:

So sei der Erdboden verflucht um deinetwillen
*bis zu zurückkehrst zum Erdboden,*
*denn von ihm bist du genommen.*

Der Nachtrag zu diesem Urteilsspruch hebt den Tod noch mehr
hervor: »Denn Staub bist du, und zum Staub wirst du zurückkehren« (3,19 c). Aus Staub gebildet, lebte das Erdgeschöpf gefährlich
(2,7). Nun, im Zerfall des Lebens, wird der Mann mit aller Schärfe
an seine Zerbrechlichkeit erinnert. Und doch überholt die Ironie die
Schärfe noch: »Staub bist du, und zum Staub wirst du zurückkehren« — es ist derselbe Staub, den die Schlange essen soll alle Tage
ihres Lebens.

*Teil 3: Das Nachspiel (Genesis 3,20−24)*
Die Gerichtsverhandlung stellte Schuld fest: der Mann aß, die Frau
aß, und die Schlange täuschte. Die drei Urteilssprüche haben das
Resultat dieser Handlungen geschildert: der gute Erdboden wird

verflucht, Pflanzen werden von Dornen und Disteln verdrängt, befriedigende Arbeit ist entfremdete Mühsal geworden, Macht über die Tiere ist zur Feindschaft gegen die Schlange verkommen, Sexualität ist im Hader zersplittert, Unterdrückung herrscht vor. Bei solchen Folgen ist ein glückliches Ende der Geschichte nicht mehr möglich, es bleiben nur die Nachwirkungen der Katastrophe. Um von ihnen zu berichten, übernimmt der Erzähler die Hauptverantwortung. Das Gedicht des Thanatos geht also in die Prosa eines tragischen Abschlusses über.

Das Ende von Szene 3 ist unregelmäßig in seiner Komposition. Was auch immer seine Überlieferungsgeschichte sein mag,[52] seine endgültige zusammenhangslose Form entspricht dem Inhalt. Nach dem Ungehorsam der Menschen und seinen Auswirkungen fehlt der Erzählung – wie auch dem Dasein selbst – die Harmonie, sie zeigt Unstimmigkeiten und wimmelt von Unklarheiten. Nichtsdestoweniger können innerhalb dieses zusammengesetzten Abschnitts zwei Unterabteilungen erkannt werden. Die erste (3,20.21) hebt sich ab durch den Gebrauch der Wörter »Mann« *(hā-ʼādām)* und »Frau« *(ʼiššâ)*. In Teil 3 kommt *ʼiššâ* nur an dieser Stelle vor, und nur hier bezieht sich *hā-ʼādām* ausschließlich auf den Mann. In ganz verschiedener Weise berichten die zwei Verse dieser Unterabteilung von der Sexualität der Menschen, die korrumpiert worden ist. Die zweite Unterabteilung (3,22–24), in der das Wort *hā-ʼādām* generisch gebraucht wird, spricht von der Strafe Gottes, die die Geschichte abschließt.

*Die Pervertierung der Sexualität des Menschen (3,20.21)*
Die beiden Verse über die Sexualität spielen auf Motive an, die schon einmal angeklungen sind:

*Und hā-ʼādām* gab seiner Frau den Namen Eva,
*denn sie wurde die Mutter aller Lebenden.*
*Und Gott, Jahwe, machte ādām und seiner Frau Leibröcke aus Fell*
*und bekleidete sie.* (REB\*)

In dem Urteilsspruch über die Frau wurde der geschlechtsbezogene Terminus *ʼîš* (»Mann«) zum letzten Mal gebraucht, als Jahwe den Zusammenbruch der Gleichstellung zwischen Frau und Mann schilderte (3,16). Obwohl das erotische Begehren von 'iššâ nach 'îš nach dem Ungehorsam bestehen bleibt, will der Mann es nicht erwidern. Statt dessen herrscht 'ādām über die Frau. Was Gott im Urteil ansprach, geschieht nun, als »der Mann seiner Frau den Namen (šēm) Eva gibt«. Während hier ganz anders von Frau und Mann gesprochen wird als in der vierten Episode von Szene 1, wiederholt es auf erschreckende Weise das Vokabular der Herrschaft über die Tiere in der dritten Episode. Dort gab das Erdgeschöpf jedem Tier einen Namen (šēm) (2,19). Nun drückt der Mann die Frau tatsächlich auf den Stand eines Tieres, indem er ihr einen Namen gibt. Diese Handlung zeigt die Schuld des Mannes, der das eine Fleisch der Gleichstellung verrät, Herrschaft über die Frau geltend macht und die Gefährtin herabsetzt, die ihm entspricht. Ironischerweise nennt er sie Eva, ein hebräisches Wort, das im Klang dem Wort »Leben« ähnelt, auch wenn der Mann ihr damit das Leben in seiner gottgewollten Fülle raubt. Der begründende Satz, der diese Namensgebung kommentiert, beleuchtet diesen Widerspruch: »denn sie wurde die Mutter aller Lebenden«.[53] Der einen, die bei ihrer Erschaffung allein ohne Eltern dastand (insbesondere ohne Mutter) wird nun die Rolle der Mutter übertragen (vgl. 3,16). Was allein ein Ehrentitel sein könnte, »Mutter aller Lebenden«, wird durch den Kontext mit einer minderwertigen und untergeordneten Stellung in Verbindung gebracht.

Obwohl das Desaster der menschlichen Sexualität, das durch den Ungehorsam ausgelöst wurde, endgültig ist, mildert Jahwe es durch seine Freundlichkeit ab: Gott macht Kleider für den Mann und die Frau (3,21). Dieses Handeln führt zu einer weiteren Metapher für Gott — er/sie wird ein(e) SchneiderIn. Dies erinnert an die Szene des Ungehorsams, bei der es am Anfang heißt: »Und sie waren beide nackt ('ªrûmmîm), der Mensch (hā-'ādām) und seine Frau ('iššâ), und sie schämten sich nicht (2,25). Am Ende »erkannten sie, daß sie nackt waren ('ªrûmmîm), und sie hefteten Blätter zusammen und machten sich Schurze« (3,7). Als sie ihre Wehrlosigkeit bemerken, können sie nicht länger ohne Schutz in der Schöpfung leben. Aber wie jämmerlich und ungenügend ist ihre Lösung! Deshalb greift Jahwe ein, um ihnen Leibröcke aus Fell ('ôr) zu machen. Gott tilgt oder ignoriert ihre Schuld nicht, rüstet sie aber aus, damit sie ihre

Schande und Furcht aushalten können. Obwohl Röcke aus Fell sicher im Vergleich mit Blättern eine Verbesserung sind, sind sie doch ein trauriger Kommentar zu dem Tod des Eros (vgl. 2,25).

Zum letzten Mal ist hier die Frau als Frau in der Geschichte vorgekommen. Jahwe behandelt sie und ihren Mann hier noch einmal als verschieden und doch gleichgestellt, aber dieser göttliche Hauch von Gnade steht neben der Namensgebung der Frau durch den Mann. Gleichheit vor Gott wird also von den Menschen nach dem Ungehorsam nicht mehr als Gleichstellung der Geschlechter verstanden.

## Die Strafe (3,22–24)

Im Nachspiel des Urteils kam zuerst ein Akt menschlicher Korruption und dann ein Eingreifen göttlicher Hilfe vor. Aber das letztere löscht das erstere nicht aus. Gottes Kleidergeschenk stellt die Gegenseitigkeit zwischen Mann und Frau nicht wieder her. Statt dessen wird die Herrschaft des Mannes über die Frau noch durch einen Wandel im Wortgebrauch verfestigt. In der ersten, zweiten und dritten Episode von Szene 1 bezeichnete der Terminus *hā-'ādām* das sexuell undifferenzierte Erdgeschöpf. Aber nach der Erschaffung von *'iššâ* und *'îš* in der vierten Episode existierte das Erdgeschöpf nicht mehr, und *hā-'ādām* bezeichnete den Mann. Dieser Wortgebrauch hielt sich durch die ganze Szene 2 und wurde in Szene 3 fortgesetzt bis zum letzten Abschnitt, wo *hā-'ādām* ein generischer Terminus wird,* der den Mann sichtbar bleiben und die Frau unsichtbar werden läßt (3,22–24). Künstlerisch gesehen, gleicht diese Betonung des Mannes am Ende von Szene 3 die Hervorhebung der Frau am Ende von Szene 1 aus. Gleichzeitig enthält diese künstlerische Symmetrie aber eine semantische Dissonanz. In Szene 1 — bei der Erschaffung — macht die Betonung der Frau ihre Gleichstellung mit dem Mann deutlich. In Szene 3 jedoch — im Nachspiel des Ungehorsams — zeigt die Hervorhebung des Mannes seine Herrschaft über die Frau. Was Gott der Frau als Konsequenz ihrer Schuld schildert, wird von der Geschichte nicht nur erzählt, sondern auch in ihrem Aufbau verkörpert. Das generische *hā-'ādām* hat *'iššâ* subsumiert.

Die Güte Jahwes hat, als Jahwe das Paar bekleidet, die Unterdrückung

---

* Anm. d. Übs.: Siehe auch: engl./amer. *man* (= Mann, Mensch)

der Frau durch den Mann (3,20—21) weder aufgehoben noch ihre Bestrafung durch Gott verhindert. Tatsächlich folgt auf Gottes Freundlichkeit sogleich die Vertreibung aus dem Paradies. In einem unvollendeten Satz gibt Gott seinen Kommentar zu dem, was geschehen ist.

*Und Gott, Jahwe, sprach:*
*»Siehe, der Mensch* (hā-'ādām) *ist geworden wie einer von uns,*
*zu erkennen Gutes und Böses.*
*Und nun, daß er nicht etwa seine Hand ausstrecke*
*und auch noch von dem Baum des Lebens nehme*
*und esse und ewig lebe«* (3,22, REB*)

Diese Rede ist verwirrend. Mit wem spricht Jahwe? Die Redewendung »wie einer von uns« spielt auf unbestimmte Dimensionen der göttlichen Welt an, die die Geschichte nicht erklärt. Noch rätselhafter ist die Beschreibung von hā-'ādām als »wie einer von uns, zu erkennen Gutes und Böses«. Diese Schilderung hat Vorläufer. Als Gott dem Erdgeschöpf verbot, von dem Baum der Erkenntnis des Guten und Bösen zu essen, warnte Gott, oder drohte damit, daß der Tod darauf folgen würde (2,17). Über eine mögliche Teilhabe des Erdgeschöpfs an der göttlichen Welt wurde nichts gesagt. In ihrem Gespräch mit der Schlange wiederholte die Frau dieses Todesthema, die Schlange aber stritt es ab (3,3—5). Sie behauptete, daß Göttlichkeit, nicht Tod, die Folge sei und deutete an, daß Gott vielleicht eifersüchtig auf den Menschen sein könnte. Der Erzähler aber widerlegte diese Behauptung und erklärte, daß das Menschenpaar, nachdem es die verbotene Frucht gegessen hatte, genau das Gegenteil erfuhr: »sie erkannten, daß sie nackt waren« (3,7). Alles, was dann in der Geschichte folgte, einschließlich Gottes Gnadenbeweis, als Gott ihre Nacktheit bekleidete (3,21), hat diesen existentiellen Tod deutlich gemacht, bis hin zu Jahwes abschließender Rede (3,22). Wörtlich genommen, bestätigt diese Rede die Behauptung der Schlange, daß das Menschenpaar Gott gleich sein würde und Gott eifersüchtig ist. Schließlich handelt Jahwe sehr schnell, um zu verhindern, daß der Mensch die Unsterblichkeit erlangt, eine weitere göttliche Eigenschaft, die durch den Baum des Lebens symbolisiert wird. Aber diese scheinbare Bedeutung verträgt sich nicht mit der Dynamik der Erzählung. Nichts deutet — weder vor noch nach Jahwes abschließenden Worten — darauf hin, daß das Menschenpaar in irgendeiner Weise wie Gott ist. Sie verstecken sich vor Gott, sie nehmen sein Urteil entgegen, sie zeigen keine größere Weisheit (vgl. 3,6), und sie verfallen in völlige Passivität, als Gott die Strafe über sie verhängt. Außerdem läßt die Tatsache, daß Jahwe am Anfang der Geschichte dem Erdgeschöpf nicht verbot, von dem Baum des Lebens zu essen, vermuten, daß Gottes eifersüchtiges Wachen über seine Privilegien nicht das Thema ist.

Vielleicht ist die Ironie, die in Szene 3 oft vorkommt, die beste Interpretation für diese Schlußrede Gottes. Hilflose Geschöpfe, deren Leben durch Streit, Disharmonie und Feindseligkeit erschüttert ist, sind wohl kaum Anwärter auf Göttlichkeit. Deshalb ist die Bemerkung Jahwes, daß »der Mensch geworden (ist), wie einer von uns« eine Verspottung der Schlange und eine Bloßstellung des Menschenpaares durch die Unvereinbarkeit von dem, was versprochen, und dem, was tatsächlich geschehen ist. Sie erwarteten Göttlichkeit, aber es kam das Desaster. Von dem verbotenen Baum zu essen, hat »der Mutter aller Lebenden« und ihrem Gatten, der jetzt über sie herrscht, den Tod gebracht. Als Gott sie bestraft, verschmilzt der existentielle Tod mit der Sterblichkeit. Der Baum des Lebens, der im Eros zugänglich war, wird im Thanatos verweigert. Der Mensch soll nicht ewig leben. Und außerdem hat der Mensch nach dem Desaster — im Unterschied zu dem Vorrecht bei der Schöpfung — nicht mehr die Freiheit, der Einschränkung, die Gott in bezug auf den Baum des Lebens gemacht hat, zu gehorchen oder nicht zu gehorchen. Er wird nun keinen Zugang mehr dazu haben. Wie gottunähnlich ist sein Dasein geworden, »nun, daß er nicht etwa seine Hand ausstrecke und auch ⟨noch⟩ von dem Baum des Lebens nehme und esse und ewig lebe —«. Abrupt endet diese Rede. Ihr Abschluß ist die Vertreibung aus dem Garten.

Das Bindeglied zwischen der Rede Gottes und seinem anschließenden Handeln ist das Verb *šlḥ*, »ausstrecken« oder »ausschicken«. Damit der Mensch nicht seine Hand ausstrecke *(yišlaḥ)*, um von dem Baum des Lebens zu nehmen, schickt Gott ihn aus dem Garten hinaus *(wayᵉšallᵉhēhû)*. Ein zweites Verb unterstreicht die Schwere der Bestrafung: »Gott trieb (den Menschen) aus«. Da es im Zentrum

des göttlichen Handelns steht, bestätigt dieses Wort, daß Vertreibung nicht nur Hinausschicken, sondern ewiges Exil bedeutet. Und
schließlich führt ein drittes Verb, auch mit Jahwe als Subjekt, dazu,
daß der Baum des Lebens vor den Menschen geschützt wird: »(Gott)
ließ … die Cherubim sich lagern und die Flamme des zuckenden
Schwertes, den Weg zum Baum des Lebens zu bewachen«.

Ein Rahmen umgibt diese drei Taten Gottes, mit denen die
Geschichte abschließt. Die Redewendung »Garten Eden« taucht am
Anfang (3,23) und am Ende auf. Auch parallele Infinitive kommen
vor. Der erste spezifiziert die Mühsal, der der Mensch im Exil
ausgesetzt ist, der zweite beschreibt die Arbeit, die zum Schutz des
Gartens geleistet wird:

> Und Gott, Jahwe, schickte ihn aus dem Garten Eden hinaus,
> den Erdboden (hā-'ᵃdāmâ) zu bebauen, von dem er genommen war.
> Und er trieb den Menschen (hā-'ādām) aus,
> und ließ östlich vom Garten Eden die Cherubim sich
> lagern und die Flamme des zuckenden Schwertes,
> den Weg zum Baum des Lebens zu bewachen. (3,23–24, REB*)

In höchst komprimierter Form kehren all diese abschließenden
Verse der Geschichte (3,22–24) zu ihrem Anfang zurück (2,4b–
9,15–17). Die Symmetrie ist aber asymmetrisch geworden, da mit
der Strafe das Dasein an Glanz verloren hat und matt geworden ist.
Außerdem haben in der Wiederholung die Schlüsselwörter, Redewendungen und Leitmotive umgekehrte Bedeutungen: die Auflösung des Lebens tritt an die Stelle der Erschaffung. Als zentrales
Wort in dieser disharmonischen Ringkomposition wird hā-'ādām
am Anfang und Ende der Geschichte ausschließlich für den Menschen benutzt, jedoch mit zwei verschiedenen Bedeutungen: zuerst
für das sexuell undifferenzierte Erdgeschöpf (2,7), zuletzt als generischer Mensch*, der die Frau unsichtbar werden läßt (3,24).[54]
Die abschließende Rede Jahwes, die in 3,22 anfängt, greift auf das
Gebot zurück, das Gott dem Erdgeschöpf in 2,16–17 gegeben hat.
Der Baum der Erkenntnis des Guten und Bösen klingt in der
Redewendung »zu erkennen Gutes und Böses« wieder an. Das

* Anm. d. Übs.: Engl./amer. man, siehe oben

Verbot, von diesem Baum zu essen, wird durch das neue Verbot, vom Baum des Lebens zu essen, wieder in Erinnerung gerufen. Die Aussage, daß sie an dem Tag, da sie davon essen, sterben werden, wird dem Hinweis gegenübergestellt, daß sie ewig leben würden, falls sie von dem zweiten Baum äßen. Die erste Rede Gottes hob die Freiheit und Verantwortlichkeit von *hā-'ādām* hervor: »Von jedem Baum des Gartens darfst du essen« außer von einem. Da dieser eine zugänglich war, lag es in der Verantwortung von *hā-'ādām*, zu gehorchen. Im Gegensatz dazu sagt Gott zuletzt, daß die Freiheit des Menschen verloren und seine Verantwortlichkeit verscherzt ist. Jahwe macht es dem Menschen unmöglich, von dem Baum des Lebens zu essen. Schließlich hat diese Abschlußrede also bis auf die Erschaffung der Bäume in 2,9 zurückgegriffen. Nur an zwei Stellen kommt der Baum des Lebens in der Geschichte vor — zuerst zum Vergnügen, zuletzt zur Bestrafung.

Der Bericht von der Strafe Gottes (3,23—24) greift noch auf andere Teile des Anfangs zurück. Den Menschen »aus dem Garten Eden hinauszuschicken, den Erdboden zu bebauen, von dem er genommen war« (3,23) verkehrt die Handlung von zwei früheren Versen, während doch dasselbe Vokabular benutzt wird. In 2,15 hieß es: »Und Gott, Jahwe, nahm das Erdgeschöpf *hā-'ādām* und setzte es in den Garten Eden, ihn zu bebauen und ihn zu bewahren. In 2,8 stand: »Und Gott, Jahwe, pflanzte einen Garten in Eden im Osten; und er setzte dorthin das Erdgeschöpf *hā-'ādām*, das er gebildet hatte«. Und noch weiter geht der Bericht von der Verbannung aus dem Garten in der Geschichte zurück. Der Hinweis auf den Erdboden *(hā-'ªdāmâ)*, von dem das Erdgeschöpf genommen worden war, erinnert an Jahwe, der *hā-'ādām* aus dem Staub von *hā-'ªdāmâ* gemacht hatte (2,7). Und die Redewendung »die Erde zu bebauen« ist eine wörtliche Wiederholung der Stelle aus dem Prolog: »und ⟨noch⟩ gab es kein Erdgeschöpf, die Erde zu bebauen« (2,5 d).

Anspielungen auf den Beginn der Geschichte werden auch im letzten Vers noch fortgesetzt (3,24). »Er trieb den Menschen aus« ist eine weitere Umkehrung des Eintritts des Erdgeschöpfs in den Garten (2,8.15). Die Redewendung »östlich vom Garten Eden« entspricht »einen Garten in Eden im Osten« (2,8). Die Aufgabe der Cherubim und des zuckenden Schwerts, »den Weg zum Baum des Lebens zu bewachen *(šmr)«*, enthält einen Infinitiv, der auch schon zur Beschreibung der Verantwortung des Erdgeschöpfs für den Garten gebraucht wurde: »ihn zu bewahren« *(šmr)* (2,15). Während in 2,15 die beiden Infinitive »bebauen« *('bd)* und »bewahren« *(šmr)* zusammen vorkamen, um die Arbeit im Garten zu bezeichnen, werden sie in 3,23–24 in Reihenfolge und Bedeutung getrennt verwendet. »Den Erdboden zu bebauen«, ist die Mühsal des Menschen außerhalb des Gartens (3,23), »den Weg zum Baum des Lebens zu bewachen *(šmr)«*, die Aufgabe der Cherubim und des zuckenden Schwerts innerhalb des Gartens (3,24). Diese allerletzten Wörter der Geschichte, »Baum des Lebens«, sind ein Echo auf das Vokabular von 2,9.

Alles in allem rekapituliert das Ende von Szene 3 in höchst komprimierter Form die einleitenden Abschnitte der Geschichte. Beginnend mit einem Hinweis auf den Prolog (2,5) und weiteren auf die erste (2,7–8) und zweite Episode (2,9,15–17) von Szene 1, wiederholt der Schluß mit semantischer Dissonanz Schlüsselwörter, Redewendungen und Leitmotive. Ausgelassen werden nur Hinweise auf das Wasser (2,6,10–14). Somit löst sich also das Leben, das sich am Anfang der Geschichte immer mehr entfaltet hatte, am Ende wieder in seine Bestandteile auf. Gott, der/die SchöpferIn, wird zu Gott, dem/der Strafenden. Die Freude im Garten vergeht in den Sorgen und Nöten des Exils; die Wende ereignet sich im Ungehorsam.

Das Leben unterliegt dem Tod, die Harmonie der Feindseligkeit, die Eintracht und Erfüllung der Zersplitterung und Zerstreuung. Die Welten Gottes, der Menschen, Tiere und Pflanzen werden alle in Mitleidenschaft gezogen. Ja, das Bild Gottes als Mann und Frau hat sich in eine Tragödie des Ungehorsams verstrickt. Einander fremd geworden, werden der Mann und die Frau aus dem Garten vertrieben und für immer von dem Baum des Lebens getrennt. Wahrlich, eine Liebesgeschichte hat ein unglückliches Ende genommen.

Jedoch ist Genesis 2–3 nicht das einzige Wort der Schrift zur Sexualität des Menschen. Was sie in der Tragödie verspielt, gewinnt das Hohelied der Liebe in der Freude wieder.

168

# Kapitel V: Die Lyrik der Liebe wird zurückgewonnen

Liebe ist Gebein von Gebein und Fleisch von Fleisch. So höre ich das Hohelied der Liebe.[1] Es ist ein Gespräch zwischen Liebenden mit vertraulichem Geflüster, ekstatischen Ausrufen und schweigender Erfüllung. Zugleich gehen ihre namenlosen Stimmen in die Welt hinaus, um sie in ihre Symphonie der Erotik mit einzubeziehen. Durch dieses Hin und Her zwischen Privatem und Öffentlichem werden alle Gleichgesinnten eingeladen, den Garten der Freude zu betreten.

Genesis 2−3 ist der hermeneutische Schlüssel, mit dem ich diesen Garten aufschließe. Die Erzählung begann dort mit der Entfaltung des Eros in vier Episoden: Formung des Erdgeschöpfs, Bepflanzen des Gartens, Erschaffung der Tiere und Einführung der Sexualität. Leider jedoch zerbrach die angekündigte Erfüllung, als 'îš und 'iššâ ein Fleisch wurden, durch den Akt des Ungehorsams. Dies führte dazu, daß Jahwe den generischen hā-'ādām und seine unsichtbar gewordene Frau aus dem Garten vertrieb und »östlich vom Garten Eden die Cherubim sich lagern und die Flamme des zuckenden Schwertes den Weg zum Baum des Lebens bewachen« ließ (Gen 3,24). Es war deutlich geworden, daß es in Genesis 2−3 keine Rückkehr in den Garten der Schöpfung gab. Und doch zeigt mir die Schrift, wenn sie sich selbst interpretiert, einen Zugang zu einem anderen Liebesgarten im Hohenlied der Liebe. Durch Erweiterungen, Auslassungen und Umkehrungen stellt dieses Gedicht die Liebe wieder her, die Gebein von Gebein und Fleisch von Fleisch ist. Mit anderen Worten, das Lied der Lieder gewinnt die Liebe zurück, die verlorengegangen war. Wir wollen uns, Hinweisen von Genesis 2 nachgehend, zuerst einen Überblick über Form und Inhalt des Hohenliedes verschaffen.

# 1. Die Partitur

Indem sie die Liebeslyrik von Genesis 2 weiter ausführen, gestalten drei Stimmen dieses neue Lied. Sie gehören zu einer Frau, einem Mann und einer Gruppe von Frauen, den Töchtern Jerusalems. Unabhängig von logischem Vorgehen oder Handlungsverlauf sprechen sich diese Stimmen frei und zwanglos aus und kommen dabei zu einer Reihe von Metaphern, in denen viele Bedeutungen gleichzeitig enthalten sind. Manchmal vermischen sich die wörtliche, bildliche und euphemistische so miteinander, daß man Bildempfänger und Bildspender nicht auseinanderhalten kann. Oft ist die Sprache schwer zu begreifen[2], so als hielte sie ihre Schätze nur für die Liebenden im Verborgenen bereit. Gelegentlich weiß man auch gar nicht, wer spricht[3], was für den/die BeobachterIn ein Problem ist, aber nicht für die Beteiligten, die wissen, daß im Eros alle Stimmen ineinandergreifen. Daher widersetzt sich die Dichtkunst des Hohenliedes allen Berechnungen und wendet sich nur an die Imagination. Das Visuelle muß gehört und das Auditive gesehen werden. Die Liebe selbst läßt Anblick, Klang, Sinn und Unsinn ineinander übergehen. Auf diese Weise rühmen und preisen die Stimmen des Hohenliedes die Erschaffung der Sexualität in Genesis 2.

Von den drei Stimmen ist die der Frau die wichtigste. Sie eröffnet und beschließt das Lied und ist im ganzen dominierend. Durch diese strukturelle Hervorhebung wird ihre Gleichstellung und Gegenseitigkeit mit dem Mann erhellt. Das erinnert uns an den Schluß von Genesis 2, wo die Frau, obwohl sie bei ihrer Erschaffung dem Mann ebenbürtig war, doch durch den Entwurf der Geschichte herausgehoben wurde. Im Lied der Lieder wird ihre Stellung noch verstärkt durch die Töchter Jerusalems. Als Hintergrund und Ergänzung zu den Liebenden unterstützt diese Gruppe den Fluß des Geschehens.[4] Frauen sind also die Hauptschöpferinnen der Poesie der Erotik.

Auffälligerweise spricht Gott in dem Hohenlied nicht, wird nicht einmal erwähnt. Diese Abwesenheit Gottes entspricht dem Rückzug Jahwes in Genesis 2 gerade zu dem Zeitpunkt, als das Liebesgedicht entsteht. Nachdem er die Frau gemacht und zu dem verwandelten

Erdgeschöpf gebracht hat, verschwindet Gott aus Szene 1. Danach
spricht das Erdgeschöpf zum ersten Mal:

*Diese endlich ist Gebein von meinem Gebein*
*und Fleisch von meinem Fleisch.*
*Diese soll 'iššâ heißen,*
*denn von 'îš ist sie genommen.* (Gen 2,23, REB*)

So wie der Tenor dieses Gedichts im Lied der Lieder fortgesetzt wird,
so ist es auch mit der Inszenierung. Jahwe, der Mann und Frau
erschaffen hat, zieht sich zurück, wenn Liebende einander entdek-
ken, von ihrem gegenseitigen Erkennen sprechen und ein Fleisch
werden.[5]
Der kreisförmige Entwurf von Genesis 2 wird im Lied der Lieder
wiederholt und weiterentwickelt. Ursprünglich fand die Erschaffung
des Menschen ihre Erfüllung durch die Einführung der Sexualität:
das Erdgeschöpf wurde zu Mann und Frau, und diese zwei wurden
ein Fleisch. Mit einer solchen Vollendung in der Liebe beginnt,
beschäftigt sich und schließt das Hohelied. Als Symphonie der Liebe
entfaltet es sich in fünf *Sätzen* von verschiedener Länge.[6] Am
Schluß der ersten vier Abschnitte spricht die Frau einen Refrain, der
diese vier *Sätze* sowohl vereint als auch trennt. Er beginnt mit: »Ich
beschwöre euch, o Töchter Jerusalems«. (REB). Viele von den
Motiven, die diesem Refrain vorausgehen, setzen die fünf *Sätze*
miteinander in Beziehung und führen dadurch zu einem ständigen
Kommen und Gehen der Bilder. Eine Untersuchung der Anfänge
und Schlüsse dieser *Sätze* zeigt den kreisförmigen Entwurf der
Gesamtkomposition.
Der erste *Satz* reicht von 1,2 bis 2,7. Indem sie zuerst *über* ihren
Geliebten, und nicht *zu* ihm spricht, lädt uns die Frau ein, in ihren
Bereich der Vertrautheit einzutreten.

*Er küsse mich mit Küssen seines Mundes!* (1,2, REB)

Mit den Worten ihres Mundes erreicht sie viele, für ihre Küsse
begehrt sie nur den einen. Am Ende des *Satzes* wird ihre Sehnsucht
erfüllt.

*Seine Linke ⟨liegt⟩ unter meinem Kopf,*
*und seine Rechte umfaßt mich«* (2,6, REB)

171

Dieser Vers kommt am Ende des vierten *Satzes* noch einmal vor und stellt somit eine verbale Verbindung zwischen den Abschnitten her. Da mit diesen Worten das Begehren der Frau Erfüllung gefunden hat, schließt sie den ersten *Satz* damit ab, daß sie die Töchter Jerusalems bittet, die Liebe nach derem eigenem Rhythmus geschehen zu lassen:

*Ich beschwöre euch, Töchter Jerusalems,*
*bei den Gazellen oder bei den Hirschkühen des Feldes:*
*Weckt nicht, stört nicht auf die Liebe,*
*bevor es ihr selber gefällt.* (2,7, REB)

Nachdem sie den ersten *Satz* damit eingeleitet hatte, daß sie die Berührung mit dem Mund des Geliebten suchte, beginnt sie den zweiten (2,8–3,5) mit der Beschwörung der Sprache seiner Lippen:[7]

*Horch, mein Geliebter!*
*Siehe, da kommt er,*
*springt über die Berge,*
*hüpft über die Hügel.* (2,8, REB)

Und sie beendet diesen Abschnitt damit, daß sie ihren Mann sucht und findet:

*Auf meinem Lager zur Nachtzeit*
*suchte ich ihn, den meine Seele (nephesh) liebt;*
*ich suchte ihn und fand ihn nicht.*
*(ich rief ihn, aber er antwortete nicht. (RSV))*
*»Aufstehn will ich denn, will die Stadt durchstreifen,*
*die Straßen und Plätze,*
*will ihn suchen, den meine nephesh liebt.«*
*Ich suchte ihn und fand ihn nicht.*
*Es fanden mich die Wächter,*
*die die Stadt durchstreiften:*
*Habt ihr ihn gesehen, den meine nephesh liebt?*
*Kaum war ich an ihnen vorüber,*
*da fand ich ihn, den meine nephesh liebt.*
*Ich ergriff ihn und ließ ihn nicht ⟨mehr⟩ los,*

*bis ich ihn ins Haus meiner Mutter gebracht hatte,*
*und in das Gemach derer, die mit mir schwanger war.* (3,1–4,
REB*)*

Diese Motive der Suche, der Wächter und des Hauses der Mutter tauchen in unterschiedlichen Kombinationen am Ende des dritten und vierten *Satzes* wieder auf. Wenn sie hier bei der Begegnung der Liebenden zusammenkommen, kann die Frau diesen zweiten *Satz* in genau derselben Weise beschließen wie den ersten. Sie beschwört die Töchter Jerusalems noch einmal, die Liebe nach deren eigenen Rhythmus geschehen zu lassen (3,5).

Sie eröffnet den dritten *Satz* (3,6–5,8) mit einer Frage über ihren Geliebten:

*Wer ist sie, die da heraufkommt aus der Wüste,*
*Rauchsäulen gleich,*
*umduftet von Myrrhe und Weihrauch,*
*von allerlei Gewürzpulver des Händlers?* (3,6, REB)

Und um diesen Abschnitt zu beenden, kehrt sie, mit Variationen, zu zwei Themen am Schluß des zweiten *Satzes* zurück: das Suchen und Nicht-finden des Geliebten und ihre Entdeckung durch die Wächter, die ihr diesmal nicht helfen, sondern sie tätlich angreifen:

*Ich war außer mir, daß er weg war.*
*Ich suchte ihn, doch ich fand ihn nicht.*
*Ich rief ihn, doch er antwortete mir nicht.*
*Es fanden mich die Wächter,*
*die die Stadt durchstreiften.*
*Sie schlugen mich, verwundeten mich.*
*Die Wächter der Mauern*
*nahmen mir meinen Überwurf weg.* (5,6c–7, REB)

Genaue verbale Entsprechungen zwischen dem Schluß des zweiten und dritten *Satzes* stellen einen Parallelismus in ihrem Aufbau und Inhalt her. Andererseits sorgen die Unterschiede zwischen ihnen für

---

* A. O.: into the house of my mother and into the chamber of her that conceived me *(3,4; 8,2 RSV*)*

173

Tempo und Fluß des Gedichts. Melodie und Kontrapunkt gestalten den Rhythmus der Liebe.

*3,1−3 a (Zweiter Satz)*
*Auf meinem Lager zur*
*Nachtzeit suchte ich ihn, den*
*meine* nephesh *liebt;*

*5,6 b−7 (Dritter Satz)*
*Ich war außer mir, daß er weg*
*war.*

*ich suchte und ich fand ihn*
*nicht, ich rief ihn, aber*
*er antwortete nicht.*
*»Aufstehn will ich denn,*
*will die Stadt durchstreifen,*
*die Straßen und Plätze,*
*will ihn suchen, den meine*
nephesh *liebt.*
*Ich suchte ihn und fand ihn*
*nicht.*

*Ich suchte ihn, doch fand*
*ich nicht. Ich rief ihn,*
*doch er antwortete mir nicht.*

*Es fanden mich die Wächter,*
*die die Stadt durchstreiften.*

*Es fanden mich die Wächter,*
*die die Stadt durchstreiften.*
*Sie schlugen mich, verwundeten*
*mich.*
*Die Wächter der Mauern*
*nahmen mir meinen Überwurf*
*weg.*

Erst ganz am Ende des dritten *Satzes* verändert die Frau den Refrain der Beschwörung, um ihn der neuen Situation anzupassen. Da sie, anders als im zweiten *Satz* (3,4), ihren Geliebten nicht findet, bittet sie die Töchter Jerusalems, an ihrer Suche teilzunehmen:

*Ich beschwöre euch, Töchter Jerusalems,*
*wenn ihr meinen Geliebten findet,*
*was wollt ihr ihm ausrichten?*
*Daß ich krank bin vor Liebe.* (5,8, REB)

Die Worte »ich bin krank vor Liebe« wiederholen eins der Gefühle am Ende des ersten Abschnitts (2,5) und zeigen damit, wie die

Motive des Gedichts ineinandergreifen.[8] Im ersten *Satz* führen sie allerdings zur Erfüllung, während sie hier nur die Sehnsucht danach ausdrücken.

Eng angeschlossen an den dritten *Satz*, beginnt der vierte (5,9—8,4) mit Fragen der Töchter, die auf die dringende Bitte der Frau im vorhergehenden Refrain eingehen:

*Was hat dein Geliebter einem ⟨anderen⟩ Geliebten voraus,*
*du Schönste unter den Frauen?*
*Was hat dein Geliebter einem ⟨anderen⟩ Geliebten voraus,*
*daß du uns so beschwörst?* (5,9, REB)

Diese fragende Ausdrucksweise entspricht der Frage der Frau zu Beginn des dritten Abschnitts. Und die abschließende Rede des vierten *Satzes* (8,1—3) kommt auch von der Frau. Sie liebkost den Mann mit ihrer Stimme:

*O wärest du mir doch ein Bruder,*
*der die Brust meiner Mutter gesogen!*
*Fände ich dich ⟨dann⟩ draußen, könnte ich dich küssen*
*und man dürfte mich dennoch nicht verachten.*
*Ich würde dich führen, dich hineinbringen ins Haus meiner Mutter,*
*die mich unterrichtete (LXX u. syr. Übs.: die mich gebar)*
*(Übs. nach RSV\*: die mit mir schwanger geworden war.)* \*
*Ich würde dir vom Würzwein zu trinken geben,*
*vom Most meiner Granatäpfel.*
*Seine Linke ⟨läge⟩ unter meinem Kopf,*
*und seine Rechte umfaßte mich.* (8,1—3, REB)

Wie das Ende des dritten Abschnitts kehrt auch dieser, mit Variationen, zu den Motiven zurück, die am Schluß des zweiten *Satzes* vorkamen: der Geliebte wird gefunden und in das Haus der Mutter gebracht, die mit ihr schwanger war. Im zweiten *Satz* suchte die Frau Hilfe bei den Wächtern und sprach dann über das, was sie mit ihrem Geliebten tun wollte (3,1—3). Nun, im vierten, richtet sie sich mit ihren Wünschen direkt an ihn. Obwohl der Hinweis darauf, daß keiner sie verachten dürfte, sich vielleicht auf die Wächter bezieht,

\* A. O.: that conceived me *(8,2, RSV\*)*

175

die sie angegriffen haben, werden diese am Schluß nicht mehr erwähnt. Wieder einmal bestätigen genaue verbale Entsprechungen zwischen den Schlüssen der beiden *Sätze*, daß sie in Aufbau und Inhalt parallel laufen, während andererseits die Unterschiede die rhythmische Schönheit des Gedichts ausmachen:

| *3,3 b–4 (zweiter Satz)* | *8,1–2 a (vierter Satz)* |
|---|---|
| *Habt ihr ihn gesehen,* | *O wärest du mir doch ein* |
| *den meine nephesh liebt?* | *Bruder, der die Brust meiner* |
| | *Mutter gesogen!* |
| *Kaum war ich an ihnen vorüber,* | *Fände ich dich dann draußen,* |
| *da fand ich ihn, den meine* | *könnte ich dich küssen,* |
| *nephesh liebt.* | *und man dürfte mich dennoch* |
| *Ich ergriff ihn und ließ* | *nicht verachten.* |
| *ihn nicht mehr los.* | *Ich würde dich führen* |
| *bis ich ihn ins Haus meiner* | *ins Haus meiner Mutter,* |
| *Mutter gebracht hatte und* | *und in das Gemach derer,* |
| *in das Gemach derer, die* | *die mit mir schwanger war* |
| *mit mir schwanger war.* | *(REB\*)* |

Das Wort »küssen«, das die Frau in ihrer an den Mann gerichteten Rede benutzt (8,1 c) erinnert an die erste Zeile des ersten *Satzes:* »Er küsse mich mit Küssen seines Mundes« (1,2). Die Berührung, nach der sie sich sehnt, wird hier vollzogen: »Fände ich dich draußen, könnte ich dich küssen«. Auch erklärte sie zu Beginn des ersten *Satzes*, daß »Liebe köstlicher als Wein« ist (1,2 b) und am Schluß berichtete sie: »Er hat mich ins Wein*haus* hineingeführt« (2,4). Nun, unmittelbar nachdem sie ihn in das *Haus* ihrer Mutter geführt hat, sagt sie:

*Ich würde dir vom Würzwein zu trinken geben,*
*vom Most meiner Granatäpfel.* (8,2, REB)

Diese Anspielungen auf den ersten *Satz* werden durch die folgenden Worte der Frau weitergeführt:

*Seine Linke ⟨läge⟩ unter meinem Kopf,*
*und seine Rechte umfaßte mich* (8,3, REB)

Mit dieser Schilderung hört ihre direkte Anrede an den Mann auf, und sie kehrt zu einem Bericht in der 3. Person zurück, wie sie es auch am Schluß aller vorhergehenden *Sätze* getan hat. Somit schwankt sie zwischen Vertrautheit und Distanz.

Am Ende wiederholt der Refrain des vierten *Satzes* mit Variationen die Beschwörungen des ersten und zweiten. Obwohl die Gazellen und Hirschkühe des Feldes fehlen, wird der Rhythmus der Liebe noch einmal bekräftigt:

*Ich beschwöre euch, Töchter Jerusalems:*
*Was wollt ihr wecken, was aufstören die Liebe,*
*bevor es ihr ⟨selber⟩ gefällt.* (8,4, REB)

Wie der dritte und vierte *Satz* beginnt auch der fünfte (8,5−14) mit einer Frage. Vielleicht wird sie von den Töchtern gestellt, die den vierten *Satz* ja in ähnlicher Weise eingeleitet haben.

*Wer ist sie, die da heraufkommt aus der Wüste,*
*an ihren Geliebten gelehnt?* (8,5, REB)

Und diese Einheit wird wiederum durch eine Rede der Frau abgeschlossen, wie auch die vorhergehenden Abschnitte. In all diesen Fällen hat sie vom Mann in der 3. Person gesprochen, nur im vierten *Satz* hat sie ihn auch direkt angeredet. In diesem letzten *Satz* verschwinden Distanz und Ambivalenz völlig. Vertrautheit triumphiert. Die Frau ruft ihren Mann zur Liebe auf:

*Enteile, mein Geliebter,*
*und tu es der Gazelle gleich*
*oder dem jungen Hirsch*
*auf den Balsambergen.* (8,14, REB)

Nun folgt kein Refrain der Beschwörung mehr, mit der Erfüllung des Eros ist er überflüssig geworden. Die Töchter Jerusalems verschwinden, und wir, die Leser, müssen uns auch zurückziehen. Wenn die ersten Worte der Frau am Anfang des Liedes uns dazu einluden, in den Bereich der Vertrautheit einzutreten (1,2 a), so verweigern uns ihre letzten Worte eine weitere Teilnahme. Am Schluß spricht sie nur noch zu ihrem Geliebten, dem Gebein von ihrem Gebein und Fleisch von ihrem Fleisch. Der Mann von Genesis 2 verließ einst Vater und Mutter, um seiner Frau anzuhängen (V. 24), jetzt bittet die Frau des Hohenliedes den Mann, sich zu beeilen, und bei dieser Aufforderung werden alle anderen Menschen zurückgelassen.

Als eine Symphonie der Liebe entfaltet sich das Lied der Lieder in fünf *Sätzen*: 1,2–2,7; 2,8–3,5; 3,6–5,8; 5,9–8,4; 8,5–14. Die Anfänge und Schlüsse dieser Abschnitte zeigen das Ineinandergreifen von kreisförmigen Mustern innerhalb der Gesamtstruktur.[9] Durch das Zusammengehen von Form und Inhalt erinnern diese Muster an die Ringkompositionen von Genesis 2.[10] Außerdem haben mehrere Themen von Genesis 2,21–24 uns geholfen, die Partitur dieses Liedes zu lesen: Die Erschaffung und Erfüllung der Sexualität, ein Liebesgedicht, die Hervorhebung der Frau durch den Entwurf, und die Abwesenheit Gottes bei der Vereinigung von Frau und Mann. Von dieser Interpretation ausgehend, lassen Sie uns nun die Leitmotive des Hohenliedes entdecken, die Genesis 2–3 weiter reflektieren und erhellen.

## 2. *Variationen eines Themas*

Ein Garten *(gan)* in Eden war in Genesis 2–3 der Schauplatz für die Tragödie des Ungehorsams. Der Garten selbst aber bedeutet Entzükken, nicht Desaster, und diese Perspektive klingt im Lied der Lieder wieder an. Die Frau ist der Garten *(gan)*, und zu diesem Garten kommt ihr Geliebter. Dieses Vokabular kommt zuerst im dritten *Satz* vor, als der Mann die vorenthaltene Liebe beschreibt:[11]

*Ein verschlossener Garten ist meine Schwester, ⟨meine⟩ Braut,*
*ein verschlossener Born, eine versiegelte Quelle.*
*(andere Lesart: Garten)* (4,12; vgl. 4,15, REB)

Die Frau antwortet sofort darauf und bietet ihm ihren Garten an:

*»Wach auf, Nordwind,*
*und komm, Südwind!*

*Laß duften meinen Garten,*
*laß strömen seine Balsamöle!*
*Mein Geliebter komme in seinen Garten*
*und esse seine köstlichen Früchte«* (4,16; vgl. 4,13, REB)

Der Mann nimmt die Einladung an und beansprucht den Garten als
seinen eigenen:

*»Ich komme in meinen Garten,*
*meine Schwester, ⟨meine⟩ Braut.* (5,1 a, REB)

Diese Metaphern für die sexuelle Vereinigung der beiden werden im
vierten *Satz* weiter ausgeführt. Als Antwort auf die Fragen der
Töchter Jerusalems sagt die Frau:

*Mein Geliebter ist in seinen Garten hinabgegangen*
*zu den Balsambeeten,*
*um in den Gärten zu weiden*
*und Lilien zu pflücken.* (6,2; vgl. 6,11, REB)

Und im fünften Satz richten sich die letzten Worte des Mannes an
die Frau mit dem gleichen Motiv:

*Die du wohnst in den Gärten,*
*während die Gefährten deiner Stimme lauschen,*
*laß mich hören.* (8,13, REB)

Mann und Frau wurden zuerst im Garten Eden ein Fleisch. Dort
sprach der Erzähler nur kurz von ihrer sexuellen Vereinigung
(Gen 2,24). Nun, in diesem Garten, preisen die Liebenden ausführlich die Freuden ihres Zusammenseins. Possessivpronomen trennen
ihr Leben nicht mehr. »Mein Garten« und »sein Garten« gehen in
Harmonie ineinander über und werden gemeinsam bewohnt. Selbst
die Person und der Ort werden eins: der Garten der Erotik ist die
Frau.
In diesem Garten wird die Sinnenfreude Edens erweitert und vertieft. Nachdem sich die fünf Sinne in Genesis 2−3 allmählich
entwickelt hatten, kapitulierten sie vor dem Ungehorsam durch das
Genießen der verbotenen Frucht. Im Lied der Lieder sind sie von

Anfang an voll gegenwärtig und durchdringen das ganze Gedicht, um nur der Liebe zu dienen. Eine solche Liebe ist süß im Geschmack wie die Frucht des Apfelbaumes (2,3; vgl. 4,16; 5,1,13). Wohlriechend sind die Düfte des Weingartens (2,13), die Wohlgerüche der Myrrhe und des Weihrauchs (3,6), der Duft des Libanon (4,11) und die Balsambeete (5,13; 6,2). Die Umarmungen der Liebenden bestätigen das Entzücken der Berührung (1,2; 2,3–6; 4,10,11; vgl. 5,1; 7,6–9; 8,1,3). Ein Blick aus den Augen raubt das Herz (4,9; 6,13) so wie ein Ton von dem Geliebten es in Aufregung versetzt (5,2). Schmecken, riechen, berühren, sehen und hören durchdringen den ganzen Garten des Hohenliedes.

Pflanzen verschönern diesen Ort der Freude — »allerlei Bäume, begehrenswert anzusehen und gut zur Nahrung« (Gen 2,9). Was der Erzähler in Genesis nur kurz berichtete, das preisen die Stimmen im Lied der Lieder in aller Ausführlichkeit. Sie nennen nicht nur die Bäume bei Namen, sondern auch die Früchte und Blumen. Zum Beispiel schildert die Frau sich selbst gegenüber ihrem Mann im ersten *Satz* so:

*Ich bin eine Narzisse von Scharon,*
*eine Lilie der Täler.* (2,1, REB)

Das Wort »Lilie« regt den Mann zu einem außergewöhnlichen Vergleich an, in dem sogar die Dornen und Disteln des Erdbodens (vgl. Gen 3,18) vorkommen:

*Wie eine Lilie unter Dornen,*
*so ist meine Freundin unter den Töchtern.* (2,2, REB)

Die Frau antwortet in gleicher Weise:

*Wie ein Apfelbaum unter den Bäumen des Waldes,*
*so ist mein Geliebter unter den Söhnen.* (2,3 a, REB)

Aber ihr Vergleich endet hier. Sie geht dann weiter auf die Bilder aus der Pflanzenwelt ein, um die Freude zu beschreiben, die ihr Geliebter verkörpert.

*In seinem Schatten zu sitzen, gelüstet's mich*
*und seine Frucht ist meinem Gaumen süß.*

*Er hat mich ins Weinhaus hineingeführt*
*und sein Zeichen über mir ist Liebe.*
*Stärkt mich mit Traubenkuchen,*
*erquickt mich mit Äpfeln,*
*denn ich bin krank vor Liebe!* (2,3 b−5, REB)

Im ganzen Lied der Lieder werden andere Pflanzen als Beispiele für
»allerlei Bäume, begehrenswert anzusehen und gut zur Nahrung«
erwähnt: Hennasträucher (7,13), der Feigenbaum (2,13), der Grana-
tapfelbaum (4,3,13; 6,7), die Zeder (5,15), die Palme (7,8) und
»allerlei Weihrauchgewächse« (4,14). Und zwischen all diesen
Pflanzen wächst kein Baum des Ungehorsams (vgl. Gen 2,16−17).
Statt dessen laden die Liebenden alle ein, von jedem Baum des
Gartens zu essen, sowie von seinen Quellen der Freude zu trinken.[12]
In ihrer Welt der Harmonie gibt es kein Verbot:

*Eßt, Freunde, trinkt,*
*und berauscht euch an der Liebe!* (5,1 e, REB)

Die Aufforderung zu trinken folgt einer Schilderung von dem
Überfluß an Wasser, das den Garten erfüllt:

*Eine Gartenquelle ⟨bist du⟩, ein Brunen mit fließendem Wasser*
*und ⟨Wasser⟩, das vom Libanon strömt.* (4,15; vgl. 4,12, REB)

Diese Bilder erinnern an den unterirdischen Strom, der die Erde vor
der Schöpfung bewässerte (Gen 2,6) und zu einem Vergleich mit
dem Fluß einlädt, der von Eden ausging, den Garten zu versorgen
(Gen 2,10−14). In beiden Fällen wurde durch Nahrung und Wasser
das Leben gesteigert.
Auch Tiere bewohnen diese beiden Gärten. In Genesis 2,18−20 war
ihre Erschaffung durch Ambivalenz gekennzeichnet. Dem Erdgeschöpf nahe verwandt, waren sie doch eine Enttäuschung, denn
unter ihnen fand sich »kein(e) GefährtIn, ihm entsprechend«. Statt
dessen unterstrich die Macht, die das Erdgeschöpf durch die
Namensgebung über die Tiere ausübte, noch, wie wenig sie ihm
genügten. Jedoch bildeten sie umgekehrt auch den Hintergrund für
die Freude menschlicher Sexualität. In Genesis 3 floß die Ambivalenz ihrer Erschaffung voll in das schändliche Portrait der Schlange

ein. Das listigste aller Tiere des Feldes täuschte das nackte Menschenpaar, so daß sie ewige Feinde wurden (3,14). Im Garten Eden lebten die Tiere also in einem Spannungsverhältnis zum Menschen. Aber im Garten des Liedes der Lieder verschwindet diese Spannung. Keine Schlange ist da, die Ferse der Frau oder des Mannes zu zermalmen, kein Tier wird beschuldigt, als Gefährte für den Menschen ungeeignet zu sein. Im Gegenteil, die Tiere des Feldes und die Vögel des Himmels (vgl. Gen 2,19) werden jetzt zu Synonymen für die Freude der Menschen. Ihre Namen sind Metaphern für die Liebe. Über alle Sätze des Gesangs verstreut, werden diese Geschöpfe oft für eine Beschreibung der Liebenden benutzt. Im ersten Gedicht des zweiten Satzes zeichnet die Frau ihren Mann so:

*Er springt über die Berge,*
*hüpft über die Hügel.*
*Mein Geliebter gleicht einer Gazelle*
*oder einem jungen Hirsch.* (2,8,9 a; vgl. 2,17 b, REB)

Zu diesen Bildern kehrt sie in den letzten Zeilen des Liedes zurück (8,14). An anderen Stellen vergleicht sie das schwarze Haar ihres Geliebten mit einem Raben und seine Augen mit »Tauben an Wasserbächen« (5,11−12). In ähnlicher Weise schildert der Mann die Schönheit der Frau mit Metaphern aus der Tierwelt:[13]

*Siehe, schön bist du, meine Freundin,*
*siehe, du bist schön!*
*Deine Augen ⟨leuchten wie⟩ Tauben*
*hinter deinem Schleier hervor.*
*Dein Haar ist wie eine Herde Ziegen,*
*die vom Gebirge Gilead hüpfen.*
*Deine Zähne sind wie eine Herde frisch geschorener ⟨Schafe⟩,*
*die aus der Schwemme heraufkommen.*
*Jeder ⟨Zahn⟩ hat seinen Zwilling,*
*keinem von ihnen fehlt er.* (4,1−2, REB)


*Deine beiden Brüste sind wie zwei Kitze,*
*Zwillinge der Gazelle,*
*die in den Lilien weiden.* (4,5; vgl. 7,3, REB)

Die Stute (1,9), die Turteltaube (2,12) und die Löwen und Leoparden (4,8) leben auch in diesem Garten, wo die ganze Natur die Liebe des Mannes und der Frau rühmt. Es wird deutlich, daß das Lied der Lieder die ambivalente Einstellung zu Tieren, die Genesis 2 einführte, aufhebt, so wie es auch von der scheußlichen Schlange in Genesis 3 nichts weiß. Selbst die kleinen Füchse, die die Weinberge verderben, können mit Liebe eingefangen werden (2,15). Es dienen also alle Tiere dem Eros.

Arbeit und Spiel gehören sowohl im Garten der Schöpfung als auch im Garten der Erotik zusammen. Den Garten zu bebauen und ihn zu bewahren, war Vergnügen, bevor das erste Menschenpaar ungehorsam und somit Ursache dafür wurde, daß der Erdboden Dornen und Disteln hervorbrachte und sich Arbeit in Mühsal und Schweiß verwandelte (Gen 2,15; 3,16,18—19). Im ersten Satz des Hohenliedes verkehrt nun die Frau die Mühsal der Arbeit in Freude. Unter dem Kommando der Söhne ihrer Mutter hütet sie die Weinberge in der glühenden Sonne, aber trotz dieser Erfahrung mit erzwungener Arbeit assoziiert sie sie mit Spiel:

*Meiner Mutter Söhne fauchten mich an,*
*setzten mich als Hüterin der Weinberge ein.*
*Meinen eigenen Weinberg habe ich nicht gehütet!*[14] (1,6, REB)

Indem sie sich selbst mit einem Weingarten gleichsetzt, spielt die Frau darauf an, daß ihr Geliebter dessen Hüter ist. Dieser Mutwille läßt sie sich an den Mann wenden mit einer weiteren Anspielung auf Arbeit.

*Erzähle mir du, den meine Seele liebt,*
*wo weidest du?* (1,7 a, REB)

Der Mann kann ein Schafhirte sein, aber für die Frau ist seine Beschäftigung ein Liebesspiel. Schließlich weidet er zwischen Lilien (2,16; 6,3), und sie selbst ist eine Lilie (2,1,2).[15] Durch Analogie ist der Mann auch ein König (1,4,12; 8,11,12), aber er regiert nicht und verteilt auch keine Weisheiten, sondern umgibt nur die Liebe mit Luxus.[16] Es vermischt sich also im Garten des Hohenliedes das Spiel der Liebe mit der Arbeit und gibt ihr somit nach der Verurteilung von Genesis 3,16—19 ihren ursprünglichen Sinn wieder.

Anspielungen auf familiäre Verhältnisse lassen uns auf weitere Gegensätze stoßen. Während in Genesis 2 die Erschaffung von Mann und Frau gänzlich unabhängig von Eltern geschah, wird im Hohenlied die Geburt der Liebenden mit ihren Müttern in Verbindung gebracht, wobei allerdings die Väter nie erwähnt werden. Siebenmal — mindestens einmal in jedem Satz — kommt das Wort »Mutter« in diesem Gesang vor. Der Mann nennt seine Geliebte »die Auserkorene ihrer Gebärerin« (yld) (6,9), während die Frau von den Wehen der Mutter, die ihn gebar (yld), spricht (8,5). Aber beide Male wird nur auf die Schönheit der Geburt angespielt, von den vielfältigen Beschwerden wird nichts gesagt (vgl. Gen 3,16). Außerdem wünscht sich die Frau in ihrer Sehnsucht nach der Nähe ihres Geliebten, daß er ein Bruder wäre, der die Brust ihrer Mutter gesogen hätte (8,1). Wieder setzt sie das Verlangen nach sexueller Vereinigung mit ihrer eigenen Empfängnis in Parallele; deshalb möchte sie auch den Mann führen

*ins Haus meiner Mutter*
*und in das Gemach derer,*
*die mit mir schwanger war.* (3,4; 8,2, REB*)

Dieser Eintritt in das Haus der Mutter, um zur Vereinigung zu kommen, erinnert an das Gegenteil in Genesis 2,24. Dort zerbrach der Mann eine Familie um der sexuellen Einswerdung willen. Er verließ Vater und Mutter, um seiner Frau anzuhängen. Die Frau, die allein dastand, ohne Eltern, wurde als die herausgestellt, zu der er kommen mußte. Im Hohenlied wird dagegen die Frau als diejenige gezeigt, die den Mann in ihrer Mutter Haus bringt. Aus unterschiedlichen Perspektiven wird die Mutter auch noch in anderen Abschnitten des Hohenliedes erwähnt. Die Frau bezeichnet ihre Brüder als »meiner Mutter Söhne« (1,6) und später sieht sie König Solomo

*in der Krone, mit der seine Mutter ihn gekrönt hat*
*am Tag seiner Hochzeit*
*und am Tag der Freude seines Herzens.* (3,11, REB)

Zweifellos unterstreichen diese sieben Hinweise auf die Mutter, ohne daß der Vater auch nur einmal erwähnt wird, erneut die große

Bedeutung der Frau in der Lyrik der Liebe. Und wieder einmal erweitert und variiert das Hohelied ein Thema, das in Genesis 2−3 vorkommt.

Da das Lied der Lieder eher in eine historische als urzeitliche Umgebung gehört, zieht es als Zeugen für die Liebe auch andere als die Bewohner von Eden heran.[17] Einige Gruppen sind feindlich gesinnt, denn nicht die ganze Welt liebt Liebende. Insbesondere erfährt die Frau den Ärger ihrer Brüder (1,6) und den körperlichen Angriff durch die Wächter der Mauern (5,7; vgl. 2,3). Aber andere Zeugen feiern das Glück und die Schönheit der Liebenden mit: Könige (1,9; 3,7; 4,4), Königinnen und Nebenfrauen (6,8,9), Helden (3,7; 6,4), ja, furchterregende Kriegsscharen (6,4,10), Händler mit allerlei Gewürzpulvern (3,6), Hirten (1,7−8) und die Töchter Jerusalems. Auch frohlockt die Frau, daß andere Frauen sowie Männer ihren Gefährten lieben. Daß sie ihn so anziehend finden, macht sie nicht eifersüchtig, sondern freut sie:

*Ausgegossenes Salböl ist dein Name.*
*Darum lieben dich die Mädchen.*
*Zieh mich dir nach, laß uns eilen!*
*Der König möge mich in seine Gemächer führen!*
*Wir wollen jubeln und uns freuen an dir,*
*wollen deine Liebe preisen mehr als Wein!*
*Mit Recht liebt man dich.* (1,3 b−4, REB)

Ebenso frohlockt der Mann, daß andere Männer sowie Frauen sich an seiner Partnerin freuen:

*Die du wohnst in den Gärten,*
*während die Gefährten deiner Stimme lauschen,*
*laß mich hören.* (8,13, REB)

*Sähen sie die Töchter, sie priesen sie glücklich,*
*die Königinnen und Nebenfrauen, sie rühmten sie.* (6,9, REB)

Im ganzen Lied der Lieder ist der Eros inklusiv, die Liebe zwischen den beiden heißt die Liebe und Begleitung von vielen willkommen. Nur am Ende schließt sich der Kreis der Vertrautheit exklusiv ab. An zwei Stellen (2,16; 6,3) bringt die Frau diese Vertrautheit mit der

Formel »Mein Geliebter ist mein, und ich bin sein« zum Ausdruck. Dieser Austausch von Pronomen entspricht der Vereinigung von »meinem Garten« mit »seinem Garten« (4,16). Liebe ist Harmonie. Weder Mann noch Frau erhebt einen Herrschafts- oder Besitzanspruch auf den anderen. Angesichts von Genesis 3,16 fällt eine dritte Ausdrucksweise für diesen Gedanken auf. Die Frau sagt »Ich gehöre meinem Geliebten, und nach mir ist sein Verlangen« (7,10). Das Wort »Verlangen« *(tᵉšûqâ)*, das sie benutzt, wiederholt – in entgegengesetzter Weise – den Urteilsspruch Gottes über die erste Frau: »Nach deinem Mann wird dein Verlangen *(tᵉšûqâ)* sein, er aber wird über dich herrschen«.[18] In Eden blieb die Sehnsucht der Frau nach Harmonie mit ihrem Mann nach dem Ungehorsam bestehen. Aber der Mann erwiderte sie nicht; statt dessen herrschte er über sie und zerstörte somit die Eintracht und pervertierte die Sexualität. Ihr Verlangen führte zu seiner Vorherrschaft. Im Hohenlied aber verschwindet die Macht des Mannes. Sein Verlangen ist ihr Entzücken. Somit ist eine weitere Folge des Ungehorsams wiedergutgemacht durch die Wiederherstellung der Gegenseitigkeit im Garten der Erotik. Dementsprechend singt die Frau das lyrische Lied dieser Gnade: »Ich gehöre meinem Geliebten, und nach mir ist sein Verlangen«.

Diese »Erlösung« zeigt sich auch an der Art und Weise, wie das Wort »Name« in den beiden Gärten gebraucht wird. Als das veränderte Erdgeschöpf die Frau *'iššâ* (und sich selbst *'îš*) nannte, gab er ihr keinen Namen, sondern jubelte über die Erschaffung der Sexualität (Gen 2,23). Aber als der Mann nach dem gemeinsamen Ungehorsam seiner Frau den Namen *(šēm)* Eva gab, herrschte er über sie und zerstörte damit das eine Fleisch der Gleichheit (Gen 3,20). Hier nun, in den ersten Zeilen des Hohenliedes wird das Namensmotiv ganz anders gebraucht. Es wird in den Dienst der sexuellen Erfüllung gestellt. Die Frau selbst spricht dieses Wort aus in einem Wortspiel der Bewunderung für den Mann:

*Denn deine Liebe ist köstlicher als Wein.*
*An Duft gar köstlich sind deine Salben;*
*ausgegossenes Salböl* (šemen) *ist dein Name* (šᵉmekā). (1,2 b–3, REB)

Statt ihrem Mann aus dem Garten zu folgen (vgl. Gen 3,23−24), bittet diese Frau ihn, sie in seine Gemächer zu führen: »Zieh mich dir nach, laß uns eilen« (1,4). Für sie ist die Namensgebung Verzükkung, nicht Herrschaft. Ein neuer Kontext zeigt, daß etwas Neues entsteht.

Die zurückgewonnene Liebe tritt auch dem Tod entschlossen entgegen.[19] Obwohl die Bedrohung durch den Tod zu der Erschaffung des Eros dazugehörte (Gen 2,17), geschah es erst durch den Ungehorsam der Menschen, daß der Tod zum Zerfall des Lebens führte. Die Harmonie wich der Feindseligkeit, Einheit und Erfüllung dem Auseinanderfallen und der Zerstörung. Im letzten Satz des Hohenliedes erfährt diese Tragödie eine Umkehrung. Nun kann die Erotik die Bedrohung durch den Tod wieder annehmen. Die Frau sagt:[20]

*Leg mich wie ein Siegel an dein Herz,*
*wie ein Siegel an deinen Arm!*
*Denn stark wie der Tod ist die Liebe,*
*hart wie der Scheol die Leidenschaft.*
*Ihre Gluten sind Feuergluten,*
*eine Flamme Jahs. (8,6, REB)*

Aber sie tut noch mehr, als die Liebe dem Tod als gleich stark gegenüberzustellen. Triumphierend sagt sie, daß nicht einmal die urzeitlichen Wasser des Chaos den Eros zerstören können:

*Mächtige Wasser sind nicht in der Lage,*
*die Liebe auszulöschen. (8,7, REB)*

Als eine »Gartenquelle, ein Brunnen mit fließendem Wasser *(mayîm ḥayyîm)*« (4,15) behauptet sich eine Frau, die liebt gegen die vielen Wasser *(mayîm rabbîm)* des Chaos. Mit einer solchen Zuversicht bewegt sich das Gedicht unaufhaltsam auf seine Erfüllung zu.

## 3. Schluß

Indem wir Genesis 2—3 als Schlüssel zum Verstehen des Hohenliedes benutzten, haben wir an einer Symphonie der Liebe teilgenommen. Zu Gegenseitigkeit und Harmonie geboren, leben ein Mann und eine Frau in einem Garten, in dem sich Natur und Geschichte vereinen, um das eine Fleisch der Sexualität zu feiern. Nackt, ohne Scham oder Furcht (vgl. Gen 2,25; 3,10), behandelt dieses Paar einander mit Zärtlichkeit und Respekt. Sie fliehen nicht vor der Sexualität noch nutzen sie sie aus, sondern sie nehmen sie an und freuen sich daran. Ihre Liebe ist wahrhaft Gebein von Gebein und Fleisch von Fleisch, und dieses Bild Gottes als Mann und Frau ist, in der Tat, sehr gut (vgl. Gen 1,27,31). Als Zeugnis für die Güte der Schöpfung wird Erotik zur Anbetung im Kontext der Gnade.[21]

In dieser Umgebung gibt es keine männliche Vorherrschaft oder weibliche Unterordnung und auch keine Klischeevorstellungen von den Geschlechtern.[22] Insbesondere trotzt das Portrait der Frau allen Konnotationen von einem »zweiten Geschlecht«. Sie arbeitet, hütet Weingärten und weidet Herden. In dem ganzen Lied ist sie selbständig und dem Mann in allem gleichgestellt. Obwohl er sich ihr einige Male nähert, so ist es doch meistens sie, die ihr Zusammenkommen herbeiführt. Was sie tut, ist offen und unerschrocken: in der Nacht sucht sie in den Straßen und Plätzen der Stadt den einen, den ihre *nephesh* liebt (3,1—4). Durch keinerlei Heimlichkeit wird ihr Verlangen verborgen. Ja, sie wagt es, die Liebe mit enthüllenden Metaphern zu beschreiben:

*Mein Geliebter streckte seine Hand durch die Öffnung,*
*da wurden meine Gefühle für ihn erregt. (5,4)*

Niemals wird diese Frau Ehefrau genannt, auch erwartet man von ihr nicht, daß sie Kinder gebiert. Tatsächlich sagt das Hohelied nichts über Ehe und Fortpflanzung aus.[23] Liebe um der Liebe willen, das ist seine Botschaft,[24] und das Portrait der Frau vermittelt diese Botschaft am besten.

Obwohl die Liebe zu ihrer Erfüllung kommt, als die Frau und der Mann den Kreis ihrer Vertrautheit gegen alle abgrenzen (8,13—14), gibt es in meiner Phantasie noch ein Nachspiel zu dem Gedicht. Ich stelle mir vor, daß »die Cherubim und das zuckende Schwert« kommen, um den Eingang zum Garten des Hohenliedes zu bewachen (vgl. Gen 3,24). Sie halten diejenigen draußen, die lüstern sind, moralisieren, Gesetze erlassen oder ausbeuten wollen. Auch die Buchstabengläubigen wehren sie ab. Aber jederzeit heißen sie Liebende willkommen, die sich ausgelassen den Freuden der Erotik hingeben wollen:

*Mach dich auf, meine Freundin, meine Schöne,*
*und komm!*
*Denn siehe, der Winter ist vorbei,*
*die Regenzeit vorüber, ist vergangen.*
*Die Blumen zeigen sich im Lande,*
*die Zeit des Singens ist gekommen,*
*und die Stimme der Turteltaube*
*läßt sich hören in unserem Land.*
*Der Feigenbaum rötet seine Feigen,*
*und die Reben, die in Blüte stehen,*
*geben Duft.*
*Mach dich auf, meine Freundin, meine Schöne,*
*und komm!* (2,10—13, REB)

Bisher haben wir zwei Darstellungen von Mann und Frau im Alten Testament untersucht. Genesis 2—3 schilderte eine Tragödie des Ungehorsams, das Lied der Lieder war eine Symphonie der Erotik. Aber irgendwo zwischen Tragödie und Ekstase liegt der Kampf des täglichen Lebens. Um Mann und Frau in diesem Umfeld zu verstehen, wenden wir uns nun dem Buch Rut zu.

# Kapitel VI: Eine menschliche Komödie

Eine Männerwelt erzählt die Geschichte einer Frau.[1] Mit vollendeter Kunstfertigkeit stellt das Buch Rut die alternde Noomi und die jugendliche Rut in ihrem Überlebenskampf in einer patriarchalen Umgebung dar. Diese Frauen tragen ihre eigene Last. Sie kennen Entbehrungen, Gefahr, Unsicherheit und Tod. Da ist kein Gott, der ihnen Segen verheißt, kein Mann, der ihnen zu Hilfe eilt. Sie riskieren kühne Entscheidungen und schockierende Taten, um sich inmitten einer fremden, feindlichen und unbekannten Welt zu retten.

Die Geschichte ist in vier Szenen aufgeteilt.[2] Sie bilden eine Ringkomposition, wobei die dritte und vierte zu den Anliegen der zweiten und ersten zurückkehren. Variationen dieses Entwurfs kommen in jeder Szene vor, so daß die Teile das Ganze gestalten und das Ganze die Teile. Diese totale Symmetrie gibt der Geschichte eine eigene Integrität, sie stellt sie als ein ästhetisches Kunstwerk heraus und vermittelt einen Sinn, der von Form und Inhalt nicht zu trennen ist.

Unter diesem Gesamtentwurf liegen tiefe Beziehungsstrukturen, die ihn gestalten.[3] Auf der menschlichen Ebene bewegen sich Frauen und Männer zwischen Leben und Tod. Auf der göttlichen Ebene wirkt Gott zwischen Segen und Fluch. Die menschlichen Handlungen sind offen und wohlüberlegt, während das göttliche Handeln verborgen und unberechenbar ist. In vielerlei Form bringen diese grundlegenden Gegensätze Spannung in die Erzählung, auch wenn sie zusammenwirken, um Beschlüsse und Veränderungen herbeizuführen.

# 1. Tod im Überfluß

Szene 1. Kapitel 1

## A. Einleitung, V. 1–7.

(1) Die Geschichte beginnt mit einer grammatikalischen Spannung (V. 1–5). Der Bericht in der 3. Person nennt die Personen, gibt ihre verwandtschaftlichen Beziehungen an und beschreibt ihre schwierige Lage, aber er läßt es nicht zu, daß sie als Menschen auftreten. Sie sind zwar Subjekte von Verben, aber Objekte im Diskurs; es wird über sie geredet, aber sie kommen selbst nicht zu Wort. Dementsprechend schweben sie zwischen Person- und Nicht-Person-sein. Diese grammatikalische Spannung bezeichnet auch ihre existentiell gespannte Lage. Mit einer Hungersnot konfrontiert, hängen die vier Gestalten zwischen Leben (Person) und Tod (Nicht-Person). Somit spiegelt die Form der Einleitung den Inhalt wider und der Inhalt die Form.

Eine Hungersnot im Lande Juda treibt sie zu einer Auswanderung in das Gebiet von Moab. Während der heimatliche Boden nur noch Tod bedeutet, bietet der fremde Leben. Deshalb verläßt eine gesunde Familie ein krankes Land. Der patriarchalen Sitte gemäß, führt Elimelech, der Vater, die Gruppe an. Er wird begleitet von Noomi, seiner hingebungsvollen und traditionell zugeordneten Frau und *seinen* – so steht es im Text – seinen zwei Söhnen, Machlon und Kiljon. Die Vollständigkeit seiner Familie entspricht der Fruchtbarkeit im Gebiet von Moab. Aber die wiedererlangte Harmonie zwischen Land und Familie wird bald erschüttert, dieses Mal allerdings nicht von seiten der Natur, sondern der Menschen. Elimelech stirbt. Noomi wird Witwe, wenn auch nicht ohne Hoffnung, da der/die ErzählerIn* den elterlichen Anspruch vom toten Vater auf die lebende Mutter überträgt. Noomi bleibt »mit *ihren* beiden Söhnen

---

* Wo im Folgenden vom Erzähler die Rede ist, ist die inklusive Form »der/die ErzählerIn« gemeint.

zurück« (V. 3).[4] Außerdem beeilt sich der/die ErzählerIn, diese Unvollständigkeit der Familie zu überwinden, indem er/sie berichtet, daß die Söhne sich moabitische Frauen nehmen, Orpa und Rut. Diese Heiraten stehen im Gegensatz zu der von Elimelech und Noomi, Exogamie gegen Endogamie.[5] Aber der Gegensatz ist auch ergänzend. Das fremde Land von Moab, das einer Familie aus Juda Nahrung (Leben) angesichts der Hungersnot (Tod) geboten hat, gibt nun dieser reduzierten Familie eine veränderte Ganzheit wieder und eröffnet ihr eine Zukunft (Leben) durch die Fortsetzung der Familienlinie.

Der Trost dieser Nachricht hält indes nicht lange vor. In vier hebräischen Wörtern vergehen zehn Jahre, ohne daß eine dritte Generation ankommt. Machlon und Kiljon sterben. Nachdem der Tod wieder einmal das Leben verhindert hat, schrumpft eine ganze Familie zu einer einsamen Figur zusammen. Noomi steht allein da. Die Erzählung konzentriert sich ganz auf sie, vermeidet aber ihren Namen. »Die Frau« heißt es, »blieb zurück ohne ihre beiden Söhne und ohne ihren Mann« (V. 5). Von Ehefrau zur Witwe, von Mutter zur Nicht-Mutter geworden, verliert diese Frau ihre Identität. Die Sicherheit von Mann und Kindern, die eine männlich-dominierte Kultur ihren Frauen bietet, ist nicht mehr die ihre. Die Werte, nach denen eine Frau eingeschätzt wird, gelten für sie nicht mehr. Die Segnungen des Alters, die durch die Nachkommen garantiert werden, gibt es für sie nicht mehr. Als Fremde in einem anderen Land ist diese Frau ein Opfer des Todes — und des Lebens.

(2) Die extrem schwierige Lage Noomis kündigt Veränderungen an, was sowohl durch die Grammatik als auch den Inhalt bestätigt wird (V. 6—7). Zum ersten Mal wird sie das Subjekt eines aktiven Verbs. Eine Nicht-Person entwickelt sich allmählich zur Person. Der Erzähler ist aber noch vorsichtig. Er hält den Namen der Frau zurück, während er über sie spricht. Er benutzt das Pronomen »*sie*«, als es heißt »und *sie* machte sich auf, sie und ihre Schwiegertöchter, und kehrte aus dem Gebiet von Moab zurück« (REB). Es ist »*sie*«, die gehört hatte, »daß der Herr sein Volk heimgesucht habe, um ihnen Brot zu geben« (REB). Und es ist wiederum »*sie*«, die wegzog »von dem Ort, wo *sie* gewesen war« (REB).

Dieses Vokabular der Veränderung gehört zu einem Übergangsabschnitt, der eine doppelte Funktion hat: die Einleitung abzuschließen und den Dialog vorzubereiten. Er erfüllt die erstere Funktion durch die Bildung eines Rahmens. Die Einleitung beginnt mit einem Exodus aus Juda (V. 1) und endet mit der Ankündigung einer Rückkehr in jenes Land (V. 7). Sie geht von dem Problem der Hungersnot aus und antwortet nun mit der Verheißung von Nahrung. Sie erzählt zuerst von einem Mann, der eine Zukunft für seine Familie sucht und dann von einer Frau — der einzigen Überlebenden der Familie — die über ihre eigene Zukunft entscheidet. Innerhalb dieser kreisförmigen Struktur sind die Themen Land, Nahrung und Familie einander gegenübergestellt, gekreuzt oder miteinander vereint worden, so wie sie zwischen Leben und Tod hin- und hergehen. Auf diese Weise kehrt der Schluß der Einleitung zum Anfang zurück, allerdings mit Veränderungen.

Diese Unterschiede unterstützen die zweite Funktion des Abschnitts, die Vorbereitung des Dialogs. Erstens nimmt der Bericht in der 3. Person die aktive Rolle der Noomi schon vorweg, indem er sie zum Subjekt von Verben macht. Zweitens kündigt er ein wichtiges Ereignis an, indem er das Verb »zurückkehren« zweimal benutzt. Drittens weist er auf ein wichtiges Spannungselement hin, indem er zweimal erzählt, daß die beiden Schwiegertöchter die alternde Witwe begleiten. So wird durch die grammatikalische Struktur, den Gebrauch von Schlüsselwörtern und die Freigabe von Informationen in V. 6—7 der/die HörerIn von der Einleitung zum Dialog hinübergeführt. Diese doppelte Funktion der Abrundung und Fortsetzung löst die grammatikalisch-existentielle Spannung zwischen Person und Nicht-Person, zwischen Leben und Tod auf. Die Entscheidung geht nach Geschlechtern: die Männer sterben, sie sind Nicht-Personen, sie kommen in der Geschichte nicht mehr vor (obwohl ihre Abwesenheit spürbar bleibt). Die Frauen leben, sind Personen und in der Geschichte weiterhin gegenwärtig. Ja, ihr Leben ist das Leben der Geschichte. Ein Gegensatzpaar ist zu einer Lösung gekommen, durch die aber neue Gegensätze hervorgebracht werden.

## B. Hauptteil: V. 8–21

(1) Genau an dem Punkt, wo der Bericht in der 3. Person in den Dialog übergeht, wo die Einleitung zur Handlung führt, übernehmen Frauen die Initiative (V. 8–14). In der ganzen ersten Episode sind Männer nicht anwesend, nur Frauen sprechen und handeln. Und außerdem wird der einsamen Witwe, die ihre ganze Identität verloren hat, da wo die Sprache poetisch wird, ihr Name wiedergegeben.[6] Noomi sagt zu ihren Schwiegertöchtern:

A     *Geht, kehrt um, jede in das Haus ihrer Mutter.*
B     *Der Herr erweise euch Gnade,*
C     *so wie ihr sie den Verstorbenen und mir erwiesen habt.*
B'    *Der Herr gebe es euch, daß ihr Ruhe findet,*
A'    *eine jede in dem Haus ihres Mannes.* (1,8, REB)

Das Alter befiehlt der Jugend, eine Frau aus Juda berät Moabiterinnen; eine steht zweien gegenüber. Aber als kinderlose Witwen sind sie alle eins.

Überraschend erscheint in einer patriarchalen Kultur die Redewendung »Haus ihrer Mutter«[7]. Aber die Worte sind hier ganz besonders angemessen. Die Schwiegermutter wird der Mutter gegenübergestellt. Außerdem hebt diese Redewendung die radikale Trennung dieser Frauen von allen Männern hervor. Sie stellt die gegenwärtige Realität der Vergangenheit und Zukunft entgegen. Einst waren diese Frauen Ehefrauen von Männern, und dieser Status wäre auch wieder wünschenswert. Inzwischen aber sind sie Frauen ohne Männer. Deshalb wird jede der jungen Frauen gedrängt, »in das Haus ihrer Mutter« zurückzukehren.[8]

Als sie spricht, erbittet Noomi die Gnade *(ḥesed)* Jahwes.[9] Ihre Bitte gründet sich nicht auf eine frühere positive Erfahrung mit Jahwe, auf die sie sich als Sicherheit für zukünftige Güte berufen könnte. Denn die Vergangenheit bedeutete für sie nur Hunger, Entwurzelung und Tod, nicht göttlichen Segen. Die Grundlage dafür, daß Noomi Jahwes *ḥesed* erfleht, ist die wohlwollende Gastfreundschaft ihrer Schwiegertöchter: »Der Herr erweise euch Gnade, *so wie ihr sie den Verstorbenen und mir erwiesen habt«* (REB). In Noomis Aussage werden diese fremden Frauen, sowohl der Struktur als auch dem Sinn nach, Vorbilder für Jahwe. Sie zeigen Gott einen besseren Weg. Wieder einmal begegnen sich Gegensatzebenen und überkreuzen sich: die frühere Treue von Menschen (und dazu noch von Frauen eines anderen Volkes) ist ein Paradigma für die zukünftige Freundlichkeit Gottes.

Nach ihrer ersten Rede küßt Noomi ihre beiden Schwiegertöchter zum Abschied. Sie erheben ihre Stimmen und weinen. Aber die Szene geht vorüber. Noomi befiehlt: »Kehrt um, jede in das Haus ihrer Mutter« (V. 8, REB). Die jungen Witwen antworten, indem sie dieselben Worte an ihre Schwiegermutter richten: »Nein, sondern wir wollen mit dir zu deinem Volk zurückkehren« (V. 10, REB). Das Vokabular der Rückkehr, mit dem Noomi in der Geschichte als Person auftritt, hat bei Orpa und Rut eine ähnliche Funktion.[10] Indem sie es benutzen, entwickeln sie die Initiative und das Potential, eine neue Richtung einzuschlagen, die mit der Sitte und dem gesunden Menschenverstand bricht.

Noomi versteht sie nicht. Ihr Weg kann nicht der der Schwiegertöchter sein. »Kehrt nur um, meine Töchter! Wozu wollt ihr mit mir gehen? ... Habe ich etwa noch Söhne in meinem Leib *(me̓ ay)*,[11] daß sie eure Männer werden könnten? ... Wenn ich gar ... Söhne gebären sollte, wolltet ihr deshalb warten, bis sie groß würden?« (V. 11−13 a, REB). Rhetorische Fragen führen Noomi im Kreis zu ihrem Ausgangspunkt, Jahwe, zurück, dessen Gnade *(ḥesed)* sie vorher für ihre Schwiegertöchter erbeten hat. Jene Beschwörung enthielt aber die Ironie einer unausgesprochenen Verurteilung. Was implizit mitgemeint war, wird jetzt direkt ausgesprochen. Jahwe läßt es wirklich an etwas fehlen: »Nicht doch, meine Töchter! Denn das bittere ⟨Leid⟩, das mir ⟨geschah⟩, ist zu schwer für euch. Ist doch die Hand Jahwes gegen mich ausgegangen« (V. 13 c, REB). Nachdem Noomi die Gnade Gottes für die Zukunt beschworen hat, spricht sie nun wieder von der Grausamkeit Jahwes in der Vergangenheit und Gegenwart. Diese beiden ungleichen Hinweise auf Gott umrahmen ihren gleichbleibenden Rat an Orpa und Rut. Gott interveniert in dieser Szene direkt nicht. Es sind nur die Menschen, die das Handeln Gottes interpretieren, und was sie sagen, ist zweideutig: »Gott erweise euch Gnade − der Gott, der mir sehr bitteres Leid zugefügt hat.«

Dreimal fordert Noomi die jungen Frauen auf, zurückzukehren, und jedesmal spricht sie davon, wie notwendig es für sie sei, Ehemänner zu finden (V. 9,11,12−13). Wenn ihr Leben erfüllt sein soll, müssen sie wieder heiraten, denn die männlich-strukturierte Gesellschaft bietet keine andere Möglichkeit. Außerdem sind die Chancen einer neuen Ehe für sie im Land der Moabiter viel größer als im fremden Land Juda. Noomi selbst kann ihnen nicht helfen. Während des ganzen Gesprächs ist ihr Rat der übliche, ihr Motiv altruistisch und ihre Theologie ironisch gefärbt.

Wie beim ersten Mal folgt ein Bericht des Erzählers auf Noomis Rede. Die Beziehung zwischen diesen beiden Berichten (V. 9 b und V. 14) ist in den Teilen und im Ganzen eine chiastische:

|  |  |  |  |  |
|---|---|---|---|---|
| | *a* | *b* | *c* | |
| A | *Und sie küßte sie* | | | |

B′ *Da erhoben sie ihre Stimme und weinten noch mehr.*

  *c′*   *b′*

| B | *Da erhoben sie ihre Stimme und weinten* |

A′  *Und Opra küßte ihre*
        *a′*
*Schwiegermutter,*
  *c′*       *b′*       *a′*
Rut *aber hängte sich an sie*
(REB)

Abgesehen davon, daß dies ein mnemotechnischer Kunstgriff ist, zeigen die Ähnlichkeiten in Struktur und Inhalt die Beständigkeit im Charakter der drei Frauen. Aber die Unterschiede sind es, die dazu beitragen, daß eine weitere Entwicklung der Geschichte möglich ist. Sie kommt mit der Umkehrung von Subjekt und Objekt in A und A′. Obwohl Noomi mit ihrem Kuß von ihnen Abschied nehmen wollte (A), fehlt diesem die rechte Kraft, denn diese jungen Frauen sind keine Objekte, die sich von ihrer Schwiegermutter lenken lassen. Sie entscheiden selbst in ihrer jeweiligen Antwort (A′). Vielleicht müssen wir auf diesen Punkt hinsichtlich Orpas genauer eingehen. Obwohl sie Noomis Rat befolgt, ist sie doch selbst verantwortlich. Sie unterwirft sich nicht, sie entscheidet. *Ihr* Abschiedskuß − nicht Noomis − weist in ihre Zukunft. Die Umkehrung von Subjekt und Objekt in A und A′ gibt Orpa die Gelegenheit, in der

Geschichte, – wenn auch nur für einen kurzen Augenblick – als Mensch zu erscheinen, der sein eigenes Schicksal wählt. Dieser strukturelle Wandel hat eine ähnliche Funktion für Rut, dort ist der Bruch allerdings noch schärfer. Rut entscheidet nicht nur, sie fällt auch eine Entscheidung gegen Noomis Willen.

Indem sie als Subjekte von Verben die Initiative ergreifen, setzen sie sich gegen ihre Schwiegermutter ab. Dadurch, daß sie verschiedene Antworten geben, unterscheiden sie sich voneinander. Sie haben gesprochen (V. 10), jetzt handeln sie (V. 14). Orpa tut das Erwartete, Rut das Unerwartete. Das führt dazu, daß beide sich als Personen profilieren. Dadurch, daß ihre Namen zum ersten Mal nach der Einleitung genannt werden (V. 4), wird dies noch unterstrichen.

Zwei Frauen gleichen Alters, aus demselben Land und mit ähnlichen Erfahrungen befinden sich in einer Lebenskrise. Zuerst reagieren sie in der gleichen Weise, zuletzt entscheiden sie unterschiedlich. Wenn es auch Gründe für diese Divergenz geben muß, so betrachtet sie der Erzähler offenbar als überflüssig. Auch eine Bewertung scheint nicht nötig zu sein, und so wird von den Entscheidungen ohne Lob oder Tadel berichtet. Ebenso geben auch die jungen Frauen weder eine Erklärung noch Begründung ab. Im Gegensatz dazu gibt Noomi Vernunftgründe für ihr Urteil an. Nachdem sie schon von der Notwendigkeit gesprochen hat, Ehemänner zu finden, und gesagt hatte, daß die jungen Witwen deshalb nach Hause zurückkehren sollten, lobt Noomi nun Orpas Entscheidung und drängt Rut, es ihr gleichzutun: »Siehe, deine Schwägerin ist zu ihrem Volk und zu ihrem Gott zurückgekehrt. Kehre ⟨auch du⟩ um, deiner Schwägerin nach!« (V. 15). Orpa ist ein Beispiel für das Normale und Vernünftige; sie handelt gemäß den Ordnungen und Gebräuchen der Gesellschaft. Ihre Entscheidung ist klug, verständig und risikolos. Trotzdem aber geht Orpa der Geschichte verloren. So empfehlenswert ihr Weg auch ist, so liegt in ihm doch nicht die Dynamik der Geschichte.[12] Ironischerweise bedeutet ihr Einverständnis mit Noomi ihre Trennung von der Schwiegermutter.

(2) Das Leben geht weiter mit Rut und Noomi (V. 15–18). Zugleich aber setzt sich Noomi von Rut ab, indem sie ihr Orpa als Beispiel vorhält. Während Noomi nun durch die Lebensumstände

allein dasteht, hat sich Rut durch ihre Entscheidung isoliert. Ihre Wahl scheint sinnlos zu sein. Sie verzichtet auf die Sicherheit ihrer Mutter Haus um der Unsicherheit der Fremde willen. Sie gibt ein möglicherweise erfülltes Leben in Moab auf für ein gewiß unerfülltes in Juda. Sie verläßt ihre gewohnte Umgebung zugunsten einer fremden. Noomi lehnt diese radikale Entscheidung ab. Daher beginnen die beiden Frauen ihr gemeinsames Leben mit einer inneren Trennung. Ironischerweise aber bedeutet Ruts Widerstand gegen Noomi Gemeinsamkeit mit ihrer Schwiegermutter:

*Dringe nicht in mich, dich zu verlassen,*
*von dir weg umzukehren!*
*Denn wohin du gehst, ⟨dahin⟩ will ⟨auch⟩ ich gehen,*
*und wo du bleibst, da bleibe ⟨auch⟩ ich.*
*Dein Volk ist mein Volk,*
*und dein Gott ist mein Gott.*
*Wo du stirbst, ⟨da⟩ will ⟨auch⟩ ich sterben*
*und dort will ich begraben werden.*
*So soll mir Jahwe tun*
*und so hinzufügen, –*
*⟨nur⟩ der Tod soll dich*
*und mich scheiden.* (V. 16–17, REB\*)

Aus einer kulturellen Perspektive betrachtet, hat Rut sich für den Tod entschieden. Sie hat sich von der Solidarität der Familie losgesagt, ihre nationale Identität aufgegeben und auf ihre religiöse Anbindung verzichtet.[13] In dem ganzen Epos von Israels Geschichte kommt nur Abraham Rut in ihrer Radikalität gleich, er aber hatte eine Berufung von Gott. Eine göttliche Verheißung motivierte und unterstützte ihn bei seinem Wagnis des Glaubens. Außerdem war Abraham ein Mann, der seine Frau und seinen anderen Besitz mitnahm. Rut steht allein da, und sie besitzt nichts. Sie hat keinen Ruf von Gott bekommen, ein Segen ist ihr nicht in Aussicht gestellt worden, und kein Mensch hilft ihr. Sie lebt und entscheidet sich ohne eine Gruppe, die sie unterstützt, und sie weiß wohl, daß ihr Entschluß zu der Leere des Abgelehntwerdens, ja, zum Tod führen kann. Daher übertrifft nicht einmal Abrahams Glaubenssprung diese ihre Entscheidung. Und da ist noch mehr. Rut sagt sich nicht nur von ihrer Familie, ihrem Land und ihrem Glauben los, sondern sie verkehrt auch die geschlechtliche Treue in ihr Gegenteil. Eine junge Frau bindet sich das Leben einer alten Frau, anstatt sich einen neuen Gatten zu suchen, und sie verpflichtet sich dazu, nicht nur »bis der Tod uns scheide«, sondern noch über den Tod hinaus. Eine Frau entscheidet sich für eine andere Frau in einer Welt, in der das Leben von Männern abhängt. Es gibt in den Überlieferungen Israels keinen radikaleren Entschluß. Noomi wird durch ihn zum Schweigen gebracht (V. 18). Sie redet in dieser Szene nicht mehr mit Rut und spricht auch nicht über sie. Ruts Bindung an Noomi führt zu Noomis Rückzug von Rut.

(3) »So gingen die beiden, bis sie nach Bethlehem kamen« (V. 19–21, REB). Von ihrer Wanderung vom Plateau von Moab über den Jordan bis zu den Hügeln Bethlehems wissen wir nichts. Statt dessen beeilt sich der Erzähler, von dem zu berichten, was in Bethlehem geschah, wo »die ganze Stadt ihretwegen in Bewegung« geriet. Interessanterweise spricht die Stadt durch ihre Frauen, ein weiterer Beleg für den ausschließlich weiblich geprägten Charakter der ersten Szene. »Ist das Noomi?« rufen die Frauen. Doch in Noomis Antwort überwiegt die Leere, die sich in ihr ausgebreitet hat: »Nennt mich nicht Noomi (die Liebliche), nennt mich Mara (die Betrübte)« (REB).[14] Der Gegensatz von Leben und Tod ist in diesem einen Menschen gegenwärtig. Noomi, die Frau der Vernunft und Urteilskraft, gibt sich ihrem Leiden hin. So wie sie auch vorher schon dargestellt wurde, spricht sie eine chiastische Sprache, um die Macht des Todes in ihrem Leben als einen Fluch Gottes zu deuten.

A  *Denn Schaddai hat mir sehr bitteres Leid zugefügt.*
B  *Voll bin ich gegangen, und leer hat mich Jahwe zurückkehren lassen.*
B′  *Warum nennt ihr mich Noomi, da Jahwe gegen mich ausgesagt*
A′  *Und* Schaddai *mir Böses getan hat?* (1,20 c–21, REB*)

Ihre Worte beginnen und enden mit Schaddai, der ihr Unrecht getan hat. Die beiden mittleren Zeilen sprechen auch von diesem Bösen, indem sie Fülle und Süße der Leere und Betrübnis gegenüberstellen. Diese Gegensätze sind Variationen des zugrundeliegenden Leben/Tod-Kontrasts. Für Noomi ist Gott der Verursacher des Todes, der das Leben von Menschen zerstört. Überwältigt von all diesem, sieht die alternde Witwe gar nicht, daß Rut bei ihr ist. Das Leben ist für sie äußerste, totale und völlige Leere – vom Hunger auf der physischen Ebene, zur Entbehrung im familiären Bereich, zum Verhungern im eigentlichen Zentrum ihres Seins. »Voll bin ich gegangen, und leer hat mich Jahwe zurückkehren lassen.«[15] Aber Noomi hat nicht das letzte Wort, dieses gehört dem Erzähler.

## C. Schluß. V. 22

Nachdem der Erzähler die Geschichte nach der Einleitung den Frauen überlassen hat, nimmt er sie nun wieder selbst in die Hand, um sie zu Ende zu führen. Dieser Schluß mildert Noomis Leere ab. Sie ist nicht allein. »Und (es war) mit ihr die Moabiterin, Rut, ihre Schwiegertochter«. Jedes Wort ist bei diesem Korrektiv wichtig. Rut ist der Name für eine radikale Entscheidung und für eine totale Bindung an Noomi. Rut, die Moabiterin, hat sich für Noomi, die Judäerin entschieden, Rut, die Schwiegertochter, bleibt bei Noomi, der Schwiegermutter. Außerdem sind sie gerade zu Beginn der Gerstenernte nach Bethlehem gekommen. Die Möglichkeit einer guten Ernte mildert die Bedrohung durch den Hunger ab. Dementsprechend endet Szene 1 nicht mit der tiefen Not, die in Noomis Worten anklang, sondern mit einer vorsichtigen Entwicklung zum Besseren. Rut und die Gerstenernte sind zwei Zeichen des Lebens, die den Todesaussagen von Noomi gegenüberstehen.

## 2. Unser tägliches Brot

## A. Einleitung. V. 1

In Szene 2 setzt sich die Fülle gegenüber der Leere immer mehr durch. Boas ist das dritte Anzeichen dafür, wenn auch sein Name erst am Ende der Einleitung vorkommt (vgl. V. 19 c). Drei kurze Redewendungen beschreiben ihn, und jedesmal widersprechen sie der Macht des Todes in Noomis Leben. Erstens hat Noomi »einen Verwandten«. Sicher, er ist »ein Verwandter von ihrem Mann«, aber im Familienverständnis Israels ist er dadurch auch mit Noomi verwandt, so daß sie in Bethlehem nicht ganz ohne Familie dasteht. Zweitens ist dieser Verwandte »ein angesehener Mann« (ʾîš gibbôr ḥayil).[16] Diese Redewendung steht im Gegensatz zu Noomis Leere, Armut und Machtlosigkeit. Drittens ist dieser Mann »aus der Sippe Elimelechs«. Obwohl die Beschreibung überflüssig zu sein scheint, enthält sie eine Nuance. Am Anfang von Szene 1 wurde die Familie Elimelechs mit dem Tod gleichgesetzt. Elimelech und seine Söhne sprechen gar nicht und sterben bald. Szene 2 beginnt mit dem Gegenteil. Dort wird in der Sippe Elimelechs ein Mann mit dem Leben identifiziert. Er wird sprechen, und er wird auch immer dasein. Sein Name ist Boas, und sein Auftreten stellt das Gleichgewicht zwischen Frau und Mann als Geschöpfe des Lebens wieder her. Dadurch, daß der Erzähler ihn vorzeitig einführt und seinen Namen bis zum Ende der Einleitung zurückhält, erweckt er Interesse, erzeugt Spannung und ruft die Erwartung von etwas Wichtigem hervor.

## B. Hauptteil, V. 2–22

(1) Nach der Einleitung tritt der Erzähler in den Hintergrund, und die Frauen sprechen (V. 2). Dieses Strukturmuster entspricht Szene 1, gleichzeitig dreht es aber die Reihenfolge der Sprechenden um. Rut übernimmt die Führung. Sie informiert Noomi über ihren Entschluß, »Ähren mit aufzulesen hinter dem her, in dessen Augen ich Gunst finde«.[17] Wenn diese Frauen auch mit sozialen und familiären Entbehrungen leben, so brauchen sie doch nicht Hunger zu leiden. Die junge Ausländerin sieht eine Chance zum Überleben und handelt dementsprechend. Noomi stimmt ihr zu, jetzt mit einer Freundlichkeit in der Sprache, die sie nicht hatte, seit Rut ihren Rat ablehnte. »Geh hin, meine Tochter!« sagt sie.

(2) Rut geht also aufgrund ihrer eigenen Entscheidung, und doch wird das Ereignis noch von einem anderen Aspekt her geprägt (V. 3–17). Da dieses andere von den Personen unabhängig ist, greift der Erzähler wieder in die Geschichte ein, um es zu beschreiben: »Und sie traf zufällig das Feldstück des Boas, der aus der Sippe Elimelechs war« (V. 3, REB). »Sie traf zufällig …« ist ein gut gewählter Ausdruck, da er von Glück und Zufall berichtet, während er darauf hinweist, daß der glückliche Umstand doch auch einen Verursacher hat.[18] Im Glück des Menschen ist eine göttliche Absicht enthalten. Auch hebt der letztere Teil dieses Berichts noch einmal die Gegenwart männlichen Lebens in der Familie des Elimelech hervor.

Fast unmittelbar darauf erscheint Boas selbst (V. 4). Als ein Mann von Macht und Ansehen überblickt er die Szene, spricht den Segen über seine Schnitter und entdeckt die Fremde. »Wem gehört dieses Mädchen da?« fragt er (V. 5, REB). Wahrlich, eine patriarchale Frage! Schließlich muß eine junge Frau ja irgend jemandem gehören, sie ist Besitz, nicht Person. Insofern fragt Boas nicht nach *ihrem* Namen, sondern nach ihrem Besitzer. Seine Frage paßt in seinen Kulturkreis, aber nicht zu dieser Frau, die in einem Spannungsverhältnis zu dieser Kultur steht. Dementsprechend kann der Knecht auch nicht auf die traditionelle Weise antworten. Er kann Rut nicht durch ihren Herrn identifizieren, da sie keinen hat. Deshalb beschreibt er sie als eine Fremde, die »mit Noomi aus dem Gebiet von Moab zurückgekehrt ist« (V. 6, REB). Ihren Namen nennt er nicht. Ihre Identität leitet er von ihrem eigenen Fremdsein und von einer anderen Frau ab.

Nachdem er diese Information erhalten hat, spricht Boas Rut an (V. 8—9). Er gibt ihr die Erlaubnis, Ähren zu sammeln, verweist sie an die Mägde auf seinen Feldern[19] und schützt sie vor den Knechten. Boas, ein einflußreicher Mann, hilft Rut, der armen Frau; der Herr gibt der Fremden Rechte, und der ältere Mann schützt die junge Frau. Im letzten Fall erscheint er also als älterer Erwachsener, als männlicher Gegenspieler zu Noomi.

Ruts Erwiderung ist dementsprechend ehrerbietig: »Warum habe ich Gunst gefunden in deinen Augen, daß du mich beachtest, wo ich doch eine Fremde bin?« (V. 10, REB). Dies ist in ironischer Weise spitzfindig, denn die untergeordnete Fremde, die nun zu einem Höhergestellten spricht, hat durch ihre eigene Entscheidung (und durch Glück) diese Situation herbeigeführt. Ihre Ehrerbietung ist das Resultat ihres Wagemuts, sie ist abgeleitet, nicht von vornherein festgelegt. Rut selbst legt uns diesen Unterschied nahe, wenn sie Boas gegenüber eine Redewendung wiederholt, die ihre Schwiegermutter benutzt hatte: »Gunst finden«. Mit anderen Worten, Rut hat erreicht, was sie erreichen wollte. Die Gunst, die Boas ihr erweist, ist die Gunst, die sie gesucht hat. Darum ist sie es, die ihr Geschick lenkt, nicht er. Daß eine patriarchale Kultur ihre Möglichkeiten einschränkt, macht ihre Initiative umso bemerkenswerter. Ihr Entschluß »etwas von den Ähren mit aufzulesen hinter dem her, in dessen Augen ich Gunst finden werde« (V. 2, REB) gibt ihr eine Unabhängigkeit als Mensch inmitten der Abhängigkeit als Bedürftige.

Boas erkennt, daß Rut keine gewöhnliche Frau ist. Daß er sich um diese Fremde kümmert, kennzeichnet ihn als wahres Kind Israels, das verstanden hat, daß Israel selbst fremd und unstet auf der Welt lebt. Schließlich geht Israel in seinen Ursprüngen auf Abraham und Sara zurück, die sich in ein fremdes Land aufmachten, um Vermittler eines Segens für alle Familien der Erde zu werden (Gen 12,1—5). Diese uralten Erinnerungen klingen wieder an, als Boas zu Rut spricht. Er beschreibt sie als eine, die ihren Vater und ihre Mutter und ihr Geburtsland verlassen hat, um zu einem Volk zu gehen, das sie vorher nicht kannte (V. 11). Diese Schilderung bestätigt die Analogie zwischen Abraham und Rut, die schon in ihren früheren Worten an Noomi lag. Außerdem erwähnt Boas noch etwas Wichtiges, das dazugehört – und in der Berufung Abrahams deutlich zu sehen und in Ruts Entscheidung ebenso deutlich nicht vorhanden war – den göttlichen Segen:

*Jahwe vergelte dir dein Tun,*
*und dein Lohn möge ein voller sein von Jahwe, dem Gott Israels, zu*
*dem du gekommen bist, um unter seinen Flügeln Zuflucht zu*
*suchen.* (2,12, REB*)

Boas beschreibt Rut mit dem abrahamitischen Beispiel eines Fremden, der mit seiner Vergangenheit bricht und die Verheißung des Segens für die Zukunft erhält. Aber es bleiben auch Unterschiede. Rut entschloß sich, ihre Vergangenheit hinter sich zu lassen ohne Berufung oder Segen. Der göttliche Segen, den sie nun erfährt, kommt nicht direkt von Gott, sondern durch einen Menschen. Obwohl sein Inhalt hier noch nicht näher gekennzeichnet wird, wird Boas doch Gelegenheit haben, sich daran zu erinnern und seinem Segenswunsch Taten folgen zu lassen. Inzwischen antwortet Rut ihm mit ihrer charakteristischen Ehrerbietung (V. 13).

Wenn diese wiederholte Hochachtung aus Ruts eigener Entscheidung hervorgeht, dann sind Boas' Handlungen ihretwillen eine Reaktion, keine eigene Initiative. Die Dinge sind wieder einmal anders als sie scheinen. Ehrerbietung ist Initiative, Handeln ist Reaktion. Die erste Begegnung dieser beiden Menschen findet aufgrund einer Entscheidung und Glück statt, die beide nicht von Boas herbeigeführt wurden. Dieser einflußreiche Mann ist nicht herbeigeeilt, um eine verlassene Frau zu retten. Seine Freundlichkeit hat sie nicht aufgesucht, auch wenn sie ihr nun in seiner Reaktion entgegenkommt. In Wahrheit zeigen Boas' eigene Worte (V. 11), daß er schon von der schwierigen Lage von Noomi und Rut weiß, aber bis jetzt hat Noomis Verwandter noch nichts unternommen, um den Frauen zu helfen. Obwohl ihm alles berichtet worden ist, was Rut für Noomi getan hat, erkennt er Rut nicht einmal, als er sie auf seinem Feld sieht (V. 5). Nun tadelt die Geschichte Boas nicht für seine Pflichtvergessenheit, aber sie ordnet ihn den Frauen unter.

Er hat patriarchale Macht, aber nicht die Macht, diese Geschichte voranzutreiben. Er hat innerhalb der Erzählung Autorität, aber er lenkt sie nicht. Die Geschichte gehört Rut und Noomi – und dem Glück, jenem Kodewort für Gott.[20]

Die Essenszeit rückt heran. Boas erweist Rut weiterhin seine Freundlichkeit und bietet ihr mehr Brot und Wein an, als sie essen kann. Als sie auf das Feld zurückkehrt, befiehlt Boas seinen Knechten, daß sie sie »auch zwischen den Garben« auflesen lassen und daß sie sogar »aus den Bündeln ⟨Ähren⟩ für sie herausziehen« (V. 15–16, REB). In dieser Szene haben die Knechte, die das Korn schneiden, Gegenspieler in den Mägden, die es einsammeln (V. 8–9).[21] Rut wird geraten, sich dicht an die Mägde zu halten, und den Knechten wird gesagt, daß sie sie nicht belästigen sollen. Dadurch wiederholt sich ein früheres Muster. Die Frauen sind ein Zeichen für das Leben, die Männer für den Tod. Zugleich aber schöpfen diese jungen Männer Wasser für Rut zum Trinken (V. 9), und sie versorgen sie mit Ähren, die sie auflesen kann (V. 15). Als Männer, die den Frauen gegenüberstehen, bedrohen sie sie mit dem Tod. Als Männer, die einer Frau helfen, verheißen sie das Leben. Daher stehen diese Knechte vermittelnd zwischen den Gegensätzen.

Diese Episode endet, wie sie begonnen hat, mit einem Bericht des Erzählers: »Da ging sie hin, kam und las auf dem Feld hinter den Schnittern her auf« (3 a, REB); »so las sie auf dem Feld auf bis zum Abend« (V. 17 a, REB). Was Rut tun wollte, hat sie getan.

(3) Am Abend kehrt Rut zu ihrer Schwiegermutter mit Nahrung für die Hungrige zurück (V. 18–22). Nach den Gefahren auf dem Feld findet sie Sicherheit in der Stadt. Noomi ist begierig zu erfahren, was geschehen ist, auch als sie den Segen erbittet für den, der ihrer Schwiegertochter geholfen hat. Das Gespräch der Frauen ist voller Ungereimtheiten. Noomi weiß nicht, auf wessen Feld Rut Ähren gelesen hat.[22] Obwohl Rut den Namen Boas' kennt, weiß sie doch nicht, auf wessen Feld sie aufgelesen hat. Jede der Frauen weiß mehr, bzw. weniger als die andere. Die HörerInnen der Geschichte erwarten eine völlige Aufklärung. Ein periodisch gestaffelter Satz, der aus Überflüssigkeiten zusammengesetzt ist, verzögert diese Aufklärung: »Und sie berichtete ihrer Schwiegermutter, bei wem sie gearbeitet hatte und sagte: Der Name des Mannes, bei dem ich heute

gearbeitet habe, ist Boas«. (V. 19 e, REB). Als der Erzähler den Boas zuerst einführte, nannte er den Namen erst am Ende (V. 1). In ähnlicher Weise hält Rut nun den Namen bis zum Schluß ihres Satzes zurück. Die Spannung in der Satzkonstruktion weist also auf die Bedeutung der Enthüllung hin. Noomis Antwort folgt einem vergleichbaren Muster, indem sie die wichtigste Information erst zuletzt preisgibt. Sie beginnt mit einem Dank an Gott, »der seine Gnade *(ḥesed)* nicht entzogen hat, weder den Lebenden noch den Toten«, und sie schließt mit der Neuigkeit, daß Boas »uns nahe verwandt (ist), er ist einer von unsern Lösern« (V. 20, REB). Ganz allmählich läßt die Bitterkeit der alten Frau nach.

Wie merkwürdig aber ist ihre Enthüllung! Noomi weiß, daß Boas ein naher Verwandter ist, aber sie hat seine Hilfe nicht gesucht. Warum, wissen wir nicht. Ist es die Leere, die sie so überwältigt hat, daß sie seine Existenz vergaß, so wie sie auch früher nicht wahrgenommen hatte, daß Rut bei ihr war? Liegt es daran, daß ihr Elend ihre Tatkraft lähmte? Oder ist Noomi in diesem Augenblick eine Frau ihres Kulturkreises, die darauf wartet, daß der Mann zuerst handelt? Was auch immer der Grund ist, sie hat sich nicht an Boas gewandt. Ebenso hat sich aber auch Boas ihr nicht genähert, obwohl er von ihrer schwierigen Lage wußte. Nur durch die Entscheidung Ruts und durch einen glücklichen Umstand haben der männliche und die weibliche Verwandte einander erkannt. Und erst daraufhin bezieht Noomi Rut nun in die Familie ein: »Der Mann ist *uns* nahe verwandt, er ist einer von *unsern* Lösern«. Indem sie hier aus ihrer Isolation herausgeht, läßt die Schwiegermutter die Schwiegertochter an sich heran, die sie ihrerseits schon längst akzeptiert hat.

Gleich nach diesen Worten familiären Einbeziehens stellt der Erzähler die nationale Ausgrenzung Ruts dagegen, indem er sie eine Moabiterin nennt: »Und die Moabiterin Rut sagte: Schließlich hat er noch zu mir gesagt: Du sollst dich zu meinen Knechten halten *(dbq)*, bis sie meine ganze Ernte beendet haben« (V. 21, REB). Diese Aussage des Erzählers, auf die Ruts Sorge um die Nahrungsbeschaffung folgt, hat eine Parallele in dem Vers, der die ganze Szene einleitete: »Und Rut, die Moabiterin, sagte zu Noomi: Ich möchte gern aufs Feld gehen und etwas von den Ähren mit auflesen ...« (V. 2). In beiden Fällen betont der Erzähler, daß Rut eine Ausländerin ist. Wie ist es doch einerseits schwierig für eine Fremde, und wie mutig muß sie sein, Ähren auf dem Feld aufzulesen (V. 2), und wie wohltuend und heilend muß es andererseits für die sich leer füh- lende Noomi sein, Rut, die Moabiterin, in die Verwandtschaft einzubeziehen (V. 20).

Noomis Bezeichnung für Boas als »einen von unsern Lösern« spielt darauf an, welchen Gebrauch sie später von dieser Verwandtschaft machen will. Sicher wünscht sie, daß Rut sich wieder verheiratet (vgl. 1,9,11–13), obwohl Rut selbst kein Interesse daran zeigt. Ihre Sorge gilt der Treue zu Noomi und der Nahrungsbeschaffung für sie beide, und ihre Reaktion auf Noomis Aussage bestätigt das. Sie gibt keinen Kommentar zu Boas als Löser; schließlich war sie nur durch Zufall zu seinem Feld gekommen. Sie sagt auch nichts dazu, als Noomi sie als Verwandte bezeichnet; sie hat diese Entscheidung schon lange vorher getroffen. Statt dessen versichert sie ihrer Schwiegermutter, daß sie, dank Boas, während der ganzen Ernte Nahrung haben werden. Ihre erste Tat nach ihrer Heimkehr am Abend war, Noomi zu essen zu geben (V. 18); nun kehrt sie mit ihren letzten Worten in diesem Gespräch zu dieser Handlung zurück (V. 21). Rut ist Noomi treu, und sie kann für sie beide sorgen. Mit anderen Worten, Rut verlangt nicht nach einem Ehemann.

Noomi benutzt in ihrer Antwort ähnliche Worte wie Boas: »Es ist gut, meine Tochter, daß du mit seinen Mägden hinausziehst, so kann man dich auf einem anderen Feld nicht belästigen« (V. 22, REB). Boas und Noomi gehen als ältere Generation, die um die Sicherheit einer jungen Frau in der Umgebung von jungen Männern besorgt ist, konform. Mann und Frau stehen vermittelnd zwischen Leben und Tod.

Rut begann diesen Tag, indem sie Noomi anredete (V. 2), und nun beschließt Noomi ihn, indem sie zu Rut spricht (V. 22). Somit bildet das, was zwischen ihnen an diesem Tag geschieht (V. 2 und V. 18– 22) einen Rahmen um das, was sich auf dem Feld ereignet (V. 3 und V. 17); und dieser kreisförmige Entwurf weist auf einen feministi- schen Inhalt hin: die Frauen umgeben die Episode mit Boas. Außer- dem vermitteln Entwurf und Inhalt noch eine feministische Inter- pretation: die Frauen gestalten ihre Geschichte selbst. Sie machen einen Plan (V. 2), führen ihn aus (V. 3–17) und bewerten ihn selbst

(V. 18–22). Aber diese Symmetrie ist auch asymmetrisch. Während die junge Frau zuerst die Führung übernimmt, übertrifft – nicht gleicht – die alte sie zuletzt. Viel länger als der Dialog in der Einleitung geht dieser zwischen den beiden Frauen hin und her, bis er da aufhört, wo er angefangen hat: bei Noomi.

Die Struktur dieses Schlusses entspricht dem dialogischen Abschluß von Szene 1, obwohl er sich im Inhalt deutlich von ihm unterscheidet. In beiden Dialogen hat Noomi das letzte Wort (1,20–21 und 2,10,22). Das erste Mal sieht sie sich selbst als alleinstehend in Bitterkeit und Sorgen. Dieses Mal fängt sie an, aus ihrer Isolation und Verzweiflung herauszugehen, weil Rut und Boas sie erreicht haben. Dementsprechend macht Noomi eine Bemerkung, durch die sie ihre Vergangenheit jetzt anders interpretiert. Schaddai, der ihr Böses zugefügt hat (1,21), ist nun Jahwe, »der seine Gnade nicht entzogen hat, weder den Lebenden noch den Toten« (2,20, REB). Die auf sich selbst bezogene Sorge weicht dem göttlichen Segen, der sie durch menschliche Vermittlung erreicht.

## C. Schluß. V. 23

Noomis Reden haben aber in Szene 1 und 2 nicht das letzte Wort, dieses gehört dem Erzähler. Obwohl er schon mit der Redewendung »Beginn der Gerstenernte« auf eine Wende zum Besseren hingedeutet hatte, stellt er sie hier wieder in Frage durch die Worte »bis die Gerstenernte und die Weizenernte beendet waren«. »So hielt sie (Rut) sich denn zu den Mägden des Boas, um ⟨Ähren⟩ aufzulesen, bis die Gerstenernte und die Weizenernte beendet waren«. Die Redewendung ist eine Warnung, da das Ende der Gerstensaison die Rückkehr von Hunger und Leere bedeuten können. Wenn gegenwärtige Freundlichkeit auch die vergangenen Entbehrungen von Rut und Noomi mildert, so ist ihre Zukunft doch ungewiß. Am Ende von Szene 1 spricht Noomi also vom Tod, während der Erzähler auf das Leben hinweist. Am Ende von Szene 2 bestätigt Noomi das Leben, und der Erzähler warnt vor dem Tod. Und am Schluß jeder Szene stand ein Bericht neben einem Dialog; der Erzähler steht also in einem Spannungsverhältnis zu seinen Personen, und die HörerInnen warten begierig auf die Lösung.

## 3. Rettung allein durch Wagemut

## A. Einleitung. V. 1—5

Als diejenige, die zuerst und zuletzt spricht, stellt Noomi das verbale Bindeglied zwischen Szene 2 und 3 her. Diese beiden Szenen sind ähnlich im Entwurf: Gespräche zwischen den Frauen umrahmen eine Begegnung zwischen Rut und Boas. Außerdem behandeln sie ähnliche Themen: in Szene 2 kämpfen die Frauen um ihr physisches Überleben, und in Szene 3 um ihr kulturelles.

Anders als die beiden vorhergehenden Szenen wird Szene 3 aber nicht durch einen Bericht des Erzählers eingeleitet. Von Anfang an übernehmen die Personen die Führung, und sie zerstreuen alle Bedenken des Erzählers in bezug auf ihre Zukunft. Noomi ergreift die Initiative. Nachdem sie sich der Freundlichkeit Boas' bewußt geworden ist, beginnt sie danach zu handeln. Sie wartet nicht ab, wie sich die Dinge entwickeln oder ob Gott mit einem Wunder eingreifen wird. Sondern sie selbst wird von einer unter dem Elend Leidenden zu einer, die Herausforderung und Wandel herbeiführt. Als sie noch im Land von Moab war, drängte sie ihre verwitweten Schwiegertöchter, in das Haus ihrer Mütter zurückzukehren in der Hoffnung, daß jede einmal ein Heim im Haus eines Ehemannes finden würde (1,18). Damals wußte Noomi, was für die beiden nach dem Diktat ihrer Kultur nötig war, aber sie hatte keine Möglichkeit, ihnen zu helfen. Nun kommt sie auf diese Notwendigkeit zurück und hat einen ausgeklügelten Plan: »Meine Tochter, sollte ich dir nicht einen Ruheplatz suchen, damit es dir gut geht?« (3,16, REB). Diese rhetorische Frage leitet einen unerhörten Plan ein, der heikel und gefährlich ist. Rut soll ihre besten Kleider anlegen und allein zur Tenne hinabgehen, wo die Männer die Ernte mit Essen und Trinken feiern. Nachdem Boas gesättigt ist und sich schlafen gelegt hat, wird Rut sich ihm nähern, sein Fußende aufdecken und sich hinlegen. Wieviel von der unteren Hälfte seines Körpers sie aufdekken soll, bleibt in dem Text quälend ungewiß.[23] Daß sexuelle Untertöne mitschwingen, ist allerdings ganz deutlich. »Er wird dir dann mitteilen, was du tun sollst« (V. 4 c, REB). Sicher wird der Mann dann die Führung übernehmen, das ist das mindeste, was man erwarten kann.

Rut ist mit dem Plan einverstanden: »Alles, was du sagst, will ich tun« (V. 5). Diese Antwort unterscheidet sich von ihren früheren Reaktionen, wenn von einem Ehemann die Rede war. In Szene 1 war Rut die Treue zu Noomi wichtiger als das; in Szene 2 stand der Kampf ums physische Überleben im Vordergrund; hier in Szene 3 kommen Ruts Loyalität zu Noomi und das Bedürfnis nach einem Ehemann zusammen. Die Treue zu sich selbst und zur Schwiegermutter kennzeichnen für Rut einen Weg vom Dissens über das Aushalten zum Konsens. Ihre Bereitschaft, Noomi zu gehorchen, bedeutet, daß sie Boas nun ein zweites Mal begegnen soll. Dieses Mal sind Umstände, Ort und Zeit aber ganz andere. Die erste Begegnung geschah zufällig, die zweite absichtlich. Die erste fand auf dem Feld statt, die zweite auf der Tenne. Die erste war öffentlich, die zweite privat, die erste bedeutete Arbeit, die zweite Spiel. Die erste geschah bei Tage, die zweite bei Nacht. Aber beide entschieden über Leben und Tod.


# B. Hauptteil. V. 6—15

Der Erzähler stellt den Gehorsam Ruts heraus, wenn er die Ereignisse, die Noomi vorhergesagt hat, berichtet und fast wörtlich wiederholt. Die Wiederholung hindert den Fortgang der Geschichte, während sie die Spannung erhöht. Außerdem bestätigt und widerlegt sie die Genauigkeit von Noomis Berechnungen. »Und sie (Rut) ging zur Tenne hinab und tat nach allem, was ihre Schwiegermutter ihr befohlen hatte. Als Boas nun gegessen und getrunken hatte und sein Herz fröhlich wurde, da kam er, um sich am Ende des Getreidehaufens hinzulegen« (V. 6—7 a, REB). »Am Ende des Getreidehaufens«: ein geringfügiges Detail, aber wichtig für die Ausführung des Planes. Die Redewendung vermittelt die Vorstellung von einem von den anderen Schläfern abgetrennten Bereich, der für die wartende

Frau zugänglich ist. Ist diese Einzelheit wieder ein Hinweis auf das segensvolle Glück, das den Frauen in ihrem Lebenskampf zur Seite steht? Rut kam per Zufall auf das Feld des Boas (2,3). Liegt Boas jetzt auch rein zufällig in der Ecke der Tenne? Wir wissen es nicht. Auf jeden Fall kam Rut »leise, deckte sein Fußende auf und legte sich hin« (V. 7 d e).[24] Wie wird ein israelischer Patriarch nun auf diese kühne Tat einer moabitischen Frau reagieren?

Es geschieht um Mitternacht. Der Mann bewegt sich im Schlaf, weil er wahrscheinlich die Kühle der Nachtluft auf seinem entblößten Körper fühlt. Er tastet in der Dunkelheit herum und entdeckt dabei die Frau, die neben ihm liegt. »Wer bist du?« fragt er (V. 9, REB). Während er bei der ersten Begegnung nach ihrem Besitzer fragte — »Wem gehört dieses Mädchen da?« (2,5) — will er nun ihre persönliche Identität wissen: »Wer bist du?« Beide Male hat die Frau den Mann überrascht: sie hat die Initiative ergriffen, um unter der Bedrohung des Todes das Leben zu suchen.

Bis dahin geschieht bei der zweiten Begegnung alles so, wie Noomi es geplant hatte. Ja, der Erzähler sagte schon, Rut »tat nach allem, was ihre Schwiegermutter ihr befohlen hatte« (V. 6 b). Jetzt aber, als Rut auf die Frage des aufgeschreckten Mannes antwortet, weicht sie von Noomis »Drehbuch« ab. »Ich bin Rut, deine Magd«, sagt sie (V. 9, REB). An diesem Punkt, hatte Noomi gemeint, würde Boas die Führung übernehmen: »Er wird dir dann mitteilen, was du tun sollst« (V. 4 c, REB). So ist es nun aber nicht. Es ist Rut, die die Initiative ergreift; sie sagt Boas, was er tun soll. »So breite den Saum deines Gewandes (o. deine Flügel, *kānāp*) über deine Magd aus, denn du bist Löser« (V. 9 c, REB). Durch ein Wortspiel fordert Rut Boas dazu auf, seinen Segenswunsch in die Tat umzusetzen. Auf dem Feld hatte er ihr gewünscht, daß ihr »Lohn möge ein voller sein von Jahwe, dem Gott Israels, zu dem du gekommen bist, um unter seinen Flügeln (*kānāp*) Zuflucht zu suchen« (2,12, REB*). Auf der Tenne ruft Rut diese Worte wieder in Erinnerung und wendet sie auf die neue Situation an, als sie Boas dazu herausfordert, die Gelegenheit für den göttlichen Segen herbeizuführen. Dieser Segen ist die Ehe. Und der Mann, der ihn für Rut erbat, ist selbst in der Lage, ihn Wirklichkeit werden zu lassen. Außerdem hat er als Löser eine Verpflichtung zu handeln.[25] Eine Fremde hat einen Israeliten aufgefordert, zu seiner Verantwortung zu stehen!

Ruts Äußerung stimmt mit dem überein, was auch sonst in der Geschichte über sie gesagt wurde: sie trotzt der Sitte, sie fällt Entscheidungen, und sie arbeitet an ihrer eigenen Rettung. Dadurch gerät sie in ein Spannungsverhältnis zu ihrer Schwiegermutter und zu dem Erzähler. Außerdem wird dadurch deutlich, daß Boas angesichts der Initiative dieser Frau nur ein Reagierender ist. Die Spannung der Episode — von ihrer Planung durch Noomi über die Schilderung durch den Erzähler bis zu dem geänderten Abschluß durch Rut — läßt nach, als Boas antwortet (V. 10—12). Seine Worte sind wieder sehr freundlich und erinnern an seine frühere Reaktion auf Rut. Das Thema des Segens wird wieder aufgegriffen: »Gesegnet seist du von Jahwe, meine Tochter« (vgl. 2,12, REB). Durch einen Vergleich ist auch Noomis Thema der ḥesed dabei: »Du hast deine letzte Treue schöner erwiesen als die erste« (vgl. 2,11). Und durch Kontrast spielt auch das Thema der Knechte als Hintergrund zu Boas eine Rolle: »... indem du nicht den jungen Männern nachgelaufen bist, sei es geringen oder reichen« (vgl. 2,9 b, 15, REB). Und schließlich werden auch Zusicherung und Lob wiederholt: »Und nun, meine Tochter, fürchte dich nicht! Alles, was du sagst, werde ich für dich tun; erkennt doch alles Volk im Tor, daß du eine tüchtige Frau bist« (REB vgl. 2,8,9,11,12). »Eine tüchtige Frau« ('ēšet ḥayil), diese Beschreibung entspricht genau der Schilderung Boas' als »angesehenem Mann« ('îš gibbôr ḥayil; 2,1). Frau und Mann, Fremde und Einheimischer, Jugend und Alter, arm und reich — all diese Gegensätze werden durch menschliche Werte ausgeglichen. Die ZuhörerInnen stoßen einen Seufzer der Erleichterung aus. Ein gefährlicher und heikler Plan von seiten der beiden Frauen hat zu Freundlichkeit und Segen von einem Mann geführt. Boas äußert kein Wort der Kritik.[26]

Aber dieser Patriarch hat noch nicht zu Ende geredet, das Publikum entspannt sich zu früh. »Und nun, es ist wirklich so, daß ich Löser bin«, fährt er fort, »doch gibt es da auch ⟨noch⟩ einen Löser, der näher ⟨mit dir⟩ verwandt ist als ich« (V. 12, REB). Diese Unterscheidung in der Rangfolge der männlichen Löser stört den Fortgang der Geschichte. Gleichzeitig mag sie aber auch erklären, warum Boas nicht schon eher gehandelt hat, denn die Verantwortung fällt auf einen anderen Mann, und die Sitte verlangt, daß die richtige Reihenfolge eingehalten wird. Nun, da die Frauen aber die Frage vorangetrieben haben, will Boas handeln. Seine folgenden Worte an Rut richten sich nach einem chiastischen Muster. Die Nacht rahmt den Morgen ein, die augenblickliche Situation bildet einen Ring um die kommende Lösung, Anordnungen umgeben Bedingung und Versprechen.

A    Bleib heute nacht hier. *Und es soll am Morgen geschehen*
B    *wenn er* dich lösen will, *gut, so mag er dich lösen.*
B′   *Wenn er aber keine Lust hat,* dich zu lösen, *dann löse ich dich,*
     *so wahr Jahwe lebt.*
A′   Bleib liegen bis zum Morgen. (3,13, REB*)

»Dann löse ich dich«, heißt, daß er Rut heiraten wird. Zu Beginn dieser Szene hatte Noomi den Löser schon mit Heirat in Verbindung gebracht (V. 1–2). Später stellt Rut dieselbe Beziehung her, als sie zu Boas sagt, er solle den Saum seines Gewandes über sie ausbreiten, weil er ein Löser sei (V. 9). Boas versteht, was gemeint ist, aber seine Antwort schwankt zwischen Versprechen und Verschieben. Nach der Erleichterung versetzen uns seine Worte wieder in eine Spannung, als Gegensätze auftauchen und die Ungewißheit zunimmt. Frauen und Männer — Rut, die gegenwärtig, und Noomi, die abwesend ist; Boas, der gegenwärtig, und der ungenannte Löser, der abwesend ist — schweben zwischen Leben und Tod. Boas, in Zukunft Vermittler zwischen Rut und dem näherverwandten Löser, ist zur Zeit Rut auf dem Boden der Tenne sehr nahe. Eine kompromittierende Lage erfordert Befehle und ihre Ausführung. Infolgedessen beschleunigen und bedrohen die Geschehnisse der Nacht die Entscheidung am Morgen.

Rut bleibt an Boas' »Fußende« liegen, aber sie steht vor Tagesanbruch auf, damit ihre Begegnung im Dunkeln verborgen bleibt (V. 14a). Boas wünscht diese Geheimhaltung des Geschehens auch. Indem er in einer unpersönlichen Form spricht, distanziert er sich von Rut und nennt sie »die Frau«.[27] »Es soll nicht bekannt werden, daß eine Frau auf die Tenne gekommen ist« (V. 14b, REB). Was

Boas mit seinen Worten ausdrückt, geschieht. Inhalt und Form weisen beide darauf hin, daß die Intimität aufgelöst und Rut fortgegangen ist — aber noch nicht gleich. Bevor sie weggeht, redet Boas sie direkt an: »Gib das Umschlagtuch her, das du umhast, und halte es auf« (V. 15, REB). Er gibt ihr Gerste in das Tuch. Wieder einmal sichert sein Handeln ihr die Fülle gegenüber dem Hunger zu — eine Parallele zu dem Abschluß ihrer ersten Begegnung (2,14—16). Eine zweite Parallele ist Ruts Erfolg. Ihr Wille zum Leben hat die Macht des Todes überwunden. Und eine dritte ist ihre Heimkehr. Aus der Gefahrenzone der Tenne kehrt sie in die Sicherheit der Stadt zurück.

## C. Schluß. V. 16—18

Nur die beiden Frauen sprechen. Noomi fragt: »Wie steht es mit dir, meine Tochter?« (V. 16, REB). Die Antwort ist eine merkwürdige Mischung eines Berichts in der 3. Person und direkter Rede, eine Kombination, die das außerordentliche Handeln Ruts verbirgt und das normale Verhalten Boas' beleuchtet. Obwohl Noomis Frage ausdrücklich Rut betrifft und nur implizit auch Boas, sprechen beide Antworten ausdrücklich über Boas und nur implizit von Rut. Zuerst berichtet der Erzähler: »Und sie berichtete ihr alles, was der Mann ihr getan hatte« (REB). Ausgelassen wird das, was Rut getan hat, insbesondere die direkten Anweisungen, die sie Boas gegeben hat. Und doch war es gerade diese Aufforderung, die Boas an seine Pflicht mahnte, die er freiwillig nicht auf sich genommen hätte. Wenn der Erzähler Einzelheiten verschweigt, will er dann Rut decken? Wäre eine Enthüllung dessen, was sie gesagt hatte, für Noomi zu schwer zu ertragen gewesen? Schließlich hat Noomi erwartet, daß Boas Rut sagen würde, was sie tun sollte (V. 4 c). Oder ist die Radikalität von Ruts Verhalten dem Bewußtsein des Erzählers entfallen? Vorher hatte er behauptet, daß Rut auf der Tenne handelte »nach allem was ihre Schwiegermutter ihr befohlen hatte« (V. 6), während sie doch tatsächlich mehr und anderes tat, als ihre Schwiegermutter ihr gesagt hatte. Wie dem auch sei, die Antwort des Erzählers weicht von Noomis Frage ab.
Und mit Ruts Antwort ist es ebenso. Bezeichnenderweise konzen-

triert sie sich auf Noomi und auf die Nahrung: »Diese sechs ⟨Maß⟩ Gerste gab er mir, denn er sagte zu mir: Du sollst nicht mit leeren Händen zu deiner Schwiegermutter kommen« (V. 17, REB). Diese Antwort sagt nichts über eine Heirat oder die Verantwortlichkeit des Lösers. Mag Rut nicht offen über diese Frage reden? Zieht sie es vor, die Einzelheiten ihres radikalen Verhaltens da zu lassen, wo sie sich ereigneten – in der Dunkelheit der Nacht, in der Ecke des Getreidehaufens, in dem Geflüster zwischen Frau und Mann? Auf jeden Fall bewegen sich ihre kühnen Handlungen in der Hoffnung auf Überleben und Segen auf eine Erfüllung zu. Sie braucht nichts mehr zu sagen. Und tatsächlich sind diese Worte ihre letzten in dieser Geschichte. Die Erzählung konzentriert sich nun auf die Schwiegermutter, der Rut sich auf Gedeih und Verderb verpflichtet hat, selbst über den Tod hinaus.

Wenn Rut für Noomi zur Vermittlerin des Lebens wird, so spiegelt sich dieses Tun bei Noomi wider. Ihre letzten Worte sind ein Ratschlag für Rut: »Bleib ⟨zu Hause⟩, meine Tochter, bis du erkennst, wie die Sache ausfällt! Denn der Mann wird nicht ruhen, es sei denn, er habe die Sache heute zu Ende geführt« (V. 18, REB). Rut soll warten, weil Boas nicht warten wird. Somit wirken gegensätzliche Handlungen zusammen, um eine Lösung herbeizuführen. »Wie die Sache ausfällt« – die Unbestimmtheit dieser Redewendung steht im Gegensatz zu der Genauigkeit des Parallelsatzes, »der Mann wird nicht ruhen, es sei denn, er habe die Sache heute zu Ende geführt«. Das Ungewisse lädt zu Spekulationen ein. Ein Plan tritt an die Stelle der Veränderung, aber wessen Plan? Noomis? Ruts? Boas'? Sie alle sind beteiligt, aber da ist noch etwas anderes. Hat nicht Boas in gerade dieser Szene den Segen von Jahwe abgeleitet (V. 10) und seine eigene Entscheidung mit einem jahwistischen Schwur bekräftigt? »Wie die Sache ausfällt«, das kann ein göttlicher Plan sein, der in, mittels und durch Menschen verwirklicht wird.[28] Nachdem Noomi Szene 3 damit eingeleitet hatte, daß sie ein gefährliches Unternehmen plante, beschließt sie nun die Szene mit dem Rat, geduldig zu warten. Danach kommt auch sie in der Geschichte nicht mehr zu Wort, ihre Funktion ist erfüllt. Wenn Rut nun vielleicht einen Ehemann findet, ist Noomis ursprüngliche Sorge beruhigt. Außerdem steht diese Frau, die ihren Weg voller Gram und Trauer, Bitterkeit und Leiden, Hunger und Leere antrat, nun an der Schwelle zu Erfüllung und Freude. Durch Veränderung schließt sich ihr Kreis; Tod wird zu Leben. Deshalb verstummt sie und tritt, wie Rut, zur Seite. An diesem Punkt hört das Drama auf, ihre Geschichte zu sein und wird statt dessen eine Geschichte über sie. Szene 3 gibt uns noch ein anderes Zeichen des Wohlergehens. Anders als in den vorhergehenden Szenen ergreift der Erzähler zum Schluß nicht das Wort. Gelöst ist das Spannungsverhältnis zwischen Autor und Personen, zwischen Bericht und Dialog. Insgesamt bewegt sich die Geschichte nun auf ihren Abschluß zu.

## 4. Ende gut, alles gut

### Szene 4. Kapitel 4

### A. Verse 1–12

Die vierte Szene beginnt mit einer öffentlichen Versammlung am Stadttor, wo Geschäfte und gesetzliche Transaktionen stattfinden (V. 1–12). Diese Szenerie ist ähnlich und doch ganz anders als bei der ersten Begegnung von Rut und Boas (Szene 2). Ihr damaliges Zusammentreffen war eine Familienangelegenheit. Obwohl es in der Öffentlichkeit geschah, war es kein öffentliches Ereignis, da die Arbeiter auf dem Feld nur den Hintergrund darstellten. Nun ist diese Familienangelegenheit kein zufälliges Treffen mehr. Durch das nachdrückliche Handeln von Noomi und Rut ist es eine öffentliche Angelegenheit geworden, der die Ältesten der Stadt als Zeugen beiwohnen müssen.

Diese öffentliche Versammlung ist ausschließlich für Männer. Frauen sind nicht dabei, selbst wenn ihr Handeln den Anlaß dazu gegeben hat. Boas übernimmt die Führung. Am Tor trifft er den Löser und fordert ihn auf, sich zu setzen. Auffälligerweise nennt

Boas ihn nicht bei seinem Namen: »Komm herüber ..., du So-und-so«[29], sagt er, »setze dich hierher«. Als nächstes lädt Boas zehn von den Ältesten der Stadt ein, auch Platz zu nehmen, damit er ihnen den Fall vorlegen kann. Indem er sich direkt an den Löser wendet (dessen Namen der Erzähler auch nicht nennt), berichtet Boas:


A                                        B
Das Feldstück, *das unserem Bruder* Elimelech *gehörte,*
    B'                                    A'
*will* Noomi, *die aus dem Gebiet* (o. von den Feldern) *von Moab zurückgekehrt ist, verkaufen.* (V. 3, REB)


Mit ihrer chiastischen Struktur erinnern diese Worte an frühere Gegensätze. Der heimatliche Boden von Juda und das fremde Land von Moab umgeben einen toten Gatten und seine lebende Ehefrau. Während der Gatte sie auf der Wanderung von Juda nach Moab führte, leitet die Frau die Rückkehr. Wenn diese Worte die Vergangenheit anklingen lassen, so überraschen sie uns auch. Boas gibt uns neue Informationen. Wir wußten nicht, daß Noomi Land verkaufen wollte. Wir sind sogar erstaunt, daß sie überhaupt Land zu verkaufen hat.[30] Diese Tatsache selbst zeigt auch die Unvereinbarkeit von Leben und Tod. Die Rechte über ein Feldstück (Leben) gehören einer Frau, die sich leer fühlt (Tod). Auch ist die Vorstellung von einer direkten Kommunikation zwischen Boas und Noomi überraschend, weil sie sich doch nirgends getroffen oder miteinander geredet haben. Und schließlich sind wir auf die Abschweifung und Spannung nicht vorbereitet, die jetzt kommen sollen. Boas' Aussage scheint die Geschichte auf ein Nebengleis zu führen. Er fährt fort: »Da habe ich nun gedacht, ich will es deinem Ohr eröffnen und vorschlagen: Erwirb es im Beisein derer, die ⟨hier⟩ sitzen, und im Beisein der Ältesten meines Volkes! Wenn du es lösen willst, löse! Wenn du es aber nicht lösen willst, dann teile es mir mit, damit ich es erkenne! Denn außer dir ist niemand zum Lösen da, und ich ⟨komme erst⟩ nach dir« (V. 4, REB).
Diese Ich-du-Sprache beleuchtet die Spannung zwischen den beiden Männern. Sie sind beide lebende Familienmitglieder des Elimelech,

217

und doch unterweist der eine den anderen. Die Antwort kommt prompt und bestimmt. »Ich will es lösen«, sagt der Namenlose. Erst dann kommt aber Boas zu dem, worum es eigentlich geht, allerdings auf eine umständliche Weise:

                 *A*                                  *B*
*An dem Tag, da du erwirbst das Feld aus der Hand Noomis*
           *B'*                                          *A'*
*hast du auch Rut, die Moabiterin, die Frau des Verstorbenen erworben,*
*um den Namen des Verstorbenen auf seinem Erbteil ⟨neu⟩ erstehen zu lassen.*[31] (V. 5, REB\*)

Wieder einmal stellt eine chiastische Struktur Gegensätze heraus (siehe 4,3). Die patriarchale Pflicht umgibt die beiden Frauen, und diese Pflicht bedeutet die Wiedererweckung des Lebens gegen den Tod: »um den Namen des Verstorbenen auf seinem Erbteil ⟨neu⟩, erstehen zu lassen.« Dadurch, daß er diese Information in bezug auf Rut hinauszögert, bis der Löser gesagt hat, daß er das Land lösen wolle, legt Boas die Motive und den Charakter dieses Mannes bloß.

*»Da sagte der Löser:*
*Dann kann ich es für mich nicht lösen,*
*sonst richte ich mein eigenes Erbteil zugrunde.*
*Übernimm du für mich meine Lösungspflicht,*
*denn ich kann ⟨wirklich⟩ nicht lösen!«* (V. 6, REB)

Es wird offenbar, daß dieser Mann sich um des persönlichen Gewinns willen zum Lösen bereit erklärte, aber nicht um der Wiederherstellung der Familie willen. Indem er »ich« und »du« einander gegenüberstellt, zeigen seine eigenen Worte, daß er nur ein selbstsüchtiges Interesse, aber überhaupt kein Interesse an Rut hat. Da er also die Rolle des Lösers ablehnt, ist der Ausgang der Verhandlung für Rut und Boas sichergestellt.

Ein zufälliges Treffen auf dem Feld, dem eine kühne Begegnung auf dem Dreschboden folgte, hat auf den richtigen und üblichen Wegen des Patriarchats zu einem glücklichen Ende geführt. Darauf folgt eine alte Zeremonie, in der einer dem anderen einen Schuh gibt, um ihm zu zeigen, daß das Loskaufverfahren und die Transaktion gültig sind. Diese Sitte ist so wenig bekannt, daß der Erzähler sich unterbricht, um sie zu erklären (4,7−8).[32] Nach dem Vollzug der Zeremonie verschwindet der Löser aus der Geschichte. Als Hintergrund für Boas hat er ausgedient, und er endet, wie er begonnen hat, ohne Namen. Nun gibt es in unserer Geschichte viele Gründe für seine Anonymität. Da er sich geweigert hat, »den Namen des Verstorbenen auf seinem Erbteil ⟨neu⟩ erstehen zu lassen«, hat er selbst keinen Namen. Wenn einer ohne Namen bleibt, so ist das aber auch ein Urteil. Dieser Löser wird als Gegenspieler zu Elimelech geschildert, wobei Boas der Vermittler zwischen ihnen ist. Im Unterschied zu Elimelech kommt der Löser zu Wort, dafür hat aber Elimelech einen Namen. Das Ergebnis ist, daß die beiden Männer zwischen Person (Leben) und Nicht-Person (Tod) schweben. Für Elimelech ist dieser Konflikt einerseits durch den körperlichen Tod, andererseits durch das Weiterleben in der Geschichte gelöst. Sein Name kommt in der Erzählung immer wieder vor (2,1,3; 4,3,9), so daß er, wenn er auch nicht mehr da ist, präsent bleibt. Sein Tod ist also Leben. Für den Löser ist der Konflikt einerseits dadurch gelöst, daß er lebt, andererseits für die Geschichte aber tot ist. Der Löser stirbt der Geschichte, um seinem eigenen Erbteil zu leben. Zwischen diesen beiden Männern steht Boas mit Namen und Sprache. Er spricht mit dem Löser und läßt den Namen Elimelechs wiedererstehen. Er hat das Leben ganz, die anderen nur teilweise.

*Als nächstes redet Boas die Ältesten und alles Volk an:*
Ihr seid heute Zeugen dafür, *daß*
ich *aus der Hand Noomis hiermit alles* erworben habe,
*was dem Elimelech, und alles, was Kiljon und Machlon gehört hat.*
*Somit habe ich mir auch Machlons Frau Rut, die Moabiterin*
*als Frau* erworben
*um den Namen des Verstorbenen auf seinem Erbteil ⟨neu⟩ erstehen*
*zu lassen,*

*damit nicht der Name des Verstorbenen ausgerottet wird aus dem*
*Kreis seiner Brüder*
*und aus dem Tor seines ⟨Heimat⟩ortes.*
Ihr seid heute Zeugen. (V. 9−10, REB)

Zum ersten Mal seit der Einleitung zu Szene 1 (1,2) wird die ganze
Familie, die von Juda nach Moab wanderte, genannt. Die Geschichte
fängt an, zu ihrem Abschluß zu kommen, da die Toten in den
Lebenden weiterleben. Rut wird auch genannt − und zwar auf
besondere Weise. Die Wortstellung, in der das Objekt dem Verb
folgt (»Ich habe erworben alles, was dem Elimelech gehört hat«)
wird umgekehrt, um sie hervorzuheben: »und auch Rut, die Moabiterin, die Witwe von Machlon, habe ich erworben«. Von allen
Personen der ersten Szene fehlt nur Orpa. Daß sie ausgelassen wird,
ist verständlich, es ist aber auch ein Kunstgriff. Orpas Platz wird am
Ende von dem Löser eingenommen. Dieser Austausch bedeutet aber
nicht, daß sie einander ähnlich seien. Orpa hatte Namen und
Sprache (1,10). Sie entschied sich dafür, aus der Geschichte auszu-
scheiden, indem sie zu ihrem eigenen Volk zurückkehrte, und das
Urteil über sie war günstig (1,15). Der namenlose Löser fällt die
gleiche Entscheidung, indem er zu seinem eigenen Erbteil zurückkehrt, aber das Urteil über ihn ist negativ. Schließlich ist er ja auch
kein Fremder, sondern der nächste männliche Verwandte. Er geht
aus der Geschichte heraus mit der Schmach der Anonymität.
Zum Schluß der öffentlichen Versammlung reden die Ältesten und
das Volk. An Boas gerichtet, beginnen und enden ihre Worte mit
Jahwe und Rut (obwohl sie sie nicht bei Namen nennen). Die
Zeugen wünschen dem Paar Fruchtbarkeit, die Wiederherstellung
des männlichen Namens und die Fortsetzung einer männlichen Linie
sowohl für die Toten als auch für die Lebenden.[33]

*Jahwe mache die Frau, die in dein Haus (beth) kommt,*
*wie Rahel und wie Lea, die beide das Haus Israel gebaut haben!*
*Und gewinne du Vermögen (o. Kindersegen) in Efrata,*
*und dein Name werde gerühmt in Bethlehem.*
*Und von den Nachkommen, die Jahwe dir von dieser jungen Frau*
*geben wird,*

*soll dein Haus wie das Haus des Perez werden, den Tamar dem Juda geboren hat.* (V. 11–12, REB\*)\*

Daß Rut mit den Urmüttern Rahel, Lea und Tamar verglichen wird, erinnert an die Parallele zwischen Rut und Abraham, allerdings mit Unterschieden. Während die Analogie mit Abraham Rut als ein Vorbild unbedingten Glaubens herausstellt, wird sie durch den Vergleich mit den Frauen in der traditionellen Rolle der Gebärerin gesehen. Der erste Vergleich entstand in einer ausschließlich von Frauen geprägten Episode (1,8–21), der zweite bei einer von Männern beherrschten Gelegenheit (4,1–12). Die beiden Analogien aber geben Rut, der Ausländerin, einen festen Platz in der Tradition Israels. Die Anerkennung ihres Wertes als Mensch findet ihren Höhepunkt hier bei dieser öffentlichen Versammlung.

Die Episode ist in dieser Geschichte einzigartig wegen ihrer rein patriarchalen Besetzung. Die Männer entscheiden allein über die Zukunft der Frauen. Außerdem stellt Boas die Situation dieser Frauen ganz anders dar, als sie sie selber sehen. Er ordnet beide den männlichen Prärogativen unter: dem Erwerb des Landes und der Wiederherstellung des Namens des Toten auf seinem Erbteil. Während die erste Angelegenheit einen feministischen Einschlag hat, da ja die Witwe Noomi das Land geerbt und das Verkaufsrecht hat, ist Boas an diesem Aspekt kaum interessiert. Er spricht nur davon, daß das Land der Familie des Elimelech erhalten bleiben soll.

Die zweite Frage verstärkt diese männliche Perspektive noch: »den Namen des Verstorbenen auf seinem Erbteil ⟨neu⟩ erstehen zu lassen«. Vor dem Ältestenrat gibt Boas dies als Grund an für seine Heirat mit Rut, obwohl er ihr, als sie allein waren, die Ehe ver-

---

\* A. O./P. T. Ü:  May Yahweh make the *woman,* who is coming into your
house *(beth)* like Rachel and Leah who between them
built the house of Israel.
May you show fertility in Ephrathah
and bestow a name in Bethlehem.
because of the children Yahweh will give you from *this
young woman* (V. 11–12 RSV\*)
And may your house be like the house of Perez, whom
Tamar bore to Juda

sprach, um *sie* zu lösen. Im privaten Gespräch mit Rut zeigte sich Boas also allein an ihrem Wohlergehen interessiert, während er in der öffentlichen Diskussion Rut zum Mittel für einen männlich-orientierten Zweck macht.[34]

Daß die Frauen zu der Frage der Wiederherstellung des Namens des Toten nichts sagen, vermittelt uns den Eindruck, daß sie diesen männlichen Standpunkt nicht teilen. Im Gegenteil, was die Frauen über die Frage der Heirat sagen, bestätigt, daß sie eine ganz andere Ansicht vertreten. Noomi hat oft die Notwendigkeit unterstrichen, daß die jungen Witwen sich wieder verheiraten, aber sie hat dies nie mit dem Wunsch in Verbindung gebracht, einen männlichen Namen wiederherzustellen. Tatsächlich ging ihr Rat in Szene 1 genau in die entgegengesetzte Richtung: Orpa und Rut sollten sich Ehemänner in Moab suchen. Außerdem beschreibt sie sich selbst als »zu alt, um eines Mannes ⟨Frau⟩ zu werden«, was auch darauf hinweist, daß es ihr nicht darum ging, einen männlichen Namen neu erstehen zu lassen. Selbst ihre Spekulationen über einen zukünftigen Gatten und eigene Söhne zeigen eher ihre Sorge um die Schwiegertöchter als um den Namen ihres toten Mannes und ihrer Söhne. Der Plan, den Noomi vorlegt (Szene 3), ist darauf ausgerichtet, ein Heim für Rut zu finden, in dem es ihr gut geht. Rut wiederholt dieses Thema, als sie Boas bittet, sie zu heiraten (3,9 c). An keiner Stelle erwähnt oder meint eine der Frauen die Wiederherstellung eines männlichen Namens. Für sie geht es um das Leben der Lebendigen.

Insgesamt ist die patriarchale Besetzung der 4. Szene dem Buchstaben und Geist der ersten drei Szenen fremd, wenn auch nicht der Kultur Israels. Sie verlegt den Schwerpunkt und sieht Rut ausschließlich als ein Gefäß für männliche Fortpflanzung an. Die Szene ist allerdings voller Ironie. Wenn Orpa ein nachahmenswertes Beispiel ist, so ist der namenlose Verwandte ein abschreckendes. Wenn Boas nun der verantwortliche Patriarch ist, so sind es die beiden Frauen, die ihn zur Pflichterfüllung aufgerufen haben.

# B. Vers 13

Die Ereignisse überstürzen sich. Auf die öffentliche Transaktion folgt sogleich die intime Vereinigung. War sie eben noch ein Objekt der Diskussion, so kehrt Rut nun zurück, um die Ehe zu vollziehen.[35] Allerdings hält ein Bericht in der 3. Person uns von dieser privaten Sphäre fern.[36] Rut und Boas sprechen nicht. Der Bericht von dem Ereignis sagt, daß der Mann handelte und die Frau reagierte: »So nahm Boas die Rut, und sie wurde seine Frau« (REB). Und nach diesem Muster geht es weiter — »er ging zu ihr ein« — was nur unterbrochen wird, als Gott eingreift: »und Jahwe schenkte ihr Schwangerschaft (REB)«.[37] Das Geschenk des Lebens kommt weder vom Mann noch von der Frau, sondern von Gott. Erst nachdem diese Perspektive eingeführt worden ist, heißt es: »sie gebar einen Sohn« (REB). Die sexuelle Vereinigung von Rut und Boas ist selbst göttliches Handeln. Diese Gleichsetzung kommt in Struktur und Inhalt des Berichts zum Ausdruck; dadurch kündigt der Erzähler an, daß alles gut geht. Zehn Jahre kinderlose Ehe in Moab (1,4—5) werden in der Vereinigung von Rut und Boas schnell wettgemacht. Jahwe schenkt Empfängnis, Fluch verwandelt sich in Segen. Die Verkündigung der segensvollen Vereinigung steht mitten zwischen zwei öffentlichen Versammlungen, die eine hat die Verbindung legitimiert und die andere feiert sie.

# C. Verse 14—17

Bei der Feier sind nur Frauen anwesend. Daher steht diese Episode im Gegensatz zu der ersten in Szene 4 (V. 1—12), während sie Szene 1 entspricht (1,6—22). Die Frauen von Bethlehem, die bei Noomis Rückkehr aus dem Gebiet von Moab »in Bewegung kamen«, finden sich nun wieder ein, um das letzte Ereignis einzuleiten und zu beschließen. Sie beginnen mit einem Lob Jahwes, und sie richten ihre Worte an Noomi, an die, die zu ihnen gesagt hatte, daß Jahwe sie leer zurückgebracht habe. Jetzt antworten sie ihr: »Gepriesen sei Jahwe, der es dir heute nicht an einem Löser hat fehlen lassen!« Die Geburt eines Enkels verwandelt Tod in Leben, Leere in Fülle:

223

*Sein Name werde gerühmt in Israel!*
*Und er wird dir ein Erquicker der Seele sein*
*und ein Versorger deines Alters.* (V. 15 a, REB)

Aber bei dieser Feier geht es um mehr als um die Freude über männlichen Nachwuchs. Die Bedeutung dieses Kindes liegt in seiner Mutter, einer Ausländerin, die alles verlassen hat, um Noomi zu folgen. Deshalb findet der Lobpreis seinen Höhepunkt in einem Jubel über Rut, die nicht nur über das Neugeborene oder das männliche Kind, sondern sogar noch über die ideale Zahl von sieben Söhnen hinausgehoben wird:

*Denn deine Schwiegertochter, die dich liebt, hat ihn geboren,*
*sie, die dir mehr wert ist als sieben Söhne.* (V. 15 b, REB)

Diese Worte der Frauen lenken das Interesse auf Noomi, und der Erzähler berichtet, daß sie das Kind nimmt, es auf ihren Schoß legt und seine Pflegerin wird. Die Frau der Leere ist eine Frau der Fülle geworden. Und Rut, die bis über den Tod hinaus treue Schwiegertochter, ist die Mittlerin bei dieser Wandlung zum Leben gewesen. Als nächstes schließen die Frauen von Bethlehem den Kreis ihrer Worte um Noomi, indem sie dem Kind einen Namen geben: »Und die Nachbarinnen gaben ihm einen Namen, indem sie sagten: Ein Sohn ist der Noomi geboren! Und sie gaben ihm den Namen Obed« (V. 17, REB). Durch die Namensgebung wird ein Thema wieder aufgegriffen, das Boas eingeführt und die Ältesten unterstützt hatten: »den Namen des Verstorbenen auf seinem Erbteil ⟨neu⟩ erstehen zu lassen«. Dadurch, daß sie sich darauf konzentrierten, verlagerten die Männer das Schwergewicht von der Gerechtigkeit für lebende Frauen auf die für tote Männer. Dieser Wechsel ist in einer Frauengeschichte störend, in einer Männerwelt allerdings berechtigt. Aber nun lösen die Frauen dieses männliche Problem auf *ihre* Weise. Sie bezeichnen das Kind als Sohn Noomis und nicht Elimelechs. In ihren Augen wird durch dieses Kind das Leben der Lebenden wiederhergestellt, nicht der Name des Toten.[38] Sie sprechen von der Gebärerin Rut, nicht von dem, der es gezeugt hat. Und sie sind es, die dem Baby einen Namen geben. Wiederholt stehen diese Frauen im Gegensatz zu den Ältesten. Jede Gruppe interpretiert das Geschehen auf ihre Weise. Das neugeborene männliche Kind versöhnt diese Gegensätze und ist ein Symbol für den Neubeginn mit Männern. Es vermittelt nicht nur zwischen erwachsenen Männern und Frauen, sondern auch zwischen den Altersstufen. Von dieser Funktion in der Geschlechterfolge spricht der Erzähler, wenn er die Geschichte mit dem Hinweis auf die künftige Monarchie beschließt, nachdem er im vormonarchischen Israel begonnen hatte. Am Anfang lesen wir: »Und es geschah in den Tagen, als die Richter richteten« (1,1) und am Ende: »Ein Sohn ist der Noomi geboren ... Der ist der Vater Isais, des Vaters Davids« (4,17 b e, REB).

Eine Gesichte, die in tiefster Verzweiflung begann, hat sich ihren Weg zu Ganzheit und Wohlergehen gebahnt. Somit ist sie eine Komödie, in der die tapferen und kühnen Entscheidungen von Frauen den Segen Gottes verkörpern und Wirklichkeit werden lassen.[39] In der Einleitung standen der Fluch der Hungersnot, des Exils und des Todes dem göttlichen Segen entgegen. Und doch schrieb der Erzähler dieses Unglück nicht Gott zu. Tatsächlich ist sein erster Hinweis auf Gott der Bericht von einem Segen: »... daß Jahwe sein Volk heimgesucht habe, um ihnen Brot zu geben« (1,6). Später spricht Noomi allerdings in dieser Szene offen über das Leid, das Gott ihr zugefügt hat. Obwohl sie Gott nicht die Schuld für ihr Exil gibt, klagt sie ihn doch an wegen des Todes, der so reichlich in ihr Leben gekommen ist. Schaddai hat ihr sehr bitteres Leid zugefügt und ihr Böses getan (1,20–21). In den folgenden Szenen wird dieser Fluch Gottes allmählich auf verborgene und wie zufällig scheinende Weise aufgehoben. Rut »traf zufällig das Feldstück des Boas« (2,3). Und es kam ihr sehr gelegen, daß Boas sich »am Ende des Getreidehaufens« hinlegte (3,7). An seine Pflicht gemahnt, schwor dieser israelitische Patriarch bei Jahwe, Rut zu ihrem Recht zu verhelfen (3,13). Als die Angelegenheit schließlich ein gutes Ende nahm (vgl. 3,18), schenkte Jahwe Rut die Empfängnis, und die Frauen von Bethlehem priesen diesen Gott mit Worten, die sich mit Recht an Noomi richteten (4,13–14). Nachdem Gott zuerst den Tod bewirkt hatte, gibt er nun das Leben, obwohl Gott an keiner Stelle in die Erzählung eingreift, weder durch Reden noch durch Wunder. Daraus wird deutlich, daß das Ringen des Menschen selbst Handeln Gottes ist und Fluch durch Segen überwunden werden kann.

In Szene 1 stehen Noomi und Rut allein da, Frauen ohne Männer. Sie treffen ihre Entscheidungen selbständig und arbeiten ann ihrem eigenen Schicksal. Diese Stellung haben sie auch in Szene 2 inne, obwohl die Situation komplexer ist, da Boas, ein einflußreicher Mann, auftritt. Daher ist es umso wichtiger zu erkennen, daß die Dynamik der Geschichte nicht auf ihn übertragen wird. Die Frauen gestalten sie weiterhin, was sowohl durch die Struktur als auch den Inhalt bestätigt wird. Szene 2 beschreibt ihren physischen Überlebenskampf, so wie Szene 3 ihren kulturellen. In beiden Szenen reagiert Boas nur auf ihre Initiative. Am Anfang von Szene 4 aber werden wir mit einem Schock daran erinnert, daß dies schließlich eine Männerwelt ist und die Anliegen von Frauen durch das patriarchale Klima sehr wohl subsumiert oder sogar beiseite geschoben werden können. Die Frauen von Bethlehem lassen eine solche Umwandlung allerdings nicht zu. Sie interpretieren die Sprache der Männerwelt auf ihre Weise, um die Integrität einer Frauengeschichte aufrechtzuerhalten. Dementsprechend endet die 4. Szene damit, daß beide zusammenkommen: eine Frauengeschichte macht einen neuen Anfang mit Männern. Szene 4 ist also die Antwort auf Szene 1. Nachdem sie gelitten und gekämpft haben, jubelt das Bild Gottes als Mann und Frau endlich über das Gutsein des täglichen Lebens.

Als Ganzes gesehen, vermittelt diese menschliche Komödie eine theologische Interpretation des Feminismus: Frauen arbeiten an ihrer eigenen Rettung mit Furcht und Zittern, denn es ist Gott, der in ihnen wirksam ist. Noomi ist wie eine Brücke zwischen Tradition und Erneuerung. Rut und die Frauen von Bethlehem sind Vorbilder für Unbedingtheit. Im ganzen gesehen, handeln diese Frauen im Rahmen ihrer Kultur, stellen sich gegen sie und verändern sie. Was sich in ihnen widerspiegelt, fordern sie heraus. Und diese Herausforderung ist das Erbe des Glaubens bis auf den heutigen Tag für alle, die Ohren haben, die Geschichten von Frauen in einer Männerwelt zu hören.

# Nachwort

*Oder welche Frau, die zehn Drachmen hat, zündet nicht, wenn sie*
*eine Drachme verliert, eine Lampe an und kehrt das Haus und sucht*
*sorgfältig, bis sie sie findet? (Lk 15,8, REB)*

Im Laufe der Jahrhunderte haben BibelinterpretInnen die männliche
Sprache des Glaubens ganz und überreichlich erforscht. Aber die
Bibel enthält noch eine andere Dimension, die der Glaube verloren
hat − weibliche Metaphern und Motive. So wie die Frau im Neuen
Testament, die, als sie noch neun Drachmen hatte, doch nach der
zehnten suchte, die verlorengegangen war, zünden auch wir, während wir die Vorherrschaft der männlichen Sprache in der Schrift
anerkennen, eine Lampe an, kehren das Haus und suchen sorgfältig
nach dem Verlorenen.

Die Schrift selbst hat uns einen Hinweis für unsere Suche gegeben:

*Und Gott schuf den Menschen nach seinem Bild,*
*nach dem Bild Gottes schuf er ihn;*
*männlich und weiblich schuf er sie.* (Gen 1,27, REB*)

Indem wir uns auf die Redewendungen »männlich und weiblich«
und »nach dem Bild Gottes« konzentrierten, entdeckten wir, daß der
formale Parallelismus zwischen ihnen auf eine semantische Entsprechung hinwies zwischen einem bekannten und einem unbekannten
Element. Insofern ergibt der Parallelismus eine Metapher. »Männlich und weiblich« ist der Bildempfänger, »das Bild Gottes« der
Bildspender. Zugleich aber wird dieser Bildspender selbst zum Bildempfänger, indem er auf »Gott« hinweist. Die Wiederholung des
Wortes »Gott« stellt eine Ähnlichkeit zwischen dem Schöpfer und
den menschlichen Geschöpfen her, während die Hinzufügung der
Wörter »Bild von« den Unterschied vermittelt. Hier legt uns das
Fehlen irgendeines formalen Parallelismus zwischen den Komponenten die semantische Unvereinbarkeit nahe. Infolgedessen
bewahrt diese letztere Metapher die erstere vor der Idolatrie und legt

ein Zeugnis für den transzendenten Schöpfer ab, der weder männlich noch weiblich und auch keine Kombination von beiden ist. Nur im Kontext dieses Andersseins können wir das Bild Gottes in Mann und Frau wirklich erkennen.

Diese Metapher, das Bild Gottes als männlich und weiblich, leitete uns bei unserer Suche auf zweierlei Art. Erstens lenkte sie unsere Aufmerksamkeit auf Portraits von Männern und Frauen, die teilweise oder unterschiedlich das Bild Gottes vermittelten. Und gerade weil Genesis 1,27 ein ausgewogenes Bild zeichnet, gab es uns einen Impetus, weibliche Sprachgebungen für Gott aufzuspüren. Deshalb kehrten wir sorgfältig aus in der Schrift, um die Teilmetaphern zu untersuchen, die durch den hebräischen Wortstamm *rhm* symbolisiert werden. Diese semantische Wanderung von dem Uterus der Frau zum Erbarmen Gottes ist kein untergeordnetes Thema am Rande des Glaubens, sondern eins, dessen Beharrlichkeit und Kraft die ganze Bibel erfüllt. Außerdem zogen wir andere Abschnitte, die auf unserem Wege lagen, mit heran, in denen Jahwe auf poetische Weise als ein Gott geschildert wird, der empfängt, schwanger ist und sich in Geburtswehen windet, ein Kind gebiert und es an die Brust nimmt. Diese vielen weiblichen Bilder haben unser Verständnis des biblischen Gottes erweitert und vertieft. Somit war unsere Suche nach dem verlorenen Geldstück auf einem guten Wege.

Zweitens lenkte unsere Metapher unsere Aufmerksamkeit auf verschiedene Traditionen der Schrift, in denen Mann und Frau im gleichen Kontext vorkommen. Dieser Kontext ist das Gutsein der Schöpfung, eine Güte, die das Leben erfüllt und ihm seinen Wert gibt (vgl. Gen 1,31). Deshalb zündeten wir eine Lampe an, um die Tragödie des Ungehorsams in Genesis 2—3, die Poesie der Erotik im Hohenlied und die täglichen Daseinskämpfe in der Geschichte von Rut zu beleuchten. In Genesis 2 findet die Entfaltung des Eros in einem Gedicht zum Lobe der Sexualität ihren Höhepunkt, als Mann und Frau ein Fleisch werden. Leider jedoch zerfiel dieses Fleisch der Gegenseitigkeit und Harmonie durch die Gesetzesübertretung und brachte Gericht und Exil mit sich (Gen 3). Das Lied der Lieder gewinnt aber die Liebe zurück, die Gebein von Gebein und Fleisch von Fleisch ist. Diese Dichtung, die weder in eine urzeitliche noch in eine eschatologische Umgebung gehört, beschreibt Freude und

Ekstase als Realitäten des Lebens in der Gegenwart. Sie kennt die Gnade der Sexualität, nicht die Sünde des Sexismus. Das Buch Rut, das eine menschliche Komödie erzählt, entwickelt sich von tiefster Verzweiflung zu Wohlergehen, während es die männliche Kultur, die sich in ihm widerspiegelt, herausfordert und verändert. Mit diesen Erkenntnissen endete unsere Suche nach »dem verlorenen Groschen«, obwohl sie vielleicht noch nicht abgeschlossen ist.

Es ist klar, daß der patriarchale Stempel, den die Schrift trägt, dauerhaft ist. Aber ebenso deutlich verändern sich auch die Interpretationen seines Inhalts ständig, da neue Gegebenheiten neue Aufgaben mit sich bringen und der Kontext den Text verändert, indem er ihn aus erstarrten Konstruktionen befreit. Die Bibel, die uns durch Kulturen und Jahrhunderte begleitet hat, gibt uns auch eine feministische Perspektive und dementsprechend erhellt diese wiederum die Bibel. Mit Hilfe einer *rhetorisch-kritischen* Methode erforscht, hat diese Wechselwirkung zu neuen Interpretationen alter Texte geführt; außerdem hat sie vernachlässigte Traditionen freigelegt, um Gegenstimmen innerhalb eines patriarchalen Dokuments freizulegen. Sie konnte jedoch den männlich-bestimmten Charakter der Schrift nicht ausräumen; ein solches Unterfangen wäre sowohl unmöglich als auch unehrlich gewesen. Und doch ist die Bibel eine potentielle Zeugin gegen *all* unsere Interpretationen, denn die Pilgerin mit Namen Schrift wandert durch die Geschichte, um Vergangenheit und Gegenwart miteinander zu verschmelzen auf ihrem Weg in die Zukunft.

»Welche Frau, die zehn Drachmen hat, zündet nicht, wenn sie eine Drachme verliert, eine Lampe an und kehrt das Haus und sucht sorgfältig, bis sie sie findet?« Meine Suche galt auch einem verlorenen Zeichen des Glaubens — einem Überrest, der durchaus einen Unterschied ausmacht. Nun, am Ende meiner Suche, schließe ich mich der Frau an, die, als sie das Geldstück gefunden hat, »die Freundinnen und Nachbarinnen zusammen(ruft) und spricht: Freut euch mit mir, denn ich habe die Drachme gefunden, die ich verloren hatte.« (Lk 15,9 REB):

1. Zu einer Geschichte dieses Bekenntnisses, siehe *Josef Scharbert*, Formgeschichte und Exegese von Ex 34,6 f. und seiner Parallelen, in: Biblica 38 (1957), S. 130—150; vergl *R. C. Dentan*, The Literary Affinities of Exodus XXIV 6 f., in: VT 13 (1963), S. 34—51.

2. Die hebräische Syntax läßt sowohl Moses als auch Jahwe als Subjekt des Verbs »verkündigen« zu. Vergl. *Scharbert*, Formgeschichte, S. 130; *Martin Noth*, Exodus, Philadelphia 1962, S. 261; *Brevard S. Childs*, The Book of Exodus, Philadelphia 1974, S. 603—604.

3. *David Noel Freedman*, God Compassionate and Gracious, in: Western Watch 6 (1955), S. 6—24.

4. *H. Wheeler Robinson*, Corporate Personality in Ancient Israel, Philadelphia 1967.

5. Die hebräische Grammatik verwendet maskuline Pronomen für Gott. Obwohl das grammatische Geschlecht weder über die Geschlechtszugehörigkeit noch über die Theologie entscheidet, ist es für unser Hören und Verstehen schwer, oder gar unmöglich, sich dieses Unterschiedes immer bewußt zu sein. Infolgedessen verstärken maskuline Pronomen das männliche Image von Gott, eine Vorstellung, die die weiblichen Metaphern für Gott in den Hintergrund drängen oder gar auslöschen: Die Wirkung ist für Glauben und Gläubige schädlich. In meinen eigenen Schriften benutze ich möglichst keine Pronomen für Gott; wenn dabei der Stil gelegentlich ungeschickt wird, so ist dies nur ein kleiner Preis für eine wichtige theologische Aussage. Bis jetzt weiß ich jedenfalls noch nicht, wie ich das Dilemma auflösen soll, das in der Schrift selbst aus dem grammatischen Geschlecht für Gott entsteht, da die Übersetzung sowohl der grammatischen Genauigkeit als auch der interpretativen Stichhaltigkeit Genüge tun muß. Eine Aufklärung über diese Frage ist in der gegenwärtigen Hermeneutik dringend nötig.

6. Vergl. *Elias Bickerman*, Four Strange Books of the Bible, New York 1967, S. 40—43.

7. *J. A. Sanders*, Hermeneutics, in: The Interpreter's Dictionary of the Bible, Supplementary Volume, IDBS, Nashville 1977, bes. S. 404—405.

8. *Richard E. Palmer*, Hermeneutics, Evanston 1969, S. 162—253; *Hans Georg Gadamer*, Truth and Method, New York 1975, S. 274—278; *Paul Ricoeur*, The Conflict of Interpretations, Evanston 1974, S. 3—24; *ders.*

Interpretation Theory, Fort Worth 1976, S. 71−88. Vgl. *L. E. Keck* und *G. M. Tucker*, Exegesis, IDBS; S. 296−303.

9. Ich mache hier einen Sprung von der antiken Welt in die heutige, ohne auch nur im geringsten auf die Geschichte der Interpretation einzugehen, die dazwischenliegt. Anders macht es *Brevard S. Childs* in Biblical Theology in Crisis, Philadelphia 1970, S. 139−147; *ders.* The Book of Exodus, S. XV−XVI und passim. Vgl. *Robert M. Grant*, A Short History of Interpretation of the Bible, New York 1963; *Beryl Smalley*, The Study of the Bible in the Middle Ages, Notre Dame 1964; *Hans W. Frei*, The Eclipse of Biblical Narrative, New Haven 1974.

10. Obwohl die Qualität und/oder die Gültigkeit dieser Beispiele unterschiedlich ist, erhärtet doch jede die These von der Interaktion zwischen Bibel und Welt. Diese Wechselwirkung bedeutet nicht, daß die Bibel eine »Antwort« auf jede gegenwärtige Frage oder speziell etwas dazu zu sagen hätte. Auch legitimiert die Tatsache der Interaktion eine Interpretation nicht *per se*. Nicht alle Interpretationen sind stichhaltig, und nicht alle gültigen Interpretationen sind es in dem gleichen Maße. Die Methodik ist ein Hauptkriterium für eine Bewertung, siehe unten.

11. *James H. Cone*, God of the Oppressed, New York 1975, S. 63−72; *ders.* Biblical Revelation and Social Existence, in: Int. 28 (1974), S. 422−440, vgl. *Peter C. Hodgson*, Chidren of Freedom, Philadelphia 1974, S. 51−62; *Major J. Jones*, Christian Ethics for Black Theology, Nashville 1974, S. 41−65.

12. *Hans Walter Wolff*, Masters and Slaves, in: Int 27 (1973), S. 259−72.

13. *José Porfirio Miranda*, Marx and the Bible, Maryknoll 1974; *Gustavo Gutiérrez*, A Theologoy of Liberation, Maryknoll 1973; *Ernesto Cardenal*, The Gospel in Solentiname, Maryknoll 1976; *Robert McAfee Brown*, The View from Below, Theology in a New Key A. D. 32 (Sept. 1977) S. 28−31; *ders.* Theology in a New Key Resolving a Diminished Seventh, in: Union Seminary Quarterly Review (Herbst 1977), S. 23−34. Vgl. auch den Bericht der römisch-katholischen Priester, der zeigt, wie »brasilianische Bauern und Indianer die biblischen Vorstellungen von Gerechtigkeit und Gleichheit auf ihr eigenes Leben anwenden«, in: Boston Evening Globe, 10. Juni 1977.

14. *Henri Mottu*, Jeremiah vs. Hananiah, Ideology and Truth in Old Testament Prophecy, in: Radical Religion 2, Nr. 2 und 3 (1975), S. 58−67.

15. *Milan Machovec*, A Marxist Looks at Jesus, Philadelphia 1976.

16. *Robert Jewett*, The Captain America Complex, Philadelphia 1973.

17. Vgl. *Frederick Herzog*, Liberation Hermeneutic as Ideology Critique? in: Int 28 (1974), S. 387—403.

18. *Sigmund Freud*, Moses and Monotheism, New York 1939; *C. G. Jung*, Answer to Job, New York 1954.

19. *Richard L. Rubinstein*, My Brother Paul, New York 1972; siehe auch *David Cox*, Jung and St. Paul, London 1959; aber vgl. *Krister Stendal*, The Apostle Paul and the Introspective Conscience of the West, in: Harvard Theological Review 56 (1963), S. 199—215.

20. *Walter Wink*, The Bible in Human Transformation, Philadelphia 1973.

21. Zum Beispiel *Mary Ann Tolbert*, The Prodigal Son, An Essay in Literary Criticism from a Psychoanalytic Perspective, in: Semia 9, Missoula 1977, S. 1—20; und *Dan O. Via Jr.*, The Prodigal Son, A Jungian Reading, ibid. S. 21—43.

22. *Thomas Hora*, Existential Metapsychiatry, New York, 1977 passim; und *ders*. Dialogues in Metapsychiatry, New York 1977.

23. Eine japanische Perspektive findet man bei *Nobuko Kawano*, Modern Technology and the Disorder of Nature Through the Image of Hosea 4,1—3, in: Jido Kyoiku Gaku Ronshyu, März 1975.

24. *Lynn White Jr.*, The Historical Roots of Our Ecological Crisis, in: Science 155 (1967), S. 1203—1207.

25. *Walter Brueggemann*, King in the Kingdom of Things, in: The Christian Century, (10. Sept. 1969), S. 1165—1166; *Phyllis Trible*, Ancient Priests and Modern Polluters, in: Andover Newton Quarterly 12 (1971), S. 74—79; *Bernhard W. Anderson*, Human Dominion Over Nature, in: Biblical Studies in Contemporary Thought, hg. von *Miriam Ward*, Somerville, Mass. 1975, S. 27—45.

26. Siehe auch *David Crownfield*, The Curse of Abel, in: The North American Review, Sommer 1973, S. 58—63.

27. Human Sexuality, An Preliminary Study, New York United Church Press 1977.

28. *William C. Phipps*, The Sexuality of Jesus, New York 1973; *Raymond C. Brown*, The Virginal Conception and Bodily Resurrection of Jesus, New York 1973, S. 1—68.

29. *Walter Brueggeman*, The Covenanted Family, A Zone for Humanness, in: Journal of Current Social Issues 14 (1977), S. 18—23.

30. *Robert L. Treese*, Homosexuality, A Contemporary View of the Biblical Perspective, in: Loving Women/Loving Men, Gay Liberation and the Church, hg. von *Sally Gerhart* und *William R. Johnson*, San Francisco

1974, S. 23—58; John J. McNeil, The Church and the Homosexual, Kansas City 1976, S. 37—66.

31. Zu dem weiten Spektrum des Feminismus, siehe z. B. Sheila Rowbotham, Women, Resistance and Revolution, New York 1974; Sheila C. Collins, A Different Heaven and Earth, Valley Forge 1974; Rosemary Radford Ruether, New Women/New Earth; New York 1975, in: Radical Religion 3 (1977), unter dem Titel »Feminism and Socialism«; Carol P. Christ, The New Feminist Theology, A Review of the Literature, in: Religious Studies Review 3 (1977), S. 203—212.

32. Zum Beispiel, Elizabeth Gould Davis, The First Sex, Baltimore 1972, S. 140—144 und passim; Mary Daly, The Church and the Second Sex, mit einer neuen nach-christlichen Einleitung der Autorin, New York 1975, S. 21—22, 74—84; vgl. Vern L. Bullough, The Subordinate Sex, Baltimore 1974, S. 40—49, 79—120.

33. Zum Beispiel, Dorothy D. Burlage, Judeo-Christian Influences on Female Sexuality, in: Sexist Religion and Women in the Church, hg. von Alice L. Hageman, New York 1974, S. 93—116; Phyllis Bird, Image of Women in the Old Testament, in: Religion and Sexism, hg. von Rosemary Radford Ruether, New York 1974; Katharine C. Sakenfeld, The Bible and Women: Bane or Blessing? Theology Today 32 (1975), S. 222—233.

34. Norman K. Gottwald und Antoinette C. Wire, Introduction, in: The Bible and Liberation, Political and Social Hermeneutics, A Radical Religion Reader, Berkeley 1976, S. 2—6. Siehe auch die Aufsätze ebda; vgl. Carl A. Raschke, Hermeneutics as Historical Process: Discourse, Text, and the Revolution of Symbols, in: JAAR 15/1, Supplement 1977, S. 171—195.

35. Dieser in den deutschen Bibelwissenschaften noch ungewohnte Ausdruck geht zurück auf die Presidential Address an die Society of Biblical Literature im Jahre 1967, dokumentiert bei James Muilenburg (s. u.) — Die wissenschaftliche Diskussion deckt die reiche Geschichte der Begriffe »rhetoric« und »rhetorical criticism« noch nicht ab; siehe z. B. Lloyd F. Bitzer und Edwin Black, The Prospect of Rhetoric, Englewood Cliffs, N. J. 1971; Northrop Frye, Anatomy of Criticism, Princeton 1957, S. 243—337; Kenneth Burke, A Rhetoric of Motives, Englewood Cliffs, 1950, S. 49—180. Ich konzentriere mich auf »rhetorische Kritik«, wie sie für biblische Studien von James Muilenburg vorgeschlagen worden ist, siehe »Form Criticism and Beyond«, in: JBL 88, 1969, S. 1—18.

36. Mit »Literaturkritik« meine ich nicht Quellenkritik. Leider sind diese

beiden Termini in der Bibelforschung vermischt worden, z. B. bei *Norman Habel*, Liberary Criticism of the Old Testament, Philadelphia 1971. Zu dieser Verwechslung siehe die Rezension zu Habels Buch von *Edwin M. Good*, in: JBL 92, 1973, S. 287–289; *Amos Wilder*, Early Christian Rhetoric: The Language of the Gospel, Cambridge 1971, S. XXII; *Robert W. Funk*, Foreword, in: Semeia 8: Literary Critical Studies of Biblical Texts, Missoula 1977. Zur Literarkritik, siehe *Wilbur S. Scott*, Five Approaches of Literary Criticism, New York 1962.

37. Wenn ich das Wort »Struktur« benutze, so hat das keinen Bezug zum Strukturalismus; vgl. z. B. *Susan Wittig* (Hg.), Structuralism: An Interdisciplinary Study, Pittsburgh 1975. In dieser ganzen Studie beschäftige ich mich nur mit den Oberflächenstrukturen einer literarischen Komposition, nicht mit den tiefer liegenden Strukturen.

38. Vgl. *Frye*, Anatomy of Criticism, S. 315–326.

39. *Roger Hazelton*, »Transcendence and Creativity«, The Russell Lecture, Tufts University, 17. Okt. 1972; auch *ders.*, Ascending Flame, Descending Dove, Philadelphia 1975, S. 50–59.

40. Die Konvergenz des Ästhetischen und des Religiösen steht dem Dualismus von Literatur und Schrift entgegen, der in zwei neueren Abhandlungen angesprochen wird: *John A. Miles, Jr.*, The Debut of the Bible as a Pagan Classic, in: Bulletin of the Council on the Study of Religion 7 (1976), S. 1,3–6; und *David Robertson*, The Old Testament and the Literary Critic, Philadelphia 1977, S. 1–15, 84–85. Da das Wort »Schrift« an sich »Schreiben« bedeutet, dürfte es schwierig sein, sie der Literatur entgegenzusetzen. Grundsätzlich bezeichnet das Wort die heiligen Schriften einer besonderen Tradition (z. B. die Ilias, die Bibel, den Veda, den Koran). Zweitens identifiziert das Wort die autoritative Literatur für eine besondere Glaubensgemeinschaft. Infolgedessen ist »die Schrift« immer religiöse Literatur; in spezifischem Kontext ist diese Literatur auch normativ. Wenn Miles und Robertson für die Bibel als Literatur, statt als Schrift, plädieren, widersprechen sie der Autorität, nicht dem Phänomen der Schrift. Umgekehrt unterscheidet James Barr – wenn auch nicht rigoros – zwischen der »Einschätzung als Literatur« und der »theologischen Verwendung« der Bibel, um festzustellen, daß die erstere für die letztere inadäquat ist; siehe *James Barr*, The Bible in the Modern World, New York 1973, S. 53–74; vgl. *ders.* Reading the Bible as Literature, in: Bulletin of the John Rylands Library 56 (1973), S. 10–33. Eine noch wieder andere Ansicht vertritt *Robert Alter*, A Literary Approach to the Bible, in: Commentary 60 (Dez. 1975), S. 72.

41. Contra *D. Robertson*, der »keine außerliterarischen Hypothesen« zuläßt, um die neue literarkritische Betrachtung der Bibel« zu ergänzen. (Literature, The Bible as, in: IDBS, S. 548). Barr warnt davor, daß eine so eingeschränkte Methode »eine reaktionäre Wirkung auf die ganze Struktur der historischen Bibelkritik« haben könnte (The Bible in the Modern World, S. 65, 73). Wie berechtigt diese Warnung ist, sieht man z. B. bei *Lelan Ryken*, Literary Criticism of the Bible, Some Fallacies, in: Literary Interpretations of Biblical Narratives hg. von *Kenneth R. R. Gros Louis*, Nashville 1974, S. 33.

42. *Ricoeur*, Interpretation Theory, S. 75.

43. Eine klassische Aussage zur intrinsischen Methode, siehe *René Wellek* und *Austin Warren*, Theory of Literature, New York 1956, bes. S. 139—269; in der Bibelforschung, vgl. *J. P. Fokkelman*, Narrative Art in Genesis, Amsterdam 1975, S. 1—8.

44. Zur Geschichte dieser Erkenntnis, siehe *René Wellek*, Concepts of Criticism, New Haven 1963, S. 54—68; vgl. *Roman Ingarden*, The Literary Work of Art, Evanston 1973, S. 33.

45. Zum Beispiel *Muilenburgs* Analyse von Ri 5,19—21, in: Form Ciritcism and Beyond, S. 11.

46. Zum Beispiel, *Toni Craven*, Artistry and Faith in the Book of Judith, in: Semeia 8 (1977), S. 75—101; *Dan O. Via, Jr.*, The Parables: Their Literary and Existential Dimension, Philadelphia 1967, S. 110—176. Vgl. *Edwin M. Good*, The Composition of Hosea, in: Svnsk Exegetik Arsbook 31 (1966), S. 21—63, 315—326. Siehe meine Kapitel 5 und 6 unten.

47. Zum Beispiel *William L. Holladay*, The Architecture of Jeremiah 1—20, Lewisburg 1976. Vgl. auch mein Kapitel 3 unten.

48. Zum Beispiel geht *Walter Brueggeman*, dem Motiv des »Landes« nach in: Israel's Sense of Place in Jeremiah, in: Rhetorical Criticism, hg. von *Jared J. Jackson* und *Martin Kessler*, Pittsburgh 1974, S. 149—165. *George Ridout* betont das Phänomen der Wiederholung in The Rape of Tamar: A Rhetorical Analysis of 2 Sam 13,1—22, in: Rhetorical Ciriticism, S. 75—84. Siehe auch mein Kapitel 2 unten.

49. Zum Beispiel *Isaac M. Kikawada*, The Shape of Genesis 11,1—9, in: Rhetorical Criticism, S. 18—32; *Edwin M. Good*, Hosea 5,8—6,6. An Alternative to Alt, in: JBL 85 (1966), S. 273—286; *Mary Ann Tolbert*, Perspectives on the Parables, Philadelphia 1979, Kap. 4 und 5. Siehe auch mein Kapitel 4 unten.

50. *Max Lüthi*, Once Upon a Time: On the Nature of Fairy Tales, Bloomington 1970.

51. *Muilenburg*, Form Criticism and Beyond, S. 9.

52. *Gene M. Tucker*, Form Criticism of the Old Testament, Philadelphia 1971; *ders.* Form Criticism, OT, in: IDBS, S. 342–345; *John H. Hayes* (Hg.), Old Testament Form Criticism, San Anton 1974. Ich will damit nicht sagen, daß Formkritik eine biblische Variante der Literaturkritik sei; vielmehr ist viel von dem, was sie hervorhebt, historisch und soziologisch. Siehe *Barr*, The Bible in the Modern World, S. 64, Anm. 7.

53. *Erhard Gerstenberger*, Psalms, in: Old Testament Form Criticism, S. 207–218.

54. Eine neuere Einschätzung der Formkritik findet man in zwei Rezensionen über »Old Testament Criticism«: *Walter Brueggeman* in: Religious Studies Review 1 (1975), S. 8–13; *Robert R. Wilson*, A Progress Report or an Obituary? In: Int 30 (1976), S. 71–74. Vgl. auch die Artikel in Int 27 (1973).

55. *Robertson*, The Old Testament and the Literary Ciritc, S. 8–10.

56. *Muilenburg*, Form Criticism and Beyond, S. 1–18; vgl. *David Greenwood*, Rhetorical Criticism and Formgeschichte: Some Methodological Considerations, in: JBL 89 (1970), S. 418–426; *Martin Kessler*, A Methodological Setting for Rhetorical Criticism in: Semitics 4 (1974), S. 22–36.

57. Vgl. *Fokkelman*, Narrative Art in Genesis, S. 8: »Jeder Text verlangt seine eigene Hermeneutik, und das Ärgerliche daran ist, daß man ihre Konturen erst nach der Interpretation umreißen kann.«

58. Andere Kritiker haben biblische Traditionen unter literarischen Perspektiven untersucht, ohne die Rubrik »rhetorische Kritik« zu benutzen siehe z. B. *Luis Alonso-Schökel*, Estudios de Poetica Hebrea, Barcelona 1963; vgl. auch *ders.*, The Inspired Work, New York 1972; *Erich Auerbach*, Odysseus' Scar, in: Mimesis, Princeton 1953, S. 3–23; *Fokkelman*, Narrative Art in Genesis, A Literary Approach to the Bible; auch *ders.*, Biblical Narrative, in: Commentary 61 (Mai 1976), S. 61–67.

59. Vgl. *Frye*, Anatomy of Criticism, S. 7–8, 15–20; *Robertson*, The Old Testament and the Literary Critic, S. 6.

60. Vgl. *Giles Gunn*, Threading the Eye of the Needle: The Place of the Literary Critic in Religious Studies, in: JAAR 43 (1975), S. 183–184.

61. *Ricoeur*, Interpretation Theory, S. 79.

62. *James Barr*, Old and New in Interpretation, New York 1966, S. 137; *Tolbert*, Perspectives on the Parables, Kap. 4.

63. Ob wir Gen 1,1–2,4 a noch als ein priesterliches Dokument ansehen können, ist strittig; siehe z. B. *George M. Landes*, Creation Tradition in

Proverbs 8:22−31 and Gen 1, in: A Light unto My Path: Old Testament Studies in Honor of Jacob M. Myers, hg. von *Howard N. Bream*
u. a., Philadelphia 1974, S. 289; *P. A. H. de Boer*, Fatherhood and
Motherhood in Israelite and Judean Piety, Leiden 1974, S. 49.

64. Zur Inklusion, siehe *M. Dahood*, Poetry, Hebrew, in: IDBS, S. 670−
671.

65. Ein weiterer Gebrauch der Redewendung: »the heavens and the earth«
sondert den siebten Tag von den sechs anderen ab (2,1). Während die
Schöpfungsakte Gottes etwas mit Himmel und Erde zu tun haben, ist
der siebte der Tag der kreativen Ruhe.

66. *Karl Barth*, Church Dogmatics, Bd. 3, Teil 1, Edinburgh 1961, S. 98−
228; *Claus Westermann*, The Genesis Accounts of Creation, Philadelphia 1964, S. 12−22; *Bruce Vawter*, On Genesis: A New Reading, New
York 1977, S. 15−63.

67. *Trible*, Ancient Priests and Modern Polluters, S. 76−78.

68. *Philip Kapleau*, Three Pillars of Zen, Boston 1965, S. 167, 174.

69. *I. A. Richards*, The Philosophy of Rhetoric, London 1936, S. 89−138;
*Philip Wheelwright*, Metaphor and Reality, Bloomington 1962, S. 70−
91.

70. Contra *Sigmund Freud*, Beyond the Pleasure Principle, New York 1961,
S. 51−52; und *Norman O. Brown*, Life against Death, Middleton 1959,
S. 132−134.

71. *Hora*, Existential Metapsychiatry, S. 35.

72. Contra *Eric Doyle*, God and the Feminine, in: Clergy Review 44 (1971),
S. 873; über die Gefahr bei der Verwendung der Wörter »maskulin«
und »feminin«, siehe *Casey Miller* und *Kate Swift*, Words and Women,
Garden City, N.Y. 1976, S. 69−70, 160.

73. *Richards*, The Philosophy of Rhetoric, S. 120−127.

74. Eine Übersicht über die Ansichten zu diesem Vers findet man bei *Barth*,
Church Dogmatics, Bd. 3, Teil 1, S. 191−206; zu den Begriffen »Bild«
und »Ähnlichkeit«, siehe *J. Maxwell Miller*, In the »Image« and »Likeness« of God, in: JBL 91 (1972), S. 289−304, und die Bibliographie, die
dort angegeben wird; auch *John F. A. Sawyer*, The Meaning of
            (»in the Image of God«) in Gen I−XI, in: Journal of
Theological Studies 25, Teil 2 (1974), S. 418−426; vgl. *Hans Walter
Wolff*, Anthropology of the Old Testament, Philadelphia 1974, S. 159−
165.

75. Ich sehe keine historischen, philologischen, literarischen oder intentio-
nalen Verbindungen zwischen Gen 1,27 und der übrigen Schrift; ich
habe aber diesen Vers als meinen interpretativen Zugang gewählt.

76. Vgl. die Besprechung der grundlegenden Metaphern bei *Ricoeur*, Interpretation Theory, S. 64.

77. Teilmetaphern, die nicht im »Bild Gottes, als männlich und weiblich« enthalten sind, benutzen gewöhnlich unbelebte Vergleiche, wie z. B. Gott als Fels, Festung, Schild oder als Horn (vgl. Ps. 18,3).

78. *Paul D. Hanson*, Masculine Metaphors for God and Sex-Discrimination in the Old Testament, in: The Ecumenical Review 27 (1975), S. 316–324.

79. Diese drei Portraits sind nicht die einzigen in der Tradition , die zu dieser zweiten Funktion unserer Metapher gehören. Man könnte zum Beispiel auch Abschnitte aus der Geschichte von Abraham und Sara heranziehen (Gen 12,10–20; 18,1–15; 21,1–21) oder Juda und Tamar (Gen 38); Hanna und Elkana (1 Sam 1–2); Elia und die Witwe von Zarpat (1 Kön 17,8–24):

80. Die Begriffe »Bildempfänger« und »Bildspender« (engl./amer. »vehicle« und »tenor«) sind dem Buch N. Heinze, B. Schurf und G. Stein, Text + Dialog, Textverstehen: Sprache und Literatur, 1981, entnommen. (Anm. d. Übs.)

1. In ihrer biblischen Umgebung zeigt diese Volkssage die große Weisheit eines Königs, der angeblich Salomon sein soll, obwohl die Geschichte ihn nicht bei Namen nennt. Der Schlußsatz, der nicht eigentlich zu der Geschichte gehört, macht diese Funktion deutlich (1 Kön 3,28).

2. Übersetzungen vermitteln diesen subtilen Gebrauch des Wortes »Mutter« nicht immer. Zum Beispiel fügt die New English Bible das Wort in V. 26 ein, wo es im Hebräischen nicht vorkommt.

3. Vgl. *Georg Schmuttermayr*, RHM Eine lexikalische Studie, in: Biblica 51 (1970), S. 499−532; *Israel Eitan*, An Unknown Meaning of Raḥamim, in: JBL 53 (1934), S. 269−271.

4. Ich möchte noch einmal betonen, daß ich von semantischen Entsprechungen, nicht von Etymologien rede. Zu Trugschlüssen in bezug auf Wortstämme, siehe *James Barr*, The Semantics of Biblical Language, New York 1961; vgl. *John F. A. Sawyer*, Root-Meanings in Hebrew, in: Journal of Semitic Studies 12 (1967), S. 37−50.

5. Zur Diskussion über den Wortstamm *rḥm*, die deren Verwandtschaft mit dem Wort *ḥesed* vorhebt, siehe *Alfred Jepsen*, Gnade und Barmherzigkeit im Alten Testament, in: Kerygma und Dogma, Bd. 7 Göttingen, 1961, S. 261−271.

6. Die Quellenanalyse für diesen Text ist zwar schwierig, sie hat aber nichts mit unserem Problem zu tun: vgl. *Gerhard von Rad*, Genesis, Philadelphia 1961, S. 292−297.

7. Zu der Redewendung »Gott denkt an«, siehe *Brevard S. Childs*, Memory and Tradition in Israel, Naperville, Ill. 1962, S. 31−44, bes. S. 41.

8. Zu dem Verb »bilden« *(yṣr)*, vgl. Gen 2,7; Jes 27,11; 45,9−10.

9. Das Wort *beṭen*, das in dieser Dichtung dem Wort *reḥem* gleichgesetzt wird, ist ein allgemeiner Terminus, der den Unterleib bezeichnet. Obwohl er oft den Mutterleib meint, kann er auch den männlichen Unterleib bezeichnen (Ri 3,21−22). Aber *reḥem*, der Bildempfänger in unserer Metapher, gehört nur zur Frau. Siehe *Hans Walter Wolff*, Anthropology of the Old Testament, Philadelphia 1974, S. 63−64.

10. Zu der Formgebung dieses Gedichts, siehe *William L. Holladay*, The Architecture of Jeremiah 1−20, Lewisburg, Pa. 1976, S. 133; zur Analyse von *mrḥm* in Jer 20,17, vgl. *M. Dahood*, Denominative *riḥḥam*, »to conceive, enwomb« in: Biblica 44 (1963), S. 204−205.

11. Dieser Monolog wird besprochen in *Samuel Terrien*, Job: Poet of Existence, New York 1957, S. 40—50. Zu einer anderen Vokalisation der Konsonanten *mrḥm* in Ijob 3,11, siehe *Dahood*, Denominative *riḥḥam*, S. 205.

12. Jedoch kann Gottes Spruch auch Tod bedeuten, siehe Hos 9,11—14,16 und die Kommentare zu diesem Abschnitt in Kapitel 3.

13. Vgl. die Worte von Aaron an Moses: »Laß Mirjam doch nicht sein wie ein Totgeborenes, dessen Fleisch, wenn es aus seiner Mutter Leib *(mēreḥem)* hervorkommt, zur Hälfte verwest ist«. Nach sieben Tagen Isolation wurde Mirjam von Jahwe wieder aufgenommen (Num 12,9—15).

14. Zu Bindegliedern zwischen Jer 1,5 und Ps 22,9—10, siehe *William L. Holladay*, The Background of Jeremiah's Self-Understanding, in: JBL 83 (1964), S. 153—164.

15. Zu weiteren Kommentaren zu diesem Abschnitt, siehe Kapitel 3.

16. Siehe Kapitel 1.

17. Die mögliche Ausnahme ist Ps 112,4; der hebräische Text enthält keinen speziellen Hinweis auf Gott, obwohl der griechische (A) ihn gibt. Zu dieser Formel, siehe *David Noel Freedman*, God Compassionate and Gracious, in: Western Watch 6 (1955), S. 10—11; auch *ders.* The Name of the God of Moses, in: JBL 79 (1960), S. 151—156.

18. Einige Wissenschaftler haben auch eine »mütterliche« Bedeutung für den Terminus *hannûn* angenommen, siehe z. B. *Johs. Pedersen*, Israel, Bd. 1—2, London 1926, S. 309, 525; *Samuel Terrien*, Toward a Biblical Theology of Womanhood, in: Religion in Life 42 (1973), S. 328; *ebda.* The Power to Bring Forth, Philadelphia 1968, S. 115; *David Noel Freedman* und *Jack Lundbom* »     «, Theological Dictionary of the Old Testament, hg. von *G. Johannes Botterweck* und *Helmer Ringgren*, Grand Rapids, Mich., erscheint demnächst.

19. Meine Besprechung steht in The Gift of a Poem: A Rhetorical Study of Jeremiah 31,15—22, in: Andover Newton Quarterly 17 (März 1977), S. 271—280.

20. Nicht alle Wissenschaftler erkennen Jer 31,15—22 als eine poetische Einheit an. Zum Beispiel nennt *Brevard S. Childs* diesen Abschnitt — obwohl er zugibt, daß die Verse 15—20 einen erkennbaren Aufbau haben — »eine Folge von Einzelteilen, die lose miteinander verbunden sind«; die Verse 21—22 werden dabei nicht mit einbezogen, Memory and Tradition in Israel, S. 40. Siehe auch *Guy P. Couturier*, Jeremiah, in: The Jerome Biblical Commentary, Bd. 1, Englewood Cliffs, N.J. 1968, S. 326. Andererseits sieht *John Bright* V. 15—22 als dichterische

Einheit, Jeremiah, AB, New York 1965, S. 275–276, 284–286; auch *James Muilenburg*, Jeremiah, the Prophet, in: The Interpreter's Dictionary of the Bible, Nashville 1962, S. 834.

21. Zu dieser Interpretation, anstelle des traditionellen »in Rama«, siehe *Matitiahu Tsevat*, Studies in the Book of Samuel, in: Hebrew Union College Annual 33 (1962), S. 107–109; auch *Herbert Brichto*, Kin, Cult, Land and Afterlife – A Biblical Complex, in: Hebrew Union College Annual 44 (1973), S. 38–39.

22. An verschiedenen Stellen, einschließlich dieser zwei Trikola, ist meine Übersetzung dieses Gedichts William L. Holladay verpflichtet. Ich schließe mich seinem Vorschlag an, wenn ich das einleitende Wort dieser letzten Redeeinheit als ein emphatisches *kî* verstehe, das den Worten der Klage vorausgeht; vgl. Jer 4,8; 6,26: Vgl. *William L. Holladay*, A Concise Hebrew and Aramaic Lexicon of the Old Testament, Grand Rapids, Mich. 1971, S. 155; siehe auch *James Muilenburg*, The Linguistic and Rhetorical Usages of the Particle in the Old Testament, in: Hebrew Union College Annual 32 (1961), S. 135–160.

23. Die Anordnung der Wörter ist chiastisch, mit dem Imperativ im Zentrum: »Halte zurück vom Weinen deine Stimme, und deine Augen von Tränen«.

24. Die zweimal vorkommende Redewendung »Ausspruch Jahwes« ist schon in LXX für Übersetzer und Interpreten ein Problem gewesen, wo sie beide Male weggelassen wird, ebenso wie der gesamte Anfang von V. 17 (LXX Jer 38,16 b–17). Vgl. JB und NEB. Ich gehe von der endgültigen Form des hebräischen Textes aus.

25. Zum Beispiel KJV; RSV, AB; JB, NEB, NAB.

26. Der absolute Infinitiv *šāmôa'* geht der finiten Form *šāma'ti* voraus, »ich habe gehört«; siehe *Ronald J. Williams*, Hebrew Syntax, Toronto 1976, S. 37–38 (Abschn. 205).

27. Zu dieser Übersetzung, siehe *Bernhard W. Anderson*, The Lord Has Created Something New: A Stylistic Study of Jer 31,15–22, in: CBQ 40 (1978), S. 463–478.

28. Unterschiede bei der Interpretation hängen von der Bedeutung der Präposition $b^e$ in der ersten Redeeinheit von des Verbs *zākar* (»denken an«) in der zweiten ab. Die Präposition kann entweder einen positiven oder einen negativen Aussagewert haben. In ähnlicher Weise kann das Gedenken zum Wohl oder Wehe sein; vgl. Ps 25,6–7; 74,22; 79,8; Jer 31,34.

29. Wenn Übersetzer sich für eine negative Bedeutung des ersten Redeabschnitts entscheiden, so ist es doch nicht immer sicher, ob sie für den zweiten eine negative oder positive Bedeutung bevorzugen, z. B. KJV.

30. Wie das Verb »hören« in V. 18 ist auch das Verb »denken an« hier eine emphatische Aussage, deren finiter Form der absolute Infinitiv vorausgeht.

31. Siehe *Pedersen*, Israel, Bd. 1, S. 116−123.

32. Zu dem Wort *mē'ay hāmû*, vgl. auch Jes 16,11.

33. In diesen Parallelen ist das hebräische Wort für Mutterleib *beṭen*, nicht *reḥem*.

34. Eine Übersetzung, zu der es in der Diskussion mit William L. Holladay gekommen ist; vgl. KJV »therefore my bowels are troubled for him«.

35. Somit sind drei der vier Reden Gottes in der 1. Person syntaktisch gleich (V. 18 a,20 b,20 c); siehe Anm. 25 und 29 oben.

36. Da Strophe 5 nicht sagt, wer spricht, kann ich nicht beweisen daß die Stimme Jeremias Stimme ist. Tatsächlich wird durch das Schweigen über die Identität des Sprechenden die Aufmerksamkeit nur auf das Gesagte konzentriert − das von weiblichen Worbedeutungen überfließt.

37. Zur Endbetonung, siehe *Axel Olrik*, Epic Laws of Folk Narrative, in: The Study of Folklore, hg. von *Alan Dundas*, Englewood Cliffs, N.J. 1965, S. 129−141.

38. Vgl. die Verwendung einer rhetorischen Frage in Strophe 4, V. 20 a.

39. Obwohl diese Rubriken, nach Holladay, erst nachträglich hinzugefügt wurden, gehören sie zu der endgültigen Form des Gedichts, und es ist diese Form, die ich *rhetorisch-kritisch* untersuche.

40. Die hebräische Wortfolge zeigt diesen Wechsel deutlich: »denn es hat geschaffen (Innovation) Gott (Kontinuität) ein Neues (Innovation) in dem Land (Kontinuität).

41. Vgl. Ps 55,10; 59,6,14; Jona 2,3,5.

42. Zu *tᵉsôbēb* (»umgeben«) als Verb, das Gottes Macht ausdrückt, siehe Deut 32,10; Ps 32,7,10.

43. Es ist nicht meine Absicht, alle Bedeutungen von *geber* zu diskutieren, sondern mich auf diejenigen zu konzentrieren, die zu den männlichen Bildern in diesem Gedicht passen.

44. Zum Beispiel 1 Sam 14,52; 17,51. Zu der Diskussion über diesen Vers, die die Bedeutung von *geber* als Krieger oder männlichem Mann herausarbeitet, siehe *William L. Holladay*, Jer XXXI 22 B Reconsidered: »The Woman Encompasses the Man«, in: VT 16 (1966), S. 236−239; *ders.* Jeremiah and Women's Liberation, in: Andover Newton Quarterly 12 (März 1972), S. 213−223; *ders.* Jeremiah: Spokesman Out of Time, Philadelphia 1974, S. 116−117.

45. In bezug auf die Struktur des Zweiten Jesaja folge ich der Beschreibung

der Strophen, die *James Muilenburg* vorgelegt hat, The Book of Isaiah, Chapter 40−66, in: The Interpreter's Bible, Bd. 5, Nashville 1956, S. 381−773. Eine ganz andere Stilanalyse, die sich auf die Untersuchung des Genres und nicht der Strophe gründet, findet man bei *Roy F. Melugin*, The Formation of Isaiah 40−55, Berlin 1976.

46. Siehe *Muilenburg*, The Book of Isaiah, S. 564−578.

47. Einen ähnlichen Gebrauch dieser beiden hebräischen Wörter gibt es bei Jes 13,18. In V. 46,3 setzt der Zweite Jesaja die Nomen *rehem* und *beten* parallel. Eine andere abwechselnde Punktierung der Konsonanten *mrhm* (49,15 a) mit der Interpretation »eine Schwangere« schlägt *Dahood* vor in: Denominative *rihham*, S. 204.

48. Vgl. aber die Tochter Babel, die keine Mutterliebe *(rah^amîm)* für die Kinder Gottes hatte (Jes 47,5−6).

49. Eine ähnliche Rede zur Anklage des Volkes, vgl. Jer 2,32.

50. Siehe *Muilenburg*, The Book of Isaiah, S. 728−744.

51. Zu dieser Übersetzung, vgl. ebda S. 736. Zu den Worten »the trembling of the womb and thy compassion«, vgl. KJV: »the sounding of thy bowels and of thy mercies«.

52. Vgl. die Ausgewogenheit von »weiblicher« und »männlicher« Sprache in Jes 45,10; 49,23 51,2; auch Ps 123,2; Jer 16,1−3,7,9. Jer 31,8 stellt Paare auf von maskulinen Singularformen (»die Blinde und die Lahme«) und weiblichen Singularformen (»die Schwangere und die Gebärende«).

53. Zu Fragen der Komposition, siehe *Otto Kaiser*, Isaiah 1−12, Philadelphia 1972, S. 131−140.

1. Zur Hebamme, vgl. Gen 35,17; 38,28; Ex 1,15−21.
2. Vgl. Ps 131,2, wo Gott auch mit einer Mutter verglichen wird; im Gegensatz zur RSV erwähnt das Hebräische jedoch die »Brust« der Mutter nicht.
3. Zur Assoziation der Wörter *šadday* und *šadayim*, vgl. *Frank Moore Cross*, Canaanite Myth and Hebrew Epic, Cambridge 1973, S. 52−60, und die Literaturangaben dort; vgl. auch *Maurice A. Canney*, Shaddai, in: Expository Times 34 (1922−23), S. 332. Ich hebe das Wortspiel in Gen 49,15 hervor, nicht die Etymologie der beiden Wörter.
4. Vgl. *James Luther Mays*, Hosea, Philadelphia 1969, S. 131−135.
5. Zu dem Lied des Mose, siehe *G. Ernest Wright*, The Lawsuit of God. A Form-Critical Study of Deutoronomy 32, in: Israel's Prophetic Heritage, hg. von *Bernhard W. Anderson* und *Walter Harrelson*, New York 1962, S. 26−67; *C. J. Labuschagne*, The Song of Moses. Its Framework and Structure, in: De Fructu Oris Sui, hg. von *I. H. Eybers, F. C. Fensham* u. a., Leiden 1971, S. 85−98; vgl. aber *Patrick W. Skehan*, The Structure of the Song of Moses in Deutoronomy (Deut 32,1−43, in: CBQ 13 (1951), S. 153−163.
6. Deut 32,4,15,18,30,31. Man beachte auch die chiastische Anordnung von Felsen und Gott in 32,4,15,18.
7. Zum Vater als einem Zeugenden, siehe auch z. B. Gen 4,18; 10,8,15,24,26; 22,23; 25,3: Zur Mutter als einer Gebärenden, siehe auch z. B. Gen 4,1,2,17; 21,7; 29,32,33,34.
8. Siehe z. B. Jes 13,8; 26,17; 51,2; 54,1. Das Verb wird metaphorisch auch für die Natur gebraucht: Jes 23,4; Hab 3,10; Spr 25,23; Ijob 15,7; 39,1.
9. Die Übersetzung von JB ist unzulässig: »You forget the Rock who begot you, unmindful now of the God who fathered (sic) you«.
10. *Salvador Carillo Alday*, El Cantico de Moises, Madrid 1970, S. 85.
11. Vgl. auch Jes 51,2; Spr 1,8; 6,20; 30,11,17. Obwohl Jer 2,27 a manchmal als zusätzlicher Parallelismus von Vater (Baum) und Mutter (Stein) interpretiert wird, sichert das Verb der Fortpflanzung *(y$^e$lidtānû)* einen Bezug auf mütterliches Gebären nicht ab, vielmehr kann, angesichts von Jer 3,9 das Verb eher heißen, »du zeugtest mich« und auf den Ehebruch des weiblichen Teils mit einem männlichen Gott (Baum und Stein) hinweisen.

12. *S. R. Driver*, A Critical and Exegetical Commentary on Deutoronomy, International Critical Commentary, Edinburgh 1895, S. 363—364.
13. Vgl. auch Jes 66,8,9; 23,4; Ijob 15,7; 39,1—3.
14. Das Gedicht, in dem dieser Ausruf vorkommt, besteht aus einer Einleitung und drei Strophen: Jes 42,5,6—9,10—13,14—17. Die zweite Strophe endet mit Jahwe als Kriegsmann (V. 13), und die dritte beginnt mit Jahwe als einer Gebärenden (V. 14). Zu diesem Wechsel, sowie auch zu dem ganzen Gedicht, siehe *James Muilenburg*, The Book of Isaiah, Chapters 40—66, in: The Interpreter's Bible, Bd. 5, Nashville 1956, S. 467—474. Aber vgl. *Roy F. Melugin*, The Formation of Isaiah 40—55, Berlin 1967, S. 23, 64—69, 98—103.
15. Wie Muilenburg interpretiere ich V. 14 als einen Gegensatz zwischen damals (14 a) und jetzt (14 b); siehe The Book of Isaiah, S. 473. Jahwes Zurückhaltung (14 a) ist das Gegenteil von dem Gott, der aufschreit wie eine Frau in Wehen (14 b). Eine andere Ansicht findet man bei *John McKenzie*, Second Isaiah, AB, New York 1968, S. 44.
16. »Die Vorstellung von Jahwe in Wehen hat eine Tiefe, die für uns heute schwer nachvollziehbar ist«. Muilenburg, The Book of Isaiah, S. 473.
17. Siehe ebda., S. 757—769.
18. Zu der Form dieses Verbs, siehe *McKenzie*, Second Isaiah, S. 205, Anm. 6.
19. Dieses Objekt erscheint nicht in der Übersetzung.
20. Ri 13,3,5; Jes 26,17,18; 33,11; Ijob 15,35.
21. Jes. 49,23; 2 Kön 10,1; vgl. KJV; NAB.
22. *P. A. H. de Boer*, Fatherhood and Motherhood in Israelite and Judean Piety, Leiden 1974, S. 35; vgl. *G. B. Gray*, A Critical and Exegetical Commentary on Numbers, Edinburgh 1912, S. 108.
23. *Martin Noth*, Numbers, Philadelphia 1968, S. 86—87; auch NEB, JB.

1. Eine Dokumentation zu dieser Behauptung von TheologInnen und BibelforscherInnen ist kaum nötig. Zu neueren Darstellungen frauenfeindlicher Sicht, siehe *Merlin Stone*, When God Was a Woman, New York 1976, S. 5–8, 198–233; *June Singer*, Androgyny, Toward a New Theory of Sexuality, New York 1976, S. 85–100.

2. Mein Verständnis des Eros verdanke ich hauptsächlich *Sigmund Freud*, Beyond the Pleasure Principle, New York 1961, S. 44–55; *Herbert Marcuse*, Eros and Civilization, Boston 1955; und *Norman O. Brown*, Life against Death, Middleton, Conn. 1959, bes. S. 40–54. Besonders beeinflußt worden bin ich von Marcuses Auffassung, daß Eros und Agape schließlich doch ein und dasselbe ist – »nicht daß Eros Agape, sondern Agape Eros ist« (S. 210); vgl. *Paul Tillich*, Dynamics of Faith, New York 1957, S. 114–115. Infolgedessen verwende ich das Wort »Eros« ganz anders als *Anders Nygren*, Agape and Eros, Philadelphia 1953, und *Ernest Becker*, The Denial of Death, New York 1973, S. 150–175.

3. Eine andere Strukturanalyse mit entsprechenden Bedeutungsunterschieden, siehe *Jerome T. Walsh*, Genesis 2,4 b–3,24, A Synchronic Approach, in JBL 96 (1977), S. 161–177.

4. Ironie gibt es überall in Gen 2–3. Vgl. z. B. *Edwin M. Good*, Irony in the Old Testament, Philadelphia 1965, S. 81–84. Eine neuere literarkritische Untersuchung über das Phänomen der Ironie ist *Wayne C. Booth*, A Rhetoric of Irony, Chicago 1974. Da es sich jedoch auf »stabile Ironie« beschränkt, ist Booths Abhandlung nicht so hilfreich, wie sie sein könnte.

5. Ich möchte das Wort *nephesh* nicht übersetzen, da in ihm die Totalität des »Selbst« mitschwingt. Vgl. *Hans Walter Wolff*, Anthropology of the Old Testament, Philadelphia 1974, S. 10–25.

6. Vgl. *Terence E. Fretheim*, Creation, Fall and Flood, Minneapolis 1969, S. 70–71.

7. Wenn ich das Wort *hā-'ādām* mit »the earth creature« übersetze, schließe ich mich Professor Prescott Williams vom Presbyterian Theological Seminary, Austin, Tex. an. Vgl. »the earthling« bei *Adrien Janis Bledstein*, The Genesis of Humans, The Garden of Eden Revisited, in: Judaism 26, 1977, S. 190; auch bei *E. A. Speiser*, Genesis, AB, New

York, 1964, S. 16. Über das viermalige Vorkommen des Wortes *'ādām* ohne den bestimmten Artikel (Gen 2,5,20; 3,17,21), siehe *Ernest Lussier*, Adham in Genesis 1,1−4,24, in: CBQ 18 (1956), S. 137−139; auch *Speiser*, Genesis, S. 18.

8. Um jegliches Mißverständnis über eine geschlechtliche Differenzierung des Erdgeschöpfs vor Episode 4 zu vermeiden (Gen 2,21−24), benutze ich das neutrale Personalpronomen »es«.

9. *Gerhard von Rad*, Genesis, Philadelphia 1961, S. 79−80.

10. Zu Gen 2,10−14, siehe *U. Cassuto*, A Commentary on the Book of Genesis, Teil 1, Jerusalem 1961, S. 114−121.

11. Vgl. *Marcuses* Unterscheidung zwischen Mühsal und Arbeit, in: Eros and Civilization, S. 212−221, auch *Hannah Arendt*, The Human Condition, Chicago 1970, S. 79−174.

12. Wissenschaftliche Versuche, die Redewendung »Erkenntnis des Guten und Bösen« zu erklären, sind Legion. Siehe W. *Malcolm Clark*, A Legal Background to the Yahwist's Use of ›Good and Evil‹ in Genesis 2−3, in: JBL 88, 1969, S. 266−278 und die dort angegebene Bibliographie.

13. Ex 18,4; Deut 33,7,26,29; Ps 33,20; 115,9−11; 121,2; 124,8; 146,5. Vgl. *Clarence J. Vos*, Women in the Old Testament Worship, Amsterdam, o. J., S. 16.

14. Vgl. *Susanne K. Langer*, Philosophy in a New Key, Cambridge 1973, S. 103−143.

15. Vgl. *David Tobin Asselin*, The Notion of Dominion in Genesis 1−3, in: CBQ 16 (1954), S. 277−294.

16. Obwohl ich die traditionelle Übersetzung »Rippe« für das hebräisiche Wort ṣēlā' beibehalte, meine ich nicht, daß diese Bedeutung sakrosankt ist. Das Wort kann auch ebensogut mit »Seite« übersetzt werden; siehe *Koehler-Baumgartner*, Lexicon in Veteris Testamenti Libros, Leiden 1958, S. 805.

17. An anderem Ort habe ich die Interpretation von *hā-'ādām* als androgyn bis zur Differenzierung von weiblich und männlich in Gen 2,21−24 vorgeschlagen, *Phyllis Trible:* Depatriarchalizing in Biblical Interpretation, in: JAAR 41 (1973), S. 35, 37−38. Ich halte diese Deutung jetzt nicht mehr für richtig, weil das Wort »androgyn« Sexualität voraussetzt, wohingegen das Erdgeschöpf noch sexuell undifferenziert ist. Das Erdgeschöpf für den Menschen oder den Proto-menschen zu halten, ist, meine ich, legitim.

18. Siehe *Walter Brueggemann*, Of the Same Flesh and Bone (Gen 2,23 a), in: CBQ 32 (1970), S. 532−542.

19. *Trible*, Depatriarchalizing, S. 38.

20. Obwohl ich die traditionelle Übersetzung »diese soll heißen« beibehalten habe, kann man das hebräische Verb auch im Präsens wiedergeben: »sie heißt«. Diese letztere Übersetzung ist in diesem Kontext vorzuziehen, da sie einfache Erkenntnis ohne eine weitere Bestimmung aussagt (vgl. Jes 54,5; Spr 16,21).

21. Siehe *Fretheim*, Creation, Fall and Flood, S. 78−79; *Eugene C. Bianchi* und *Rosemary R. Ruether*, From Machismo to Mutuality, New York 1976, S. 12−13.

22. Contra *Walsh*, Genesis 2,4 b−3,24, A Synchronic Approach, S. 174, Anm. 32.

23. Vgl. *Vos*, Women in Old Testament Worship, S. 17.

24. Das Verb *bnh* wird für Städte, Türme, Altäre und Befestigungen sowie auch für die erste Frau gebraucht *(Koehler-Baumgartner*, Lexicon, S. 134). In Gen 2,22 kann es bedeuten, daß Lehm um die Rippe herum geformt wurde, siehe *Ruth Amiran*, Myths of the Creation of Man and the Jericho Statues, in: Bulletin of the American Schools of Oriental Research 167 (1962), S. 24−25.

25. Siehe *John L. McKenzie*, The Literary Characteristics of Gen 2−3, in: Theological Studies 15 (1954), S. 559−560; vgl. *John A. Bailey*, Initiation and the Primal Woman in Gilgamesh and Genesis 2−3, in: JBL 89 (1970), S. 143; *Claus Westermann*, Genesis, Biblischer Kommentar 1/ 4, Neukirchen-Vluyn 1970, S. 312.

26. Contra *Norman O. Brown*, Love's Body, New York 1966, S. 84.

27. Contra *Cassuto*, Commentary on the Book of Genesis, S. 137; aber vgl. *Wolff*, Anthropology of the Old Testament, S. 172.

28. *Westermann*, Genesis, S. 316−317. Zu anderen Auffassungen, vgl. *von Rad*, der behauptet, daß »ein Fleisch« Nachwuchs bedeutet, in: Genesis, S. 82, und *Hermann Gunkel*, der sagt, daß die Redewendung Geschlechtsverkehr meint, in: Genesis, Handbuch zum Alten Testament, Göttingen 1902, S. 10.

29. Vgl. *Freud*, Beyond the Pleasure Principle, S. 56.

30. Über Rahmen, siehe Kap. 1, Anm. 61.

31. Gen 2,25 hat also eine doppelte Funktion, es ist der Epilog zur vierten Episode von Szene 1 und der Prolog zu Szene 2.

32. Über die Konnotation der Schutzlosigkeit bei dem Wort »nackt« *('ārôm)*, siehe *Good*, Irony in the Old Testament, S. 83, Anm. 3.

33. Für manche WissenschaftlerInnen weist das Wort *'ārûm* zusammen mit anderen Wörtern und Themen auf ein Weisheitsmilieu in Gen 2−3 hin; siehe *Luis Alonso-Schökel*, Sapiential and Covenant Themes in Genesis 2−3, in: Studies in Ancient Israelite Wisdom, hg. von *James L.*

Crenshaw, New York 1976, S. 468–480; *George E. Mendenhall*, The Shady Side of Wisdom, The Date and Purpose of Genesis 3, in: A Light Unto My Path, Old Testament Studies in Honor of Jacob M. Myers, hg. von *Howard N. Bream* u. a. Philadelphia 1974, S. 319–334.

34. Zu dieser Art von Ambivalenz, vgl. *William Empson*, Seven Types of Ambiguity, New York 1966, S. 133–154. Über den Hintergrund der Schlange in Gen 3, siehe *Brevard S. Childs*, Myth and Reality in the Old Testament, Naperville, Ill. 1960, S. 42–48; *Karen Randolph Joines*, Serpent Symbolism in the Old Testament, Haddonfield, N.J. 1974, S. 16–41. Zu einer Interpretation der Schlange, siehe *Paul Ricoeur*, The Symbolism of Evil, Boston 1967, S. 252–260; und vgl. *Thomas Hora*, Existential Metapsychiatry, New York 1977, S. 216–220.

35. Vgl. *Langer*, Philosophy in a New Key, S. 104, 200.

36. Siehe oben zu Gen 2,16, S. 86–87: riechen (2,7), sehen (2,9), schmekken (2,9), hören (2,16).

37. Siehe *George Foot Moore*, Judaism, Bd. 1, Cambridge 1950, S. 258–259. *Phyllis Trible*, Biblical Theology as Women's Work, in: Religion in Life 44 (Frühjahr 1975), S. 8.

38. Über die Anwesenheit des Mannes, siehe *Katharine D. Sakenfield*, The Bible and Women, Bane or Blessing? in: Theology Today 32 (1975), S. 225; *Jean M. Higgins*, The Myth of Eve, The Temptress, in: JAAR 44 (1976), S. 646–647.

39. *Good*, Irony in the Old Testament, S. 84.

40. Um auf die Unvereinbarkeiten zwischen Szene 1 und Szene 3 einzugehen, habe ich absichtlich eine andere Terminologie für ihre jeweilige Einteilung gewählt. Insofern ist Szene 1 in vier Episoden und Szene 3 in vier Teile aufgeteilt.

41. Vgl. *Cassuto*, A Commentary on the Book of Genesis, S. 150–155.

42. *Clark*, A Legal Background, S. 277–278.

43. Vgl. *Good*, Irony in the Old Testament, S. 84: Sobald der Menschen Einheit zu Solidarität in der Sünde wird, bricht sie auseinander.

44. In der ganzen Erzählung haben einige Verse die Funktion der Überleitung zwischen den Abschnitten: 2,7; 2,25; 3,8; 3,14 a.

45. Ähnlich *Fretheim*, Creation, Fall and Flood, S. 82.

46. Die Strafe besteht nicht so sehr in diesen Urteilssprüchen, sondern in der Vertreibung aus dem Garten, siehe unten über Gen 3,22–24. Vgl. *George W. Coats*, The God of Death, in: Int 29 (1975), S. 231–232.

47. Contra *Speiser*, Genesis, S. 24.

48. *Cassuto*, A Commentary on the Book of Genesis, S. 165.

49. *Speiser*, Genesis, S. 24.

50. Eine andere Auffassung vertritt *Susan T. Floh*, What Is the Woman's Desire? in: Westminster Journal of Theology 37 (1974–75), S. 376–383, auch *Vos*, Women in Old Testament Worship, S. 24.

51. Vgl. *Marcuse*, Eros and Civilization, S. 212–221.

52. Siehe *von Rad*, Genesis, S. 96–98.

53. Vgl. *Issac M. Kikawada*, Two Notes on Eve, in: JBL 91 (1972), S. 33–37.

54. Falls das Wort *hā-'ādām* in den Schlußversen (3,22–24) nicht als generischer Terminus, sondern nur auf den Mann bezogen wird, sagt die Geschichte nicht, daß auch die Frau aus dem Garten vertrieben wurde (vgl. *Higgins*, The Myth of Eve, S. 645). Obwohl diese Interpretation verlockend sein mag, wird sie durch die ineinandergreifenden Strukturen und Motive der Geschichte nicht erhärtet.

1. Zur Geschichte der Interpretationen, siehe *H. H. Rowley*, The Interpre-
   tation of the Song of Songs, in: The Servant of the Lord and Other
   Essays, London 1952, S. 189–234; *Christian D. Ginsburg*, The Song of
   Songs and Cohelet, New York 1970, S. 20–126. Vgl. *Roland E. Mur-
   phy*, Towards a Commentary on the Song of Songs, in: CBQ 39 (1977),
   S. 482–496. Der Kommentar von *Martin H. Pope* kam für meinen
   Aufsatz zu spät (Song of Songs, AB, New York 1977).

2. Daß die Sprache manchmal schwer zu begreifen ist, liegt daran, daß (1)
   in einigen Abschnitten das Hebräische selbst ungesichert ist (siehe die
   Anmerkungen in *H. L. Ginsbergs* The Five Megilloth and Jonah, Philadelphia 1969, S. 5–17), und (2) einige Abschnitte in ihrem jetzt
   vorliegenden Kontext schwer verständlich werden (z. B. 2,15 und 8,8).

3. Z. B. ist die Einladung in 5,1,e f, zu essen und sich zu berauschen,
   verschiedentlich (1) dem Dichter zugeschrieben worden, *(Gillis Gerleman*, Ruth – Das Hohelied, Biblischer Kommentar, Altes Testament,
   Neukirchen-Vluyn 1965, S. 162), (2) einigen der Töchter Jerusalems
   *(Ginsburg*, The Song of Songs and Coheleth, S. 163), (3) einem Chor
   *(Hugh J. Schonfield*, The Song of Songs, New York 1959, S. 111), (4)
   dem Mann *(L. Krinetzki*, Das Hohe Lied, Düsseldorf 1964, S. 177), und
   (5) der Frau *(Robert Gordis*, The Song of Songs, New York 1954, S. 61).
   So ähnlich ist es bei 8,5 a, das den Töchtern Jerusalems in der NAB, aber
   von *Roland E. Murphy* dem Mann zugeschrieben wird (Murphy, The
   Structure of the Canticle of Canticles, in: CBQ 11 (1949), S. 391. Zu
   weiteren Abschnitten, in denen es unklar bleibt, wer der Sprechende ist,
   gehören 3,6 ff.; 7,1–2 und 8,1–12.

4. Vgl. *Roland E. Murphy*, Form-Critical Studies in the Song of Songs, in:
   Int 27 (1973), S. 417.

5. Bei dem erotischen Erkennen in Gen 2,23 sind die Bezeichnungen *'iššâ*
   und *'îš* von zentraler Bedeutung. Im Hohenlied kommt das Wort *'iššâ*
   im Plural in einem Refrain vor, der die Schönheit der Geliebten über alle
   Frauen preist (1,8; 5,9; 6,1); das zweimalige Vorkommen des Wortes *'îš*
   (3,8; 8,7) bezieht sich nicht auf den Geliebten. Statt dieses Vokabulars
   werden Wörter der Zärtlichkeit wie »Schwester« und »Braut« (4,9–12),
   »Bruder« (8,1) und »König« (1,4,12) verwendet. Die vorherrschenden
   Ausdrücke sind *dôdî*, das von der Frau für den Mann gebraucht wird,

und *ra'yāh*, das der Mann für die Frau benutzt. Ich übersetze das erstere als »lover« (Liebender) (wie NAB) und das letztere als »love« (Liebe) (wie RSV). Ich vermeide das Wort »beloved« (Geliebte/r) gänzlich, aber insbesondere für die Frau, weil in dem Wort eine Passivität steckt, die mit der Beschreibung der Frau im Lied der Lieder nicht übereinstimmt.

6. Stilistische und sprachliche Analysen des Hohenliedes weichen in ihren Ergebnissen sehr voneinander ab. Zu den hier vorgelegten Auffassungen, vgl. z. B. *Franz Landsberger*, Poetic Units Within the Song of Songs, in: JBL 73 (1954), S. 203–216; *Krinetzki*, Das Hohe Lied; *J. Angénieux*, Structure du Cantique des Cantiques, in: Ephemerides theologicae lovaniensis 41 (1965) S. 96–142; *Gerleman*, Ruth – Das Hohelied, S. 52–62; *J. Cheryl Exum*, A Literary and Structural Analysis of the Song of Songs, in: Zeitschrift für die alttestamentliche Wissenschaft 85 (1973), S. 47–79. Vgl. die englische Versübertragung von *Marcia Falk*, The Song of Songs, New York 1977.

7. Kapitel 2,8–17 macht den ersten der beiden Hauptabschnitte innerhalb des zweiten Satzes aus, 3,1–4 den zweiten. Am Anfang der ersten Einheit (2,9 a) beschreibt die Frau ihren Liebhaber als »eine Gazelle oder einen jungen Hirsch«, am Ende (2,17 b) drängt sie ihn, wie »eine Gazelle oder ein junger Hirsch«, zu sein. Innerhalb dieses Rahmens ist eine weitere Ringkomposition durch die Wörter gegeben: »Mach dich auf, meine Freundin …« (V. 10,13).

In der ganzen Einheit herrscht das Motiv der Stimme *(qôl)* vor (8,12,14). Die zweite Einheit bildet auch einen Rahmen. Die Suche nach »ihm, den meine *nephesh* liebt« (3,1) findet ihren Abschluß in »fand ich ihn, den meine *nephesh* liebt« (3,4). Man beachte auch noch die beiden anderen Male, wo diese Redewendung vorkommt (3,2,3). Vgl. *Exum*, A Literary and Structural Analysis, S. 54–55.

8. Vgl. auch den Gefühlsausdruck »deine Liebe ist köstlicher als Wein«. Im ersten Satz richtete die Frau diese Worte an den Mann (1,2), im dritten der Mann an die Frau (4,10).

9. Ich habe nicht alle Entsprechungen zwischen diesen fünf *Sätzen* untersucht, sondern mich auf die Wiederholungen, die jeden Abschnitt kennzeichnen, konzentriert. Der kreisförmige Gesamtentwurf wird weiterhin durch Wörter und Themen im fünften *Satz* deutlich, die zu dem ersten zurückkehren. Z. B. 8,11–13 greift auf 1,5–7 zurück (vgl. Hüter, Weinberge, Salomo und Gefährten. Vgl. auch die die Wiederholungen mit Variationen vom Motiv der Liebe (1,3–4 und 8,6–7), der Mutter (1,6 und 8,5), der Zeder (1,17 und 8,9), der Frucht (2,3 und 8,11–12) und des Apfelbaums (2,3 und 8,5).

10. Vgl. die Diskussion über die Struktur von Gen 2 in Kap. 4.

11. Zu den Metaphern in 4,12−5,1, siehe *Edwin M. Good,* Ezekiel's Ship, Some Extended Metaphors in the Old Testament, in: Semitics 1 (1970), S. 94−97.

12. Zu »essen«, siehe auch Hld 2,3; 4,16; 5,1 c; und »trinken«, 5,1 d.

13. Diese Beschreibungen der körperlichen Schönheit einer Liebenden sind im Arabischen unter dem Terminus *wasf* bekannt. Zu einer Diskussion über dieses Genre in 4,1−7, siehe *Murphy,* Form-Critical Studies, S. 418−420. Vgl. *Richard N. Soulen,* The Wasfs of the Song of Songs and Hermeneutic, in: JBL 86 (1967), S. 183−190.

14. Man beachte den Chiasmus von Hüter/Weinberg/Weinberg/gehütet.

15. In 1,7; 2,16 und 6,3 hat das Verb »weiden« *(r'h)* im hebräischen Text kein direktes Objekt. Oft fügen die Übersetzer das Objekt »Schafe« (oder »Herde«) hinzu, um den Mann zu einem Schafhirten zu machen (RSV; NEB, JB, NAB). Es ist aber wahrscheinlicher, daß das Verb ein *double entendre* für Liebesspiel ist.

16. Siehe *Albert Cook,* The Root of the Thing, Bloomington 1968, S. 106, 125.

17. Die Szenerie des Hohenliedes ist weder urzeitlich noch eschatologisch. Die Liebenden leben nicht vor dem Ereignis des Ungehorsams. Auch gehören sie nicht in eine Zukunft, die noch nicht Wirklichkeit geworden ist. Contra *Karl Barth,* Church Dogmatics, Bd. 3, Teil 2, Edinburgh 1960, S. 291−300. Statt dessen schildert sie eine gegenwärtige Realität.

18. Somit gehört das Wort »Verlangen« bei zweien seiner dreimaligen Vorkommen im Alten Testament in einen sexuellen Kontext, das dritte Mal (Gen 4,7) ist es ganz anders.

19. Vgl. *Cook,* The Root of the Thing, S. 146−151.

20. Zu dieser Übersetzung siehe *Ginsberg,* The Five Megilloth and Jonah, S. 16.

21. Vgl. *Kornelis H. Miskotte,* When the Gods Are Silent, London 1967, S. 265 ff.

22. Contra z. B. *Franz Rosenzweig,* The Star of Redemption, Boston 1972, S. 156, 199−204, und *Miskotte,* When the Gods are Silent, S. 268−271.

23. Man beachte das Fehlen irgendeines Hinweises auf Fortpflanzung bei dem Menschenpaar in Gen 2; siehe oben, Kap. 4. Vgl. auch die Hinweise auf das Gebären *(yld)* in Gen 3,16 und Hld 8,5.

24. Vgl. *Brevard S. Childs,* Biblical Theology in Crisis, Philadelphia 1970, S. 192 ff. *Gerleman,* Ruth − Das Hohelied, S. 72−75, 83−85.

1. Zu dem Genre der Rut-Geschichte, siehe *Edward F. Campbell, Jr.*, The Hebrew Short Story, A Study of Ruth, in: A Light Unto My Path, Old Testament Studies in Honor of Jacob M. Myers, hg. von *Howard N. Bream* u. a., Philadelphia 1974, S. 83–101; Eine detaillierte Exegese auch bei *Edward F. Campbell, Jr.*, Ruth, AB, New York 1975. Daß ich diesem Kommentar zu Dank verpflichtet bin, wird überall sichtbar, auch wo meine Ansichten abweichen.

2. Vgl. *Stephen Bertman*, Symmetrical Design in the Book of Ruth, in: JBL 84 (1965), D. 165–168; *Yehuda T. Radday*, Chiasm in Joshua, Judges and Others, in: Linguistica Biblica 3 (1973), S. 7–9.

3. Obwohl diese Worte zeigen, wieviel ich dem Strukturalismus verdanke, nehme ich keine Strukturanalyse der Rut-Geschichte vor, ich erforsche nur den Gesamtentwurf (siehe Kap. 1, Anm. 34, oben). Zu Rut und dem Strukturalismus, siehe *Hagia Hildegard Witzenrath*, Das Buch Rut, eine literaturwissenschaftliche Untersuchung, in: Studien zum Alten und Neuen Testament 40, München 1975.

4. Man beachte auch, daß Elimelech in V. 3 »Noomis Mann« genannt wird, nachdem sie in V. 1 »seine Frau« war. Der Schwerpunkt der Geschichte verlagert sich also auf die Frauen.

5. Vgl. *Edmund Leach*, The Legitimacy of Solomon, Some Structural Aspects of Old Testament History, in: Introduction to Structuralism, hg. von *Michael Lane*, New York 1970, S. 268–277.

6. Zu Behauptungen, daß das Buch Rut poetische Vorgänger habe, siehe *Jacob M. Myers*, The Linguistic and Literary Form of the Book of Ruth, Leiden 1955; *George S. Glanzman*, The Origin and Date of the Book of Ruth, in: CBQ 21 (1959), S. 201–207.

7. Siehe Hld 3,4; 8,2; auch Gen 24,28.

8. Zu anderen Interpretationen der Redewendung »Haus ihrer Mutter«, siehe *Campbell*, Ruth, S. 64–65.

9. »Freundlichkeit« ist wohl kaum eine angemessene Übersetzung von ḥesed; siehe *Nelson Glueck*. Ḥesed in the Bible, Cincinnati 1967; *Katharine D. Sakenfield*, Studies in the Usage of the Hebrew Word Ḥesed, (Ph. D. Dissertation, Harvard 1970).

10. Zu dem Motiv der Rückkehr, siehe *Werner Donnershausen*, Leitwortstil in der Ruthrolle, in: Theologie im Wandel, München Freiburg 1967, S. 394–407.

11. Zu dem Wort *me'ay* als »Gebärmutter«, vgl. unsere Diskussion über Jer 31,20 (Kap. 2) und das Hohelied 5,4 (Kap. 5).

12. Siehe *Phyllis Trible*, The Radical Faith of Ruth, in: To Be a Person of Integrity, hg. von *R. James Ogden*, Valley Forge 1975, S. 47; *Campbell*, Ruth, S. 82.

13. Die Beschreibung von Rut, als einer, die Noomi »anhängt« *(dbq)* (1,14), sowie Ruts Worte an Noomi »dringe nicht in mich, dich zu verlassen« *('zb)* erinnern an den ersten Menschen in Gen 2,24, der seinen Vater und seine Mutter verließ *('zb)*, um seinem Weibe anzuhängen *(dbq)*; siehe Kap. 4 oben.

14. Zu dem Namen »Noomi«, siehe *Campbell*, Ruth, S. 52–53.

15. Das Gegensatzpaar Leere/Fülle ist von *D. F. Rauber* erforscht worden, in: Literary Values in the Bible, The Book of Ruth, in: JBL 89 (1970), S. 27–37.

16. Zu der Übersetzung »a man of substance« (»ein einflußreicher Mann«), siehe *Campbell*, Ruth, S. 90.

17. Ich meine, daß diese Redewendung keine bestimmte Bedeutung hat und sich nicht speziell auf Boas bezieht. In 2,1 bereitet der/die ErzählerIn den/die LeserIn auf eine Verbindung zwischen Boas und dem einen vor, in dessen Augen Rut Gunst findet, aber die beiden Frauen stellen diesen Zusammenhang selbst erst in 2,19–20 her; vgl. *Campbell*, Ruth, S. 92. Eine andere Auffassung vertritt *Jack M. Sasson*, Divine Providence of Human Plan? (eine Rezension über Campbells »Rut«), in: Int 30 (1976), S. 418.

18. Siehe *Ronald M. Hals*, The Theology of the Book of Ruth, Philadelphia 1969, S. 11 ff.

19. In Boas' Worten an Rut »Halte dich *(dbq)* da zu meinen Mägden« (2,8 c) kommt dasselbe Verb vor, das Ruts Anhänglichkeit an Noomi beschreibt (1,14 c), vgl. auch sein Gebrauch in 2,21,23.

20. Vgl. *Sassons* Widerstand gegen eine theologische Interpretation, in: Divine Providence of Human Plan?, S. 417–418.

21. Eine andere Auffassung vertritt *Campbell*, der zumindest die meisten der maskulinen Endungen der pluralischen Nomen »Schnitter« und »junge Leute« als auf beide Geschlechter bezogen interpretiert, in: Ruth, S. 97.

22. Die Frage »wo hast du heute aufgelesen?« (2,19 b) ist vielleicht noch ein Hinweis darauf, daß der Bezug in 2,2 unbestimmt ist und nicht speziell Boas betrifft.

23. Das Nomen *marg*<sup>e</sup>*lōtāw* in 3,4,7,8,14, das gewöhnlich mit »Füße« übersetzt wird, dient hier wahrscheinlich als ein Euphemismus für die

Genitalien, vgl. *Campbell*, Ruth, S. 121, 131–132. Ich hätte es lieber gesehen, wenn Campbell die Mehrdeutigkeit der Episode in der Dunkelheit der Nacht gelassen und nicht die Schlußfolgerung gezogen hätte, »daß es auf der Tenne keinen Geschlechtsverkehr gegeben hat«, (S. 134). Zu einem gegenteiligen Ergebnis kommt *D. R. G. Beattie*, Kethibh and Qere in Ruth IV,5, in VT 21 (1971), S. 493.

24. Vgl. die Frau im Hohenlied, die nachts die Straßen durchstreift, um den zu suchen, den ihre Seele liebt, und ihn mit nach Hause nimmt (Hld 3,2–4).

25. Es gibt unzählige Diskussionen über die Bedeutung des »Lösers« in bezug auf eine zwangsweise Wiederverheiratung der Witwe an einen männlichen Verwandten; siehe z. B. *H. H. Rowley*, The Marriage of Ruth, in: The Servant of the Lord and Other Essays, London 1952, S. 161–186; *Thomas und Dorothy Thompson*, Some Legal Problems in the Book of Ruth, VT 18 (1968), S. 79–99 und die dort angegebene Bibliographie; auch *Campbell*, Ruth, S. 132–137.

26. Eine scharfsichtige Interpretation dieses Ereignisses findet man bei *Leszek Kolakowski*, Ruth or the Dialogue Between Love and Bread, in: The Key to Heaven and Conversations with the Devil, New York 1972, S. 53–56.

27. Vgl. in 3,8 den Gebrauch der Wörter »der Mann« und »eine Frau« statt der Namen Boas und Rut. Die Dunkelheit verbirgt die Identität. Auch wird nach 3,9 diese Abschirmung der persönlichen Identität für den Rest von Szene 3 beibehalten. Aber wenn auch Dunkelheit, Intimität und Geheimnis die Namen von Boas, Rut und Noomi verhüllen, so enthalten sie uns doch den Namen Gottes nicht vor; siehe unten in 3,10,13.

28. Siehe *Hals*, The Theology of the Book of Ruth, S. 13 ff.

29. Zu der Übersetzung von »So-und-so«, siehe *Campbell*, Ruth, S. 141–143.

30. Zu dem Thema »Land« und darauf bezogenen Problemen in Rut 4, siehe *Robert Gordis*, Love, Marriage, and Business in the Book of Ruth, A Chapter in Hebrew Customary Law, in: A Light Unto My Path, S. 246–264.

31. Ich folge hier dem *qere* und nicht dem *kethibh*. Beattie ist da anderer Meinung, siehe, *Kethibh and Qere*, S. 490–494; auch The Book of Ruth as Evidence for Israelite Legal Practice, in: VT 24 (1974), S. 251–267.

32. Man beachte, daß diese Unterbrechung von dem übrigen Text abgesetzt wird durch die Worte: »Früher galt nun in Israel … wenn man irgendeine Sache bestätigen wollte« (4,7). Über die symbolische Bedeutung

des Schuhs, siehe *Calum M. Carmichael*, A Ceremonial Crux, Remov-
ing a Man's Sandal as a Female Gesture of Contempt, in: JBL 96 (1977),
S. 321–336, bes. S. 332–336.

33. Man beachte die symmetrische Anordnung der Eigennamen in dieser
Aussage: zwei Frauen und ein Mann am Anfang, zwei Männer und eine
Frau am Ende. Vgl. »Haus Israel« und »Haus des Perez« mit »Haus
ihrer Mutter« in 1,8. Das letztere kommt in einer Episode vor, in der die
Männer fehlen, und die beiden anderen in einer Szene ohne Frauen.

34. Eine andere Interpretation besagt, daß Boas Rut in der Öffentlichkeit
schützt.

35. Vgl. die Umkehr des Themas der Exogamie in 1,4; Heirat in Moab/
Heirat in Bethlehem.

36. Vgl. Gen 2,24, wo auch ein Bericht in der 3. Person uns von der intimen
Vereinigung fernhält.

37. Die Aussage, »Jahwe schenkte *(ntn)* ihr Schwangerschaft« entspricht 1,6
in Struktur und Funktion »daß Jahwe sein Volk heimgesucht habe, um
ihnen Brot zu geben *(ntn)*.« Bei dem ersten und letzten Hinweis des
Erzählers auf Gott werden zwei Segnungen des Lebens hervorgehoben:
Nahrung und Nachkommenschaft.

38. Contra *Oswald Loretz*, The Theme of the Ruth Story, in: CBQ 22
(1960), S. 391–399.

39. Über die Komödie, vgl. *Northrop Frye*, Anatomy of Criticism, Princeton 1957, S. 163–186.

# Bibelstellenregister

*Neues Testament*